BRUXARIA MODERNA

DEBORAH BLAKE

BRUXARIA MODERNA

Um Guia Descolado para Empoderar as Mulheres com a Prática da Antiga Religião da Deusa

Tradução
Sandra Trabucco Valenzuela

Editora
Pensamento
SÃO PAULO

Título do original: *Modern Witchcraft – Goddess Empowerment for the Kick-Ass Woman*.
Copyright © 2020 Deborah Blake.
Publicado mediante acordo com The Knight Agency, por intermédio da International Editors'& Yanez Co. S.L. Literary Agency.
Copyright da edição brasileira © 2024 Editora Pensamento-Cultrix Ltda.
1ª edição 2024.
Todos os direitos reservados. Nenhuma parte deste livro pode ser reproduzida ou usada de qualquer forma ou por qualquer meio, eletrônico ou mecânico, inclusive fotocópias, gravações ou sistema de armazenamento em banco de dados, sem permissão por escrito, exceto nos casos de trechos curtos citados em resenhas críticas ou artigos de revista.
A Editora Pensamento não se responsabiliza por eventuais mudanças ocorridas nos endereços convencionais ou eletrônicos citados neste livro.
Obs.: Este livro não pode ser exportado para Portugal, Angola, Moçambique, Cabo Verde, São Tomé e Príncipe e Guiné Bissau.
Editor: Adilson Silva Ramachandra
Gerente editorial: Roseli de S. Ferraz
Gerente de produção editorial: Indiara Faria Kayo
Preparação de originais: Marta Almeida de Sá
Editoração eletrônica: Cauê Veroneze Rosa
Revisão: Luciana Soares da Silva

Dados Internacionais de Catalogação na Publicação (CIP)
(Câmara Brasileira do Livro, SP, Brasil)

Blake, Deborah
    Bruxaria moderna : um guia descolado para empoderar as mulheres com a prática da antiga religião da deusa / Deborah Blake ; tradução Sandra Trabucco Valenzuela. -- São Paulo : Editora Pensamento, 2023.

    Título original: Modern witchcraft: goddess empowerment for the kick-ass woman
    ISBN 978-85-315-2322-9

    1. Bruxaria 2. Feitiçaria 3. Empoderamento 4. Ocultismo 5. Sagrado feminino I. Título.

23-167245   CDD-133.43

Índices para catálogo sistemático:
1. Bruxaria : Magia : Ocultismo 133.43
Eliane de Freitas Leite - Bibliotecária - CRB 8/8415

Direitos de tradução para o Brasil adquiridos com exclusividade pela
EDITORA PENSAMENTO-CULTRIX LTDA., que se reserva a
propriedade literária desta tradução.
Rua Dr. Mário Vicente, 368 – 04270-000 – São Paulo – SP – Fone: (11) 2066-9000
http://www.editorapensamento.com.br
E-mail: atendimento@editorapensamento.com.br
Foi feito o depósito legal.

Para todas as mulheres arrasadoras que estão por aí (vocês sabem quem são). Este livro é para vocês.

Continuem chutando traseiros e anotando os nomes... agora é a nossa vez.

Não deixe que nada nem ninguém bloqueie seu caminho. Quero ouvir seu rugido.

SUMÁRIO

Agradecimentos 08

Prefácio à edição brasileira 09

Introdução – Por Que Bruxaria? E Por Que Agora? 13

1 **Wicca, Bruxaria e Paganismo**
Que tipo de Bruxa Você É? 21

2 **O Divino Feminino**
O Encontro e a Saudação de uma Deusa 49

3 **Sintonizando a Natureza**
Seguindo o Fluxo 117

4 **Palavras em Ação**
Criando Mudanças Positivas Todos os Dias 141

5 **Bruxa Solitária, Bruxa de Grupo, Bruxa Familiar ou Hereditária** 165

6 **Sobreviva e Prospere em Meio a Tempos Desafiadores** ... 191

7 **Meditações, Afirmações e Feitiços** 207

Apêndice I.
Elementos Básicos Extras para Bruxaria 232

Apêndice II.
Glossário de Termos de Bruxaria 245

Apêndice III.
Referências e Leituras Recomendadas 251

AGRADECIMENTOS

Há muitas mulheres sensacionais e algumas deusas que tiveram um grande papel na criação deste livro. Em primeiro lugar, e acima de tudo, está a minha fabulosa agente Elaine Spencer, da The Knight Agency, que foi a primeira pessoa a sugerir esta publicação. Ela é mesmo uma deusa entre as mulheres e a melhor agente que uma autora poderia esperar.

Agradeço à minha editora da St. Martin's Press, Daniela Rapp; é sempre um pouco intimidador trabalhar com uma editora recém-chegada, mas, neste caso, foi uma alegria absoluta. Agradeço às mulheres do Blue Moon Circle [Círculo da Lua Azul], minhas irmãs Bruxas, que me inspiram e me fazem lembrar todos os dias do que se pode criar quando temos mulheres espetaculares ao nosso lado. E agradeço às minhas amigas "Betty" (elas sabem quem são), que constituem o grupo de mulheres feministas mais incrível, solidário e divino no "(Uni)Verso". Vocês arrasam.

PREFÁCIO À EDIÇÃO BRASILEIRA

As mulheres lutam no dia a dia para conquistar seu espaço e mostrar o seu poder, num sentido amplo, dentro de uma sociedade conservadora. Deborah Blake, autora do livro *Bruxaria Moderna* (*Modern Witchcraft*), lançado no Brasil pela Editora Pensamento, em 2024, com tradução de Sandra Trabucco Valenzuela, oferece o conhecimento das antigas tradições relacionadas à deusa e à magia – propiciada pela conexão com religiões ancestrais – e a possibilidade de aproximação a essas práticas, numa retomada do pensamento mágico.

Para Deborah Blake, vivemos hoje uma explosão de popularidade da Wicca e de outras modalidades de neopaganismo, em geral baseadas em expressões da natureza, enfatizando a necessidade de cuidar do meio ambiente e do planeta, que é nosso lar. Assim, cuidado e acolhimento precisam se traduzir em ações positivas, e não só em palavras.

Neste livro, a Bruxaria é compreendida pela autora como a escolha de um caminho espiritual capaz de oferecer uma alternativa para mulheres e homens que, muitas vezes, se sentem distantes da fé tradicional ou que desejam abraçar divindades a partir de práticas mágicas, sejam coletivas, sejam individuais.

Logo no início da obra, a autora discute falácias e preconceitos relacionados às pessoas que praticam Bruxaria, mostrando como associações com o mal são apenas elementos caricatos que desmerecem o significado da prática da Wicca.

O primeiro capítulo apresenta definições sobre o que é ser Bruxa (ou Bruxo), suas expressões, seus exercícios, feitiços e rituais, e, em especial, enfatiza a importância da ação positiva, do saber, do silêncio e do fazer. Tanto aqui como ao longo de toda a obra, a autora oferece instruções para cerimônias, rituais e feitiços, sugerindo o que fazer e o que não se deve fazer.

No segundo capítulo, a autora evidencia as principais deusas pagãs veneradas no decurso da história das civilizações, por diversos povos nas diferentes regiões do planeta, discutindo, inclusive, a questão da apropriação cultural. Deborah preocupa-se em listar e explicar quem são as deusas dos mais variados legados culturais e como conectar-se com elas. Entre as muitas deusas citadas, estão as de tradição irlandesa (Aine, deusa do amor, das fadas e da fertilidade), greco-romana (Afrodite, Hécate, Fortuna, Hera), galesa (Arianrhod, deusa da Lua, Cerridwen, deusa da sabedoria), mesopotâmica (Astarte, deusa do amor e da guerra), russa (Baba Yaga, a deusa anciã), egípcia (Bastet, deusa do amor, da fertilidade e dos gatos), celta (Brigid, deusa do fogo, da cura e da inspiração), navaja (Mulher Mutante, como representação das mudanças da vida), nórdica (Freia, deusa do amor e da guerra), germânica (Holda, deusa do inverno), suméria (Inana, deusa do amor e da guerra), babilônica (Ishtar, a "Doadora de Luz"), maia (Ixchel, deusa da Lua), hindu (Lakshmi, deusa da prosperidade), iorubá (Oxum, deusa dos rios), havaiana (Pele, deusa dos vulcões e do fogo) e muitas outras deusas.

Ao listar e esclarecer qual é o papel de cada uma das divindades femininas citadas, a autora volta-se para o exercício da magia, visando criar um vínculo entre deusa e praticantes, expondo, inclusive, como é possível identificar qual é a deusa que melhor pode se adequar a cada pessoa.

No terceiro capítulo, Deborah Blake revela o significado da Roda do Ano e descreve sua simbologia. Entram aqui definições sobre Equinócio da

Primavera, Equinócio de Outono, Solstício de Verão e Solstício de Inverno, além das datas comemorativas das religiões pagãs que foram, com o passar dos tempos, cristianizadas ou adaptadas aos interesses da sociedade que se estabeleceu depois.

Outras referências fundamentais para a Wicca são as fases da Lua, as deusas relacionadas e as práticas mágicas que podem ser desenvolvidas de acordo com o ciclo lunar. Conectar-se com a deusa implica também abraçar o mundo natural, conhecer e respeitar a natureza, atuar em sua preservação e interagir com o meio ambiente.

No quarto capítulo, Deborah destaca a necessidade de transformar as palavras em ações positivas, incorporando o caminho espiritual da Bruxaria moderna à vida cotidiana, na forma de um aprendizado permanente. Escolhas corretas que geram o fortalecimento e a inspiração constituem práticas mais importantes para a Wicca do que ações como restringir-se a atuar apenas na Lua Cheia, por exemplo.

Uma das principais regras da Bruxaria é não provocar nenhum dano. Essa expressão abre o caminho para refletir sobre outros de seus aspectos essenciais: a Lei Tríplice, isto é, o que for feito retornará multiplicado por três; a força das palavras e de sua repetição; a responsabilidade pessoal, o livre-arbítrio, o vínculo e o nosso espelhamento com a divindade.

A autora revela, no quinto capítulo, as diferenças entre uma Bruxa solitária e uma Bruxa que trabalha em grupo e descreve como é ser "a Bruxa Familiar", ou seja, aquela que é sempre vista como diferente ou estranha dentro do seu próprio círculo familiar. Partindo de sua experiência pessoal, Deborah caracteriza o trabalho em grupo e o solitário, enumerando os prós e os contras de cada possibilidade, bem como as diferentes maneiras de compartilhar o caminho espiritual proporcionado pela Bruxaria, visto que nem sempre aqueles que desconhecem a Wicca encaram as práticas de forma positiva, respeitosa e sem preconceitos.

O sexto capítulo volta-se para o aconselhamento: resgate do feminino, da força positiva, da paz e do autoconhecimento como potências capazes de gerar felicidade, ajudando a lidar com problemas que todas as pessoas enfrentam em seu cotidiano. Magia, alquimia e proteção são elementos fundamentais da Wicca.

Por fim, no sétimo capítulo de *Bruxaria Moderna*, a autora conclui mostrando como a prática da Wicca, associada ao vínculo com a deusa, pode ser fortalecedora e inspiradora. Afirmações, meditações e feitiços para cada prática são organizados para promover uma retomada da espiritualidade, transformando pensamentos e manifestações da deusa em ações capazes de contribuir para o bem na Terra.

Bruxaria Moderna, de Deborah Blake, é um livro que presenteia leitoras e leitores com a força do pensamento mágico, esperançoso e assertivo para ser vivenciado no dia a dia, e sugere caminhos espirituais por meio do conhecimento das deusas ancestrais, conectando o compromisso com a natureza à prática respeitosa e positiva da Wicca.

SANDRA TRABUCCO VALENZUELA é Doutora em Letras pela Universidade de São Paulo, com pós-doutorado em Literatura pela Universidade do Minho e em Literatura Comparada pela Universidade de São Paulo.

INTRODUÇÃO

POR QUE BRUXARIA?
E POR QUE AGORA?

As mulheres de hoje têm mais oportunidades do que nunca. Podemos sonhar alto e conquistar coisas com as quais nossas avós apenas sonhavam. Isso é bom, mas o fato de ser bom não significa que seja fácil. Para muitas de nós, alcançar nossos objetivos significa que vivemos vidas agitadas e ocupadas e, muitas vezes, que gastamos a maior parte de nossa energia cuidando do trabalho, da família e dos compromissos sociais, e, portanto, sobra pouco tempo para nos dedicarmos a nós mesmas.

Você não consegue tirar água de um poço vazio, por isso, é importante encontrar coisas que enriqueçam seu corpo, sua mente e sua alma, energizando-os para que você possa seguir em frente de maneira positiva. Para algumas mulheres, isso significa acessar uma fonte espiritual. No entanto, muitas de nós sentimos pouca ou nenhuma conexão com as religiões em meio às quais crescemos, que, muitas vezes, giram em torno de uma figura paterna de Deus que se apresenta como severa e patriarcal. Ansiamos por nos ver refletidas nos olhos da divindade, para nos sentirmos fortalecidas e encorajadas por nossas práticas espirituais. Queremos, em outras palavras, uma deusa, não um deus.

Isso pode explicar em parte a explosão de popularidade da Wicca e de outras formas de neopaganismo, ou Bruxaria Moderna. Algumas fontes dizem que a Wicca é a religião que mais cresce na América do Norte. O que será que atrai as pessoas para a Bruxaria como um caminho espiritual, cujas raízes remontam a antigas crenças e tradições, que se transforma em uma prática que ressoa de modo tão profundo com a mulher contemporânea?

Há várias explicações para esse fenômeno. A Bruxaria Moderna é uma religião baseada na natureza numa época em que muitas pessoas se sentem isoladas pela tecnologia e anseiam por se conectar com o mundo natural. À medida que as ameaças ao nosso meio ambiente se tornam cada vez mais severas, a ideia de trabalhar junto ao planeta, em vez de agir contra ele, é muito atraente.

Wicca também é uma religião de aceitação. Ao contrário das religiões judaico-cristãs em meio às quais muitos de nós crescemos, a Wicca acolhe as pessoas sem considerar orientação sexual, estado civil, identificação de gênero ou escolhas de estilo de vida. Para muitas pessoas que nunca se encaixaram nas regras e expectativas das religiões mais formais, encontrar um caminho espiritual que acolha os inconformados é um grande alívio.

Embora não haja uma maneira fácil de resumir as diferenças entre as religiões tradicionais em meio às quais muitos de nós crescemos e o modo como a Bruxaria Moderna funciona, poderíamos dizer que o cristianismo se baseia no conceito de que a crença em Cristo salva as pessoas, enquanto o judaísmo se funda na tradição e nas leis contidas na Torá. A Bruxaria é uma religião mais prática e – com o perdão da expressão – direta, na qual não há nada entre o praticante e o relacionamento com a divindade, há menos regras e menos julgamentos, e acreditamos que ela nos capacita o suficiente para podermos nos salvar.

Para as mulheres, no entanto, o maior apelo pode ser a liberdade de adoração a uma deusa (ou a várias deusas). Não há nenhum deus patriarcal e severo aqui. Em vez disso, a Wicca e a maioria das outras formas de Bruxaria Moderna abraçam a divindade tanto no aspecto feminino quanto no masculino. De repente, as mulheres podem olhar para o divino e se ver refletidas de volta. É fortalecedor, inspirador, libertador e alegre. Quem não gostaria de ser uma Bruxa?

Existem muitos caminhos diferentes para a Bruxaria e uma infinidade de abordagens para sua prática. Mas não se preocupe. Este livro guiará você em sua jornada para se conectar com o divino feminino tanto dentro quanto fora e abrirá a porta para essa religião mágica que iluminará, elevará e energizará sua vida. Mais do que isso, a adoração à deusa pode dar às mulheres ferramentas para sobreviver e prosperar em um mundo cada vez mais desafiador.

Muitas de nós estamos frustradas, assustadas, sofrendo com gatilhos, desamparadas e, sim, muito enfurecidas com o estado atual de nosso ambiente cultural. Irmãs, eu sinto vocês. Caramba! Como eu sinto vocês. Mas o melhor modo de superar esses sentimentos é assumir nosso poder feminino. Canalize essa raiva e esse medo para uma mudança positiva em seu próprio canto do planeta e, em seguida, mande-os embora. A Bruxaria Moderna pode ser fortalecedora e inspiradora: é hora de retomar nossa espiritualidade e de nos transformarmos em manifestações espetaculares da deusa, bem aqui na Terra.

MITOS COMUNS E POR QUE ELES ESTÃO ERRADOS

Existem alguns mitos comuns sobre a Bruxaria que persistiram ao longo dos séculos. Alguns deles começaram como uma espécie de propaganda da Igreja quando esta se assentou na Europa tomando para si o poder dos pagãos que ali já existiam, e depois a divulgação desses conceitos foi ainda mais exagerada e disseminada pela cultura popular, como se vê nos filmes. Afinal, a história de uma Bruxa má é muito mais excitante do que a de um bom fitoterapeuta que mora ao lado. Outros são apenas equívocos derivados da falta de conhecimento sobre os modos como a Bruxaria é realmente praticada.

É provável que você já tenha ouvido alguns desses mitos e talvez até acredite em um ou outro. Porém, deixe-me explicar por que eles não são verdadeiros.

- **As Bruxas adoram o diabo.** Oh, não. O diabo é um conceito cristão. A maioria das Bruxas nem acredita no diabo, muito menos o adora. Existem pessoas que se autodenominam satanistas, mas não são Bruxas (e não adoram o diabo da maneira como costumam ser retratadas). Parte desse equívoco pode derivar do fato de que existe uma figura tradicional conhecida como "o deus chifrudo", que, em geral, é retratado como um homem de ombros largos que tem galhadas grandes como as de um cervo ou um alce, mas ele é uma divindade associada a animais selvagens e ao mundo natural e não tem nada que ver com o diabo.
- **As Bruxas são más.** Tenho certeza de que existem algumas Bruxas que não são muito legais, assim como existem pessoas desagradáveis em todas as outras religiões. Mas, em geral, somos apenas pessoas, iguais a todas as outras. Eu juro, eu não sou má – sou apenas um pouco rabugenta em certos dias.
- **As Bruxas sacrificam animais.** Talvez um peito de frango para a festa, mas, fora isso, as Bruxas tendem a ser amantes dos animais, colecionam muitos gatos e alimentam os pássaros no inverno. Quaisquer "sacrifícios" colocados no altar com toda a probabilidade serão simbólicos, como uma fruta, um pão ou algumas flores.
- **As Bruxas lançam feitiços em você para que cumpra suas ordens.** Se isso fosse verdade, alguém além de mim

estaria limpando minha casa. Apenas para constar. A maioria das Bruxas acredita na importância do livre-arbítrio, o que significa que elas fazem feitiços apenas para si mesmas e, talvez, em nome daqueles que lhe dão permissão ou pedem ajuda. Embora, em teoria, seja possível lançar feitiços sobre os outros para influenciá-los (feitiços de amor, por exemplo), sempre há uma maneira melhor de realizar o que você deseja sem arriscar o retorno kármico. A maioria das Bruxas não faz isso.

⛤ **Você só pode ser uma Bruxa (ou um Bruxo) se vier de uma linha hereditária de Bruxos.** Existem algumas pessoas que podem de fato traçar sua linhagem mágica ao longo dos séculos, mas, para a maioria de nós, a Bruxaria é algo que descobrimos por conta própria. Venho de uma herança judaica e, pelo que sei, sou a primeira Bruxa da minha família. Talvez haja um rabino se eu olhar para trás o suficiente, mas sou a única alta sacerdotisa. Isso não me torna menos Bruxa. De fato, entre a perseguição às Bruxas durante o que chamamos de "tempos de queima" e as mudanças que vieram com o mundo moderno, pouquíssimas pessoas seguem uma linha ininterrupta de ancestrais que praticaram o ofício.

⛤ **As Bruxas dançam nuas ao luar.** Bem, algumas, sim. Mas isso não é um requisito. Posso afirmar que essa não é a minha praia (há muitos mosquitos onde moro e, na maior parte do ano, faz muito frio), mas, ei!... se você quiser, não vou te impedir. Apenas tome cuidado com as chamas altas das fogueiras.

⛤ **As Bruxas devem pertencer a um *coven*.** Há muito mais Bruxas solitárias (isto é, aquelas que praticam por conta própria) do que Bruxas em *covens*. Essa é uma escolha pessoal. Nem todo mundo quer ou precisa fazer parte de um grupo. Algumas pessoas têm dificuldade para encontrar um grupo adequado no qual consiga se encaixar ou mesmo achar um local para praticar a Bruxaria. De todo modo, estar em um *coven* não é um requisito.

Aliás, nem todos os *covens* são formados por treze Bruxas. Meu grupo teve no máximo onze pessoas, mas já estivemos apenas em três. Além disso, muitas vezes, eu pratico sozinha. Mesmo as Bruxas que fazem parte de algum tipo de grupo, em geral, fazem pelo menos algum trabalho mágico solitário.

⛤ **Somente as mulheres podem ser Bruxas.** Existem muitos homens Bruxos. E... não, eles não são chamados de feiticeiros. Ou magos. Eles ainda são Bruxos.

⛤ **As Bruxas fazem orgias.** Na verdade, não, desculpe. As Bruxas em geral tendem a ter a mente mais aberta sobre a sexualidade, e não concordamos com o conceito de pecado como os cristãos, então, não há nada que consideremos condenável a respeito das atividades sexuais alheias, desde que todos os envolvidos sejam adultos que consintam em se comportar de forma responsável. Existem algumas Bruxas (da mesma forma como há algumas não Bruxas) que são poliamorosas (o que significa ter relacionamentos íntimos com mais de um parceiro, com o consentimento voluntário de todos os envolvidos). Entretanto, há muito mais Bruxas que estão em relacionamentos convencionais, e mesmo as que não estão não costumam empreender orgias por aí.

Com certeza, você encontrará muitas outras histórias malucas sobre Bruxas, mas posso garantir que a verdade é muito menos empolgante. Isso não significa que a Bruxaria Moderna não seja intrigante, inspiradora, divertida, instigadora e repleta de potencial para mudar a vida das pessoas de todas as maneiras positivas. Só não planeje transformar ninguém em sapo tão cedo.

UMA NOTA SOBRE PRECONCEITOS E MAL-ENTENDIDOS

Como mencionei, há muitas pessoas que não entendem nem a Bruxaria Moderna nem quem a pratica. Se você está "fora do armário de vassouras" (isto é, praticando de modo livre), pode se deparar com algumas pessoas assim. Não estou dizendo isso para desencorajar você nem para assustar ninguém, porque todos têm o direito de cultuar suas crenças espirituais, e você não pode deixar que os outros o(a) impeçam de seguir em frente. No entanto, você deve ter consciência de que é possível encontrar pessoas que precisam de, digamos, alguma leve reeducação. (De novo, NÃO, você não pode transformar essas pessoas em sapos. Eu disse reeducação *gentil.*) Prepare-se para dar explicações sobre religiões baseadas na natureza, sobre a adoração a deusas e sobre o fato de que o paganismo é a forma mais antiga de prática espiritual do mundo. Prepare-se também para encontrar algumas pessoas que acreditam no pior, não importa o que você diga. Nesse caso, apenas sorria, diga "abençoada(o) seja" e vá embora.

UMA OBSERVAÇÃO ADICIONAL SOBRE A LINGUAGEM DA BRUXARIA

Existem algumas palavras e frases que são usadas quase com exclusividade por Bruxas modernas, então, se você começar a andar com Bruxas, com certeza, vai ouvir algumas. "Abençoada(o) seja" ("Blessed be"), por exemplo, é muito usado na comunicação escrita e verbal. Por exemplo, quando um dos meus fãs Bruxos me escreve uma nota, em geral, termina com "abençoada seja". Essa expressão também é usada, às vezes, durante os rituais.

Outras frases comuns incluem "*Merry meet*" ("Feliz encontro"), que é uma maneira elegante de dizer "olá". Se você estiver usando um pentagrama em público, outra Bruxa pode dizer "*Merry meet*" como uma forma de dizer: "Vejo que você é uma Bruxa. Eu também sou". No final de alguns rituais em grupo, o grupo pode dizer em uníssono: "*Merry meet, merry part e merry meet again*" ("Feliz encontro, feliz partida e feliz reencontro"). Isso sempre é feito com grande alegria e felicidade.

Feitiços e rituais, às vezes, são encerrados com as palavras "assim seja" ("*So mote it be*"). Esta é uma forma meio arcaica de dizer "assim deve ser" e é usada um pouco como "amém". A diferença é que "assim seja" é mais assertivo do que um simples amém e é outra maneira de colocar sua energia e sua intenção em qualquer trabalho mágico que você tenha acabado de concluir.

As formas arcaicas são remanescentes do início da Wicca, de uma época em que seus praticantes usavam de modo intencional uma linguagem mais formal do que a habitual, para distinguir o ritual do que era feito na vida cotidiana. Nem todas as Bruxas modernas se preocupam com essas coisas, e você pode decidir por si mesma(o) se quer ou não fazer isso. Só não se surpreenda se você for a uma reunião e alguém que você nunca viu vier até você e disser "*Merry meet*" ou "Feliz encontro" e lhe der um grande abraço. Não diga que não avisei.

CAPÍTULO UM

WICCA, BRUXARIA E PAGANISMO: QUE TIPO DE BRUXA VOCÊ É?

Você já deve ter notado que estou usando o termo "Bruxa" de uma forma geral para me referir àqueles que seguem um caminho espiritual pagão moderno. Na verdade, é um pouco mais complicado do que isso. Aqui há uma explicação simples da diferença entre pagãos, Bruxas e wiccanos – ou pelo menos o mais simples possível. Você pode decidir qual termo prefere usar ou perceber que nenhum deles se aplica a você. Costumo usá-los todos de forma intercambiável, porque, no meu caso, todos se aplicam; no entanto, qual deles eu uso em geral depende da conversa ou varia conforme a pessoa com quem estou falando no momento.

"Pagão" é um termo geral usado para se referir aos que seguem uma religião baseada na natureza, muitas vezes, politeísta (que adora mais de um deus, quase sempre deuses e deusas). Voltando na história, a maioria das culturas começou como pagã porque as pessoas viviam das coisas derivadas da terra e dependiam da natureza para sobreviver. Na verdade, a palavra "pagão" significa "morador do campo", porque, quando o cristianismo foi introduzido na Europa (durante o início da Idade Média, por volta do século V), se estabeleceu, primeiro, nas grandes cidades e, depois, foi se expandindo aos poucos. Aqueles que ainda viviam no campo, mais próximos da natureza, abriram mão de suas crenças com relutância ou as esconderam sob uma prática externa da religião aceita.

Nem todos os pagãos são Bruxos. De fato, em algumas culturas, essa palavra é considerada um insulto. Por exemplo, a maioria dos nativos americanos é composta de pagãos, porém, na cultura deles, uma Bruxa é alguém que pratica magia maligna. Outras culturas pagãs não têm nada que ver com a Bruxaria Moderna da maneira como a estamos discutindo. Algumas pessoas usam o termo neopagão para diferenciar os pagãos em geral daqueles que praticam a Bruxaria Moderna. Portanto, todas as Bruxas são pagãs, mas nem todos os pagãos são Bruxos.

Está confuso ainda?

Pense desta maneira: todos os católicos são cristãos, mas nem todos os cristãos são católicos.

"Bruxa" é um termo mais geral que abrange um amplo espectro de pessoas que são pagãs (praticam uma religião baseada na natureza e são politeístas) e que praticam magia de uma forma ou de outra, em geral, como uma faceta de seus caminhos espirituais. As Bruxas modernas adotam os "velhos modos" ao mesmo tempo que dão a eles um toque mais atualizado e podem se inspirar em muitas culturas e origens diferentes. Algumas pessoas – eu me incluo entre elas – trabalham de modo constante para recuperar a palavra "Bruxa" como uma afirmação positiva e poderosa de quem somos.

A Wicca é um subconjunto específico das práticas modernas de Bruxaria que foram iniciadas, por volta da década de 1950, por um britânico chamado Gerald Gardner. À medida que seus seguidores se separaram e começaram a criar outros grupos e outras pessoas adaptaram o básico que ele havia introduzido na América, várias linhas diferentes surgiram. Algumas mulheres adotaram práticas específicas de adoração de deusas como reação às religiões com base em culturas masculinas nas quais foram criadas. Outras pessoas se concentraram em uma cultura em particular, tal como a celta, a nórdica ou a egípcia, e passaram a adorar em especial esses deuses e deusas.

Todas as wiccanas são Bruxas (e os wiccanos são Bruxos) – portanto, pagãos –, mas nem todas as Bruxas (nem todos os Bruxos) são wiccanos. Contudo, Wicca é com certeza um termo mais conhecido e é usado pelas Bruxas e pelos Bruxos com mais frequência quando estes tentam explicar aos outros quem são e o que são.

Hoje em dia, muitos de nós praticamos uma espécie de bruxaria eclética, o que significa que selecionamos partes de várias origens diferentes e as juntamos para traçar um caminho espiritual e mágico que funcione para nós. Não existe uma maneira "certa" de ser uma Bruxa moderna: há apenas a maneira certa para você.

Talvez você já saiba o que é isso e como deseja se chamar. Talvez você esteja apenas começando sua jornada e precise de tempo e experimentação para descobrir qual é *o seu* caminho. De qualquer forma, vou usar apenas a palavra Bruxa, e você pode se sentir à vontade para substituí-la por qualquer outra que desejar. A adoração à deusa é muito menos sobre nomes do que sobre como você escolheu viver sua vida e seguir seu discurso.

Então, como você sabe se você é uma Bruxa? Embora a palavra signifique algo diferente para pessoas diferentes, se a maioria dos itens a seguir se aplica a você, com toda a probabilidade você é uma Bruxa:

> Você é atraída pela natureza, pelo mundo natural e por suas criaturas.
>
> Você se sintoniza com os ciclos naturais, em especial com os ciclos da Lua e as mudanças das estações.
>
> Você se conecta com a divindade em uma forma feminina, seja a de uma deusa ou de muitas; e/ou você adora os deuses antigos, de uma forma ou de outra.
>
> Você aceita a responsabilidade por suas ações, tanto mágicas quanto outras.
>
> Você usa magia para criar mudanças positivas em sua vida.

Talvez você já saiba que é uma Bruxa. Talvez você esteja apenas começando a explorar esse caminho e descobrir se é o certo para você. De todo modo, seguem algumas perguntas e respostas básicas.

O QUE É MÁGICA? QUALQUER UM PODE FAZER ISSO?

Magia – com frequência escrita como "magick" em livros de Bruxaria em inglês para diferenciar entre nosso tipo de magia e aquela feita por mágicos de palco – é outro daqueles termos para os quais é difícil encontrar uma definição universal com que todos concordem. O que é magia? Qualquer pessoa pode praticá-la, ou você precisa nascer com algum tipo de dom especial?

Minha definição favorita, extraída do livro *The Wicca Handbook*, de Eileen Holland, afirma que a magia é "a manipulação da energia para alcançar um resultado desejado".[1] Às vezes, também é descrita como "vontade manifesta" ou como um modo de explorar os poderes do Universo.

Aqui vai a minha opinião, ela vale o que vale. Acredito que a magia (o substantivo) é uma forma de energia que está ao nosso redor. Não é nada assustador ou sobrenatural, assim como a gravidade ou a eletricidade não são sobrenaturais apenas porque não podemos vê-las quando olhamos ao redor. A ciência apenas ainda não encontrou as ferramentas para medir essa energia em particular. Lembre-se de que houve um tempo em que as pessoas pensavam que a eletricidade era mágica porque não sabiam como ela funcionava. Eu ainda acho que telefones celulares e televisões são inexplicáveis...

Tenho trabalhado como curadora de energia intuitiva por muitos anos – é mais ou menos como o Reiki, para aqueles que estão familiarizados com essa modalidade, com a diferença de que é apenas algo que veio a mim como um dom, não como algo que me foi ensinado – e posso dizer com certeza que,

---
1. Eileen Holland. *The Wicca Handbook*. York Beach: Samuel Weiser, 2000.

embora você não possa ver a energia que uso, pode senti-la e obter resultados. A magia é quase o mesmo. Você não pode vê-la, mas, se acreditar que ela existe e focar sua vontade e sua intenção, ela pode de fato produzir resultados. Magia é o ato de usar essa energia mágica de maneira proposital.

Isso nos leva à próxima pergunta: qualquer um pode praticar magia?

Com toda a certeza, sim. Há pessoas que têm um dom inato para isso, como aquelas que nascem com o dom para matemática ou música. Mas, assim como ocorre com a matemática e a música, todos podem aprender o básico e a maioria de nós se torna melhor com a prática. Fazer magia é sobretudo uma questão de descobrir as regras básicas, explorar as diversas ferramentas que funcionam melhor para você e, depois, praticar até ficar bom.

Então, talvez seja mais parecido com o ato de cozinhar. Acho que você entendeu o que eu quis dizer. Sim, a magia é real. E sim, você pode praticá-la. Você só precisa acreditar que pode explorar a energia invisível para criar uma mudança positiva e, em seguida, tomar as medidas necessárias para fazê-la.

As etapas em si são simples. Não se engane, no entanto, pois o fato de ser simples não significa que seja fácil. Os quatro passos descritos a seguir são aceitos como componentes básicos para se fazer magia.

Desejar

Desejar é a vontade de criar uma mudança positiva. É o motor que alimenta seu trabalho mágico. Quanto mais você deseja que uma coisa seja de determinada forma, mais energia vai para a sua magia. A magia pode ser feita com pequenas quantidades de vontade que podem fazê-la funcionar (como fazer um pedido a uma estrela ou apenas acender uma vela e dizer "Por favor, ajude-me, Deusa!"). Entretanto, se algo for muito importante para você, haverá mais "potência" por trás de sua magia. A crença de que a mudança que você deseja é possível também faz parte do seu desejo.

✦ Saber

Há duas partes no saber. A primeira é saber o que você está tentando alcançar. É importante ter uma ideia clara de qual é o seu objetivo, para que possa de fato se concentrar nele. A segunda é saber como você fará para alcançar esse objetivo. Isto é, em parte, você precisa saber tudo o que envolve fazer seu feitiço ou seu ritual e, em outra parte, o que pretende fazer depois para dar sequência. (Sim, você precisa dar sequência. Falaremos sobre isso mais adiante, mas, se não fizer seu trabalho, nenhuma quantidade de magia ajudará você.)

✦ Fazer

Este é o verdadeiro trabalho mágico. Concentre sua energia. Quanto mais energia você colocar no feitiço e quanto mais focada for essa energia, maior será a probabilidade de obter um resultado positivo.

✦ Ficar em silêncio

Sei que não parece um passo, mas na verdade é muito importante. Sempre existe a tentação, sobretudo nos primeiros dias de prática de Bruxaria, de fazer um feitiço e depois contar para todo mundo. Não precisa ser um segredo, mas falar sobre o trabalho mágico pode eliminar a energia que você coloca nele. Então, se você tiver feito um trabalho, siga apenas com os aspectos práticos da vida e deixe a energia continuar se movendo para que o Universo faça o que tiver de fazer.

Nota. Lembre-se de que, como tudo o que fazemos na vida, às vezes, a magia faz o que queremos e, às vezes, não. Isso não significa que a magia não seja real e não possa funcionar. Talvez você tenha dificuldade para se concentrar ou não tenha um objetivo claro o suficiente. Talvez precise ser paciente e esperar que as coisas aconteçam. Ou talvez não seja o momento certo ou o que você pediu talvez não seja possível. (Se cada Bruxa que pediu para ganhar na loteria tivesse ganhado de fato, não haveria loterias suficientes para isso, não é?)

Às vezes, os deuses sabem mais do que nós e, como pais benevolentes, não nos dão o que pedimos se não for bom para nós. Talvez você tenha pedido para conseguir um emprego específico, mas, quem sabe, poderia ter sido um desastre. Ou talvez tenha pedido amor verdadeiro, mas você não estava pronta. O Universo é um lugar misterioso e inexplicável. Às vezes, a magia não dá o que você quer exatamente do jeito que você quer, mas pode lhe dar algo ainda melhor, ou algo que você nem pensou em pedir. Tenha fé. Você nunca sabe o que vai acontecer...

O QUE A BRUXARIA SIGNIFICA PARA A MULHER DE HOJE?

É quase certo que isso significará coisas diferentes para pessoas diferentes, mas aqui exponho algumas razões gerais pelas quais a Bruxaria Moderna é tão adequada para a mulher de hoje.

Empoderamento pessoal

Para mim, essa é a melhor parte de ser uma Bruxa. (Não que todo o resto não seja ótimo; na verdade, essa questão é alimentada pelos outros aspectos e pelos benefícios de ser uma Bruxa.) Muitas de nós nos sentimos privadas de direitos e desamparadas em meio ao atual clima político e socioeconômico, que é apenas uma maneira elegante de dizer que nos sentimos como se não tivéssemos nenhum poder. Pior ainda, em muitos casos, nos sentimos atacadas. A Bruxaria nos oferece uma deusa para abraçar que se parece conosco, celebra o feminino, em vez de rebaixá-lo, e nos dá as ferramentas para fazermos mudanças positivas em nossa vida. Além disso, é um caminho espiritual fácil de combinar com a vida ocupada que levamos, e a maneira como escolhemos integrar os dois caminhos está em nossas mãos. De fato, o melhor da Bruxaria é que *você* toma todas as decisões sobre como praticar. Ninguém (sobretudo nenhum homem) lhe dirá que existe apenas um caminho certo. É muito revigorante e libertador.

Uma divindade com a qual podemos nos identificar e que nos representa

Para as mulheres que cresceram em meio a uma das religiões judaico-cristãs (e para outras que estão fora desse guarda-chuva, mas não sei o suficiente para afirmar qualquer coisa sobre elas), nós fomos apresentadas a um "Deus" visto como uma figura masculina patriarcal severa. Cresci judia e, por tradição, no judaísmo, embora as mulheres sejam valorizadas, são tratadas como "menos que" os homens em muitas áreas, em especial no que se refere ao poder religioso. Hoje, existem mulheres rabinas e mulheres ministras, mas isso é uma evolução bem recente. Quando eu era criança, Deus parecia um homem e agia como um homem. A adoração à Deusa é muito diferente. Nesse caminho espiritual, todos são iguais, e nós cultuamos uma divindade que reflete o que vemos no espelho todos os dias. Podem imaginar o quanto isso é maravilhoso?

Ajuda a nos conectarmos mais fortemente com a natureza

Os primeiros pagãos não tinham dificuldades para se conectar com a natureza. Eles viviam da terra, e sua sobrevivência estava ligada de modo intrínseco às estações, ao clima, à abundância de animais e ao sucesso da colheita. (É por isso que, no ciclo de feriados de oito sábados conhecido como Roda do Ano, há três feriados dedicados à celebração da colheita.) Mas para nós, Bruxas modernas, pode ser mais difícil se sentir parte do mundo natural. Quem vive nas áreas mais urbanas pode ter dificuldade para fazer essa conexão. A Bruxaria, com sua ênfase nos ciclos lunares e sazonais, pode nos ajudar a preencher a lacuna entre nossa vida moderna e nossas raízes pagãs. Também nos fornece maneiras simples de fortalecer essa conexão todos os dias.

Uma maneira de nos conectarmos com as mulheres sábias, curandeiras e Bruxas que vieram antes de nós

Todos nós temos algum tipo de genealogia familiar, embora nem todos conheçam a própria genealogia. Contudo, algumas pessoas têm relacionamentos familiares que não são saudáveis ou felizes ou não satisfazem às suas necessidades de aceitação e conexão. (Sim, eu uso muito essa palavra. Para mim, é uma grande parte do significado desse caminho espiritual, de várias formas diferentes.) Como Bruxas, fazemos parte de uma linhagem de mulheres que remonta a milhares de anos. Mulheres que olhavam para a Lua e murmuravam orações à Deusa. Mulheres que protegiam seus lares e seus entes queridos integrando magia na comida que cozinhavam, nas roupas que teciam e nas vassouras com que varriam suas casas. Quando trilhamos essa jornada mágica, trilhamos o caminho percorrido por muitas mulheres antes de nós, e há algo poderoso em saber que isso é verdade.

Rituais cotidianos simples que alimentam nossos espíritos

Muitas religiões se concentram em feriados específicos; entretanto, exceto para as pessoas mais devotas, esses eventos não fazem parte da realidade daqueles que as seguem. Tenho amigos que vão à igreja todas as semanas e se consideram parte de uma comunidade religiosa, mas eles quase nunca praticam algum ato religioso além dessa visita semanal. Um dos meus aspectos favoritos da Bruxaria é a facilidade com que pode ser integrada à vida cotidiana. Cumprimentar os deuses quando acordo e quando vou dormir, praticar alquimia na cozinha quando preparo minhas refeições, acender uma vela em meu altar e fazer uma oração quando preciso de uma ajudinha, essas são apenas algumas pontas do *iceberg*. Eu sigo meu caminho espiritual quando preparo adubo com restos de alimentos ou cultivo plantas em meu jardim. Cada um de nós pode encontrar maneiras fáceis de adicionar rituais significativos à própria vida, seja qual for a forma que eles possam assumir para nós. Você também pode. Rituais que realizamos juntas(os) podem nos conectar de modo importante, pois talvez não estejam mais disponíveis para nós no restante de nossas vidas. E os rituais de cura podem ser muito poderosos. Alguns estudos demonstraram o poder da oração para alterar o curso de uma doença. A magia também pode fazer isso, visto que são práticas muito parecidas.

MAGIA PRÁTICA:
ABRAÇANDO O PODER PESSOAL

Para mim, e talvez também para você, um caminho espiritual apresenta dois aspectos básicos: um que eleva e outro que fundamenta.

Com isso, quero dizer que minhas crenças religiosas, às vezes, assumem a forma de atos que elevam meu espírito. Esse é o único propósito deles. Ou propósito de "alma", suponho. Isso inclui atos como oração, meditação, afirmações positivas e coisas do gênero. Pode ser tão simples quanto caminhar à beira-mar ou contemplar a Lua. Essas manifestações de minha prática de Bruxaria alimentam meu espírito e elevam meu coração.

Portanto, há os atos que têm aplicações mais práticas: rituais e feitiços, por exemplo. Embora alguns rituais possam ser de natureza apenas comemorativa, eles costumam ser usados para canalizar energia e poder para algum propósito específico. Qualquer trabalho mágico, seja o feito como magia de cozinha pragmática (em que você mistura um pouco de magia com o ato de cozinhar) ou o ato de acender uma vela em seu altar e pronunciar um feitiço para cura, amor ou prosperidade, pode ser considerado um tipo de "magia prática". Ou seja, você executa o trabalho mágico com a expectativa de um resultado, com a esperança de alcançar alguma forma de mudança positiva.

É desnecessário dizer que pode ocorrer alguma justaposição. Por exemplo, se você fizer um ritual de cura, o ritual em si será edificante mesmo que você o faça por um motivo específico e esperando manifestações concretas de seu trabalho de feitiço. E o ato de orar ou meditar pode acalmar, gerando também mudanças positivas. Não se trata de uma proposição nem de outra, felizmente.

A parte complicada pode ser encontrar o equilíbrio certo entre os dois aspectos desse caminho espiritual. E por "certo" quero dizer "certo" para você. O que funciona melhor para mim nem sempre é o que será mais satisfatório ou fortalecedor para qualquer outra pessoa. Por outro lado, pela minha experiência e para a maioria das pessoas, é útil encontrar o equilíbrio entre o arcano e o pragmático. A meditação é muito boa, mas em algum ponto você tem de se levantar da almofada e de fato *fazer alguma coisa*.

Por outro lado, focar apenas na prática e ignorar a natureza espiritual da Bruxaria também não é uma boa solução. Se você gasta todo o seu tempo misturando poções e lançando feitiços e nunca tira um momento de silêncio para caminhar entre as árvores ou comungar com a Deusa, com certeza, está perdendo algo importante.

Então, como você descobre o que funciona melhor para você? Até certo ponto, é como qualquer outra coisa: tentativa e erro. Você experimenta as coisas e diz "Sim, isso realmente parece certo!" ou "Não vejo como isso pode fazer sentido!". É um pouco como descobrir o que você gosta de comer. Quanto mais coisas você provar, mais bem preparada(o) estará para fazer escolhas. Essas escolhas podem ser gerais ("não gosto de frutos do mar") ou específicas ("odeio ostras cruas").

Algumas Bruxas adoram rituais em grupo, e outras preferem, por exemplo, praticar a magia solitária. Você pode não saber qual é o certo para você até experimentar os dois. E você pode descobrir que algumas coisas funcionam para você em circunstâncias específicas, e não em outras. Os rituais em grupo podem a(o) atrair se estiver celebrando alguma data, mas não quando tiver um trabalho mágico sério a fazer para um determinado objetivo. Ou você pode gostar de rituais em grupo, mas não ter acesso a outras pessoas com quem praticar; nesse caso, então, terá de se virar sozinha(o).

Muitas Bruxas se satisfazem com o trabalho que, de alguma forma, auxilia o mundo natural. Esse é um componente importante do caminho que eu escolhi. Como nós Bruxas acreditamos fazer parte da natureza (e não que ela nos pertence e, portanto, não temos o direito de despojá-la para nosso benefício), a maioria de nós tenta andar o mais leve possível sobre a Terra. Considerando que os seres humanos têm o poder de impactar o meio ambiente com tanta força, temos o dever de ser o mais benevolente possível nesse impacto.

A maioria de nós de fato considera isso como parte de um compromisso com os deuses, e nós agimos como acreditamos que eles gostariam que agíssemos, como sua representação física aqui no planeta. Para mim, isso significa não apenas apreciar a beleza do mundo natural, mas tentar ajudar suas criaturas (seja uma espécie em extinção ou os pássaros que vêm ao meu quintal no inverno em busca de comida), minimizar meu impacto negativo na prática (como compostagem e reciclagem, dirigir um carro eficiente em termos de energia) e defender causas que garantirão sua sobrevivência contínua (combater o aquecimento global e o *fracking*, ou perfuração do solo em grandes profundidades, por exemplo).

Se essas coisas não a(o) atraem, há muitas outras abordagens. Muitas pessoas que praticam a Bruxaria gostam de jardinagem, por exemplo, como um modo de conexão com o mundo natural. As Bruxas da cidade, ou as que não gostam de cavar na terra, podem cultivar algumas ervas em uma janela ensolarada. Ou comprar produtos locais cultivados e comercializados por um fazendeiro ou um pequeno produtor. Mesmo que você more em um apartamento, existem caixas de compostagem que funcionam na cozinha. A compostagem não é apenas uma ótima maneira de reduzir o desperdício na cozinha; é também um reconhecimento do ciclo da vida e de como a energia vital é transmutada e reutilizada.

Muitas de nós nos conectamos com a natureza trazendo algum elemento dela para nossas casas ou nossos quintais. Eu tenho o que alguns podem considerar uma coleção um pouco entusiasmada de pedras preciosas e cristais, bem como tigelas cheias de pedras e conchas que recolhi em diversas praias. Claro, eu sou de Touro e, portanto, talvez me sinta mais atraída pelo elemento Terra do que a maioria das pessoas. Ou talvez eu apenas goste de pedras brilhantes...

Velas, fogueiras e lareiras podem conectar você ao elemento Fogo. Churrasqueiras também. O ato de cozinhar sobre uma chama de qualquer tipo pode ser considerado um ritual de fogo.

Fontes internas ou lagos no jardim nos ajudam a abraçar o elemento Água. No verão, muitas vezes, me sento à beira do lago no meio do meu jardim, ouvindo o som da cascata e conversando com os sapos que apareceram assim que a instalei. Quando posso, viajo até a praia, onde consigo ouvir a voz da Grande Mãe em cada onda.

Para se conectar com o elemento Ar, basta abrir uma janela e deixar a brisa fluir pelo seu quarto. Ou dê um passeio lá fora e deixe que a brisa desarrume seu cabelo. O que você sente quando está ao vento? Ele sussurra segredos para você? Queimar incenso é uma boa maneira de combinar fogo e ar.

Para descobrir os aspectos do caminho da Bruxaria que funcionam melhor para você, sugiro a leitura de alguns livros – existem livros muitos bons por aí. (Incluí uma lista de alguns dos meus favoritos mais adiante.) Converse com outras Bruxas, se você conhecer uma, ou encontre alguma para conversar *on-line* (tendo em mente que, como tudo que é *on-line*, nem todas as informações sobre Bruxaria são criadas da mesma forma... se algo parecer errado para você, talvez esteja errado mesmo).

Além disso, experimente diferentes abordagens para ver o que faz você se sentir com poder e grandeza. Esse é o ponto, afinal.

Aqui eu descrevi várias possibilidades para uma prática moderna de Bruxaria, tanto espiritual quanto no âmbito funcional, que pode fortalecer sua atividade:

- Faça contato com várias deusas para verificar quais falam com você (no aspecto literal ou figurativo).

- Monte um altar (seja simples, pode ser geral ou dedicado a uma deusa em particular).

- Cumprimente os deuses ou uma deusa todas as manhãs (isso não precisa ser nada mais elaborado do que olhar pela janela e dizer "Bom dia! Agradeço pelo novo dia.").

- Acenda uma vela e faça uma oração (você pode rezar para a Deusa em geral, a "grande Deusa", ou para alguma em particular com a qual sinta uma conexão), ou peça ajuda.

- Experimente fazer alguns feitiços simples, como os descritos mais adiante neste livro, para tratar de questões de sua vida (em seguida, prossiga com ações práticas para reforçar a energia que você dispendeu).

- Esforce-se para se conectar com a natureza, passando algum tempo ao ar livre em um ambiente o mais natural possível (oceanos, rios, riachos e lagos são ótimos, assim como bosques, prados, parques ou até cemitérios, se você mora em uma cidade e espaços verdes sejam difíceis de encontrar – cemitérios, por sua natureza, tendem a ser calmos e pacíficos). Se você mora em uma cidade, preste atenção especial nos detalhes inesperados da natureza, que sobrevivem em um ambiente hostil, e torça por eles. Talvez você assuma o papel de um "jardineiro de guerrilha" e comece a jogar algumas sementes em um terreno baldio.

- Dê um passo adiante e suba uma montanha ou entre numa floresta ou até mesmo numa caverna subterrânea – algum lugar onde você possa estar cercada(o) pela natureza (se você estiver indo para o deserto por conta própria, procure manter-se segura(o), pegue os suprimentos adequados e garanta que alguém saiba onde você estará... só porque adoramos a natureza não significa que não respeitemos sua capacidade de nos ferir).

- Vá caminhar. Em especial ao amanhecer ou ao entardecer, mas qualquer horário é bom. Ouça os sons ao seu redor, sinta o cheiro do ar, procure sinais de divindade nas menores coisas.

- ✴ Observe as mudanças da Lua. Olhe com admiração para a Lua quando ela estiver cheia e observe-a minguar e depois crescer de novo. É tradicional mandar um beijo para a Lua Cheia, que simboliza a Deusa em toda a sua glória. Experimente e veja como isso faz você se sentir. Você pode senti-la olhando de volta?

- ✴ Dê um passo adiante na conexão com a Lua e tente seguir o ciclo energético da Lua, seja com seu trabalho mágico ou em sua vida cotidiana, ou mesmo em ambos. A Lua Crescente é a metade do mês em que a Lua está crescendo, começando no dia seguinte à Lua Negra. Ela se associa ao crescimento. Esse é um bom momento para trabalhar pelas coisas que você mais deseja (prosperidade, por exemplo). A Lua Minguante, que é quando a Lua fica menor a cada dia, fase que começa no dia seguinte à da Lua Cheia, está associada à redução. Portanto, esse é o momento em que você se concentraria nas coisas que deseja menos (se ainda estiver trabalhando com feitiços para problemas de dinheiro, tente se livrar das dívidas ou dos maus hábitos de consumo).

- ✴ Se você só tem tempo para fazer trabalhos mágicos e/ou espirituais uma vez por mês, use a noite de Lua Cheia. É quando o poder lunar está no auge e a atração da Deusa é mais forte. Mesmo que você não queira fazer nada mágico, reserve um momento para ficar do lado de fora sob a luz da Lua, se puder, ou olhe pela janela.

- ✴ Os eclipses – lunares e solares – são considerados eventos muito poderosos. Além disso, eles podem produzir momentos bem prazerosos. A mesma coisa vale para quaisquer outros fenômenos incomuns, como uma chuva de meteoros. Tente sintonizar-se com esses fenômenos.

- ✴ Caminhe para fora e olhe para as estrelas, não importa em que fase a Lua esteja. Pense em quão grande é o Universo e quão pequeno é o nosso lugar nele. Conecte-se com a beleza do céu noturno.

- ✴ Conecte-se com a natureza por meio da alimentação consciente. Isso pode ser tão simples quanto manter de fato a atenção no momento em que você come uma maçã, absorvendo o aroma, a textura e o sabor, ou tentando ser mais consciente a respeito do que você come e do modo como isso afeta todo o ecossistema. No mínimo, agradeça a comida e àqueles que a trouxeram à sua mesa. (Os trabalhadores agrícolas fazem um trabalho muito duro, muitas vezes em condições terríveis e por uma remuneração muito baixa.) Um simples "agradeço, Deusa, o dia e a refeição" pode bastar. Claro, também será ótimo se você puder comer alimentos cultivados em sua região pelo menos algumas vezes. Isso ajuda os produtores locais e, em muitos casos, a comida é mais fresca e melhor para você. Procure saber se há algum comércio de um produtor local, ou verifique se a mercearia mais próxima da sua casa vende alimentos cultivados em sua região quando estiver na estação. Se puder, coma pelo menos um pouco de comida orgânica (pesticidas são *muito* nocivos para o ecossistema e para o corpo humano) e, se você come carne, veja se consegue encontrar alguma que seja obtida de forma mais humana. (Algumas pessoas praticam o vegetarianismo como forma de alimentação consciente. Essa é uma escolha muito pessoal, mas, mesmo que você coma carne, pode fazê-lo com consciência e gratidão.)

✷ Use atividades diárias normais como forma de integrar práticas mágicas simples. Isso significa sobretudo adicionar propósito e intenção às coisas que você faz no dia a dia, como cozinhar ou até mesmo tomar banho. Ao preparar o jantar, tente adicionar ervas à sua comida (como manjericão para prosperidade ou alecrim para cura). Ao tomar banho, visualize a água lavando a negatividade ou desenhe um pentagrama protetor no vapor que ela deixa para trás no espelho. Se você já pratica meditação ou costuma dizer afirmações positivas, veja se consegue encontrar uma maneira de tornar essas coisas parte de sua prática mágica e espiritual.

✷ As Bruxas usaram ervas para muitos propósitos ao longo da história. Tente experimentar ervas que você usa no dia a dia, como salsa, sálvia, alecrim e tomilho (mas também lavanda e pétalas de rosa e até mesmo erva-de-gato). Muitas das ervas que costumamos usar em nossas cozinhas também têm propriedades mágicas e medicinais. Pegue um bom livro sobre fitoterapia mágica (eu recomendo o livro de Scott

Cunningham, que é uma boa fonte para começar). Não escolha ervas exóticas ou venenosas, apenas brinque com as que você pode usar de maneira segura e que não sejam muito caras.

✳ Escreva seu próprio feitiço. Não é preciso rimar, e você não precisa se preocupar em torná-lo perfeito. Pode ser muito simples ou complicado, na medida que você quiser. Apenas procure ter cuidado com o seu fraseado e saber o que está pedindo. Se achar que um feitiço pode dar errado, mesmo que por acidente, adicione ao final a expressão "Para o bem de todos e de acordo com o livre-arbítrio de todos!".

✳ Compartilhe um ritual simples com amigos e conhecidos que pensam como você. Se você não conhece nenhuma outra Bruxa, pode celebrar ocasiões neutras como o Solstício de Verão ou o Solstício de Inverno (*Yule*), que é a raiz da maioria das tradições natalinas.

✳ Leia, brinque e explore!

Aqui estão os fundamentos básicos da Bruxaria
que podem ajudar você.

INSTRUÇÕES PARA FEITIÇOS

Aqui estão os fundamentos de feitiços para aqueles que estão apenas começando sua prática.

QUANDO LANÇAR UM FEITIÇO E QUANDO NÃO LANÇAR

Eu chamo os feitiços de "a poderosa furadeira da Bruxa". Às vezes, você precisa de uma furadeira elétrica e, outras vezes, só precisa de uma chave de fenda. Cabe a você determinar se é ou não um momento apropriado para lançar um feitiço.

Quando lançar um feitiço:

Quando você esgotou todas as opções mundanas, mas ainda precisa atingir um objetivo (o feitiço não apenas coloca sua intenção no Universo, mas também é uma forma de pedir ajuda).
Quando o feitiço afetará apenas você (como lançar um feitiço para se abrir para o amor).
Quando você sabe o que quer e está disposto(a) a fazer o trabalho necessário para obtê-lo (como preencher formulários em locais apropriados depois de solicitar o emprego perfeito).
Quando apenas o bem pode vir do feitiço.

Quando não lançar um feitiço:

Quando há uma solução simples que não requer mágica (você precisa perder cinco quilos, ainda não fez dieta e dispõe de muito tempo para fazê-la).

Quando lançar um feitiço interferiria no livre-arbítrio (lançar um feitiço de amor para obter uma pessoa em particular, por exemplo).

Quando você não tem certeza do que de fato deseja alcançar (se não tiver certeza dos resultados finais que deseja, é difícil focar na vontade o suficiente para fazer um feitiço funcionar).

Quando houver a possibilidade de causar danos para si ou para outras pessoas.

ELABORANDO O FEITIÇO

- Decida sobre seus objetivos específicos.
- Descubra quais ferramentas (se houver) funcionarão melhor para potencializar o feitiço. Isso inclui ervas, pedras preciosas, velas, estátuas ou imagens, oferendas à Deusa (como flores ou pequenos presentes), incenso, varinhas de sálvia, sal e água, quaisquer representações daquilo para o que você está pedindo ajuda.
- Escreva o feitiço. Você pode escolher uma deusa específica para apelar, se quiser.
- Opte por rimar (que é tradicional e pode acrescentar formalidade para focar a vontade) ou não rimar. Se você não se sentir confortável tentando fazer uma rima de feitiço, por favor, não se preocupe. Você vai ficar bem sem isso. Você vai notar que eu não rimei os feitiços neste livro, sobretudo porque o que eu estava fazendo não tinha esse objetivo.
- Decida se deseja fazer o feitiço curto e memorizado ou mais longo e escrito. Algumas pessoas preferem ser capazes de memorizar um feitiço para que possam usá-lo a qualquer hora e em qualquer lugar. Eu tenho alguns assim, como meu feitiço de prosperidade favorito. Mas, se você não é bom(boa) em memorizar coisas (eu também não sou) ou precisa de um feitiço mais

longo, é melhor anotá-lo. Ou, como sabe, tome-o lendo um livro. Escolha suas palavras com cuidado (para evitar um resultado indesejado).
* Tenha cuidado para evitar os "não-não". Nunca escreva um feitiço que cause danos nem interfira no livre-arbítrio (não lance feitiços em/para outros sem permissão, por favor). Se você está preocupado(a) em causar danos de modo inadvertido, pode acrescentar no fim "para o bem de todos e de acordo com o livre-arbítrio de todos", deixando seu feitiço seguro. Se você tiver de se perguntar "Isso prejudicará mais alguém?", significa que você pode querer pensar duas vezes em lançá-lo.
* Você pode lançar seu feitiço em um círculo formal invocando os quatro quadrantes – leste, sul, oeste e norte – e evocando as deusas, ou apenas ficar ao lado de um altar ou numa floresta. Isso só depende de você e dependerá da complexidade e da urgência do feitiço, de suas preferências pessoais, de quanto tempo você tem disponível e do que funciona melhor para você.

INSTRUÇÕES BÁSICAS DE FEITIÇOS

Se você for lançar um feitiço formal e usar algumas ou todas as ferramentas sugeridas para um determinado feitiço, em geral, deverá fazer o seguinte:

A primeira coisa é purificar-se e purificar o espaço que você estiver usando. Isso pode ser feito com um bastão de sálvia, que você deve acender e espalhar a fumaça da sua cabeça até os pés e ao redor da área do ritual, e pode-se, como alternativa, usar uma mistura de sal e água, que deve ser borrifada ao redor do círculo e aplicada com as pontas dos dedos em sua testa, em seus lábios e sobre o coração para representar pensamentos, palavras e sentimentos. Meu grupo e eu fazemos os dois, mas você pode fazer um ou outro, se quiser. Você descobrirá, se usá-los em todos ou na maioria dos trabalhos mágicos, que, depois de um tempo, o simples cheiro da sálvia e as ações que você fizer com a água o colocarão no estado de espírito adequado para lançar feitiços.

⬟ **Faça um círculo contornando o espaço.** Use um atame, um pedaço de giz ou um barbante, ou use o próprio dedo (visualize uma luz branca circundando o espaço e depois o preenchendo). Se estiver trabalhando em grupo, você pode criar um círculo unindo a todos de mão em mão (a primeira pessoa pega a mão da pessoa que está à sua esquerda, essa pessoa pega a mão da pessoa à sua esquerda e assim por diante, até que todos estejam unidos em volta do círculo), ou passando uma vela, uma flor ou outro símbolo.

⬟ **Chame os quadrantes.** Para fazer isso, vire, primeiro, para o leste, depois, para o sul, o oeste e o norte, e peça aos poderes do Ar, do Fogo, da Água e da Terra para acompanhar você em seu círculo e o(a) manter seguro(a). Invoque a Deusa (e um deus, se assim o desejar). Você pode invocar uma divindade específica, se preferir, ou apenas dizer "Deusa" e "Deus". Se estiver invocando os deuses, poderá oferecer um pequeno presente a eles no que você estiver usando como altar. Flores são sempre apropriadas, ou algum tipo de alimento ou incenso.

⬟ **Reserve alguns minutos para aterrar e centralizar.** Se ajudar, você pode se imaginar como uma árvore, estendendo-se até o céu e descendo até o solo. Ou apenas respire.

⬟ **Se estiver usando incenso, acenda-o antes de proferir o feitiço.**

⬟ **Se estiver usando uma vela, você pode acendê-la antes ou enquanto diz o feitiço.**

⬟ **Outras ferramentas, como ervas ou pedras preciosas, podem ser colocadas no altar e ser tocadas ou seguradas enquanto** se pronuncia o feitiço ou, ainda, podem ser apenas mantidas para aumentar a energia do feitiço.

- ⛤ **Concentre toda a sua atenção e sua vontade em seu objetivo. Recite o feitiço em voz alta, se puder.** Se for preciso, o feitiço pode ser dito em voz baixa, quase sussurrada, contudo, a palavra falada adiciona poder ao trabalho mágico.
- ⛤ **Depois de proferir o feitiço, você deve reservar alguns instantes para se sentar em silêncio.** Se estiver fazendo um feitiço formal, talvez queira "comer bolo ou tomar cerveja" para voltar ao universo mundano.
- ⛤ **Dispense as moedas depois de agradecê-las.**
- ⛤ **Agradeça à Deusa e diga adeus.**
- ⛤ **Abra seu círculo.** Você pode visualizar as paredes de seu círculo caindo ou a luz desaparecendo, conforme for voltando ao universo mundano. Se estiver usando um contorno de lã ou sal, apenas faça uma abertura no próprio círculo. Ou você pode girar no sentido anti-horário (*windershins*) enquanto aponta seu dedo ou o atame.

Nota: Uma boa fonte para instruções adicionais de escrita de feitiços é o livro *Composing Magic: How to Create Magical Spells, Rituals, Blessings, Chants, and Prayers* de Elizabeth Barrette (New Page Books, 2007). Você também pode consultar meu livro intitulado *Everyday Witch A to Z Spellbook* (Llewellyn, 2010).

RITUAIS EM GRUPO: DIRETRIZES BÁSICAS PARA TRABALHAR NUM CÍRCULO

Fazer trabalhos mágicos junto a outras pessoas pode trazer muitas vantagens. Em grupo, você pode aumentar seu poder (se todos estiverem focados e trabalharem bem em conjunto uns com os outros, embora isso não seja uma garantia), pode se divertir, e há algo muito empoderador em se reunir com mulheres – ou mulheres e homens – que acreditam, assim como você, no que fazem. A adoração à Deusa também pode ser uma experiência verdadeira de união. Minhas irmãs do Blue Moon Circle (Círculo da Lua Azul) são tão próximas de mim que as considero como uma família, embora nem todos os grupos sejam assim.

Contudo, há algumas regras que precisam ser seguidas para tornar o trabalho com outras pessoas agradável e satisfatório, ao mesmo tempo que se cria um ambiente no qual seu trabalho mágico pode ser mais eficaz. Siga estas orientações simples e você ficará bem.

Evite distrações. Certifique-se de que todos se lembrem de desligar ou silenciar seus celulares (os quais devem ser deixados fora dos limites do círculo). Se você estiver dentro de casa e houver um telefone fixo, não se esqueça de desligar a campainha dele também. Se estiver fazendo um trabalho ritual na casa de alguém onde morem outras pessoas, procure um espaço em que ninguém possa perturbar você. A conversa casual deve ser reduzida ao máximo, para que as pessoas possam se concentrar e se manter focadas no trabalho mágico. Uma exceção pode acontecer caso o seu ritual tenha um componente informal, com todo o grupo trabalhando em algum tipo de ofício mágico, ou se o diálogo for bem-vindo, mas é recomendável evitar discutir tópicos que desviem o foco, como política.

Demonstre respeito pela Deusa. Se puder, fique em pé durante o chamado e a invocação da Deusa. Trate o ritual com seriedade. Nunca participe do ritual se estiver embriagado(a) ou se tiver consumido drogas. Além de isso ser desrespeitoso com a Deusa, dificulta a absorção de energia por parte do grupo durante o ritual. (Se precisar tomar medicamentos prescritos, tudo bem.)

⛤ **Respeite os sentimentos dos participantes.** Permita que as pessoas falem sem julgar ou criticar. O círculo é um espaço seguro; portanto, todos devem se sentir seguros dentro dele. Imagine-o como uma igreja redonda e, talvez, arborizada. Abra-se e aceite até mesmo as pessoas que forem muito diferentes de você. Se o seu grupo estiver usando um bastão de fala (um bastão ou algum outro item que é passado ao redor do círculo, permitindo que cada pessoa fale enquanto os outros ouvem), respeite a pessoa que está segurando o bastão. Alguns de nós quase nunca – ou nunca – têm a oportunidade de falar e ser de fato ouvido. Dê à pessoa que estiver falando toda a sua atenção e nunca a interrompa. Além disso, nunca toque nas ferramentas de outra Bruxa, como o atame ou o tambor, sem pedir. Lembre-se de que algumas pessoas têm alergias, portanto, evite usar perfume ou colônia. Se for usar velas perfumadas ou incenso, procure os que são feitos com óleos essenciais. Se houver um recém-chegado no grupo, você pode perguntar se ele tem alguma sensibilidade. (Minha enteada é alérgica a lavanda. Essa é uma erva tão usada, que ela costuma avisar as pessoas com antecedência que não pode nem ficar perto da planta.)

⛤ **Não quebre o círculo.** Se o círculo tiver sido iniciado, esse espaço deve ser considerado sagrado e separado do espaço mundano. Se você se levantar e caminhar pelo círculo, dispersará toda a energia que o ritual acumulou. Se alguém precisar sair por um instante (seja por causa de uma crise de tosse, por exemplo, ou pela necessidade repentina e urgente de atender uma criança chorando em outra sala), um dos outros participantes pode criar um buraco na parede do círculo, como se o cortasse, traçando o contorno de uma porta com o dedo ou com um atame. Quem precisar se afastar deve fazê-lo, e a Bruxa presente deve refazer a porta para fechá-la. Quando a pessoa retornar, ela deverá ser colocada de volta no círculo da mesma maneira.

⭐ **Ao se mover dentro do círculo, você quase sempre deve andar no sentido horário – isto é, no "sentido do sol".** A única exceção pode ser aberta num ritual em que você esteja trabalhando com o objetivo de banir ou expulsar alguma coisa; nesse caso, você pode andar no sentido anti-horário para executar essa parte do feitiço. Por exemplo, se parte da conjuração demandar que cada participante jogue uma moeda em um caldeirão dos desejos, você deve andar ao redor do círculo até chegar ao caldeirão, jogar sua moeda e continuar andando no sentido horário até voltar ao seu lugar.

⭐ **Respeite a privacidade de quem frequenta o grupo.** Nem todo mundo está fora do armário de vassouras e praticando Bruxaria de um modo aberto. Ainda há algumas profissões e determinados lugares em que ser reconhecido como Bruxo ou Bruxa pode levar a pessoa a ser demitida ou a algo pior. (Uma das pessoas com quem pratiquei alguns anos atrás estava passando por um divórcio complicado e quase perdeu o acesso aos filhos por causa de sua prática espiritual. Ela teve de prometer que nunca os levaria a um ritual, embora eles tenham sido criados como pagãos até aquele momento. Você pode se surpreender com o quão retrógrada pode ser a atitude em relação à Bruxaria. Isso aconteceu no interior do estado de Nova York, e não no sul dos Estados Unidos, região de tradições mais conservadoras.) Não faz muito tempo, muitas pessoas que iam a rituais em grupos usavam nomes de Bruxas como Onyx ou Raven(a), em vez de seus nomes verdadeiros, por esse mesmo motivo. Portanto, evite dizer "fulano ou fulana estava em nossa reunião neste fim de semana", a menos que você tenha certeza de que está tudo bem com essa pessoa. Pela mesma razão, nunca poste fotos públicas do grupo, a menos que tenha permissão de todos que estejam na foto. Às vezes, eu contorno isso – com a devida autorização – dizendo em um *post*, por exemplo, "Círculo da Lua Azul e amigos convidados na reunião do Solstício de Verão deste fim de semana", para que ninguém saiba quem são os Bruxos e quem são os convidados. Também tiramos fotos divertidas com todos de costas, para que as pessoas não possam ser identificadas. Contudo, a menos que você tenha certeza de que é seguro, é melhor não postar fotos. Na maioria das reuniões e convenções públicas, pede-se aos participantes que se abstenham de postar fotos que contenham alguém que não tenha dado permissão explícita para fazê-lo.

- **O que é dito no círculo fica no círculo.** Se o espaço ritual é seguro para as pessoas, elas precisam saber que podem falar sobre qualquer coisa, não importa o quão particular e delicado seja o assunto, e que isso será mantido em sigilo. *Nunca* compartilhe informações aprendidas no círculo, a menos que você já tenha permissão para fazê-lo. Se as pessoas com quem você estiver praticando forem todas mulheres (e não um grupo de gênero misto), as participantes podem falar sobre assuntos muito íntimos e delicados. Esses segredos nunca devem sair do espaço sagrado do círculo.

- **Conheça as regras.** Se você não está familiarizada(o) com as pessoas que participam do ritual, pergunte com antecedência se há alguma regra que você precisa conhecer. As pessoas que lideram os rituais (e eu me incluo aqui), muitas vezes, acham que os novos participantes já sabem o que se espera deles e acabam percebendo que não era bem assim apenas quando alguém de repente sai do círculo para pegar algo de que se esqueceu (sim, isso já aconteceu), por exemplo. Pergunte se há a necessidade de usar roupas especiais – que, em geral, são algum tipo de roupa de Bruxa, como um manto ou um vestido do tipo "Ren Faire", isto é, um traje de estilo renascentista – ou se alguém quer comparecer num estilo "*skyclad*" (isto é, nu). Pergunte se depois do ritual haverá algum banquete, o que é bem típico; pergunte se é preciso levar algum prato para compartilhar com os participantes. Nesse caso, você pode perguntar se há alguém com alguma intolerância alimentar (é recomendável sempre deixar ao lado do prato um pequeno cartão indicando os ingredientes com os quais foi preparado).

⭐ **Mantenha a mente aberta.** Isso é muito importante sobretudo se você começou a prática há pouco tempo e se as coisas ainda lhe parecem um pouco estranhas. Quando eu comecei, demorei um pouco para acreditar de verdade em magia, embora estivesse claro que as pessoas ao meu redor acreditavam. No entanto eu sabia que estava no lugar certo, porque parecia *certo* desde o primeiro ritual de que participei e porque me conectei com o Deus e a Deusa naquela primeira noite. Se seu instinto lhe diz que esse é o caminho para você, não se preocupe se demorar um pouco para se acostumar com alguns dos aspectos da Bruxaria Moderna, que são muito diferentes dos hábitos religiosos com os quais a maioria de nós cresceu.

⭐ **Use a regra do "todo cuidado é pouco".** Por outro lado, se você for a uma reunião de grupo e seu instinto lhe disser que algo está errado, use seu bom senso e saia bem rápido ou não volte mais. A maioria das reuniões em grupo, seja de um *coven* formal ou um grupo local que conduza um ritual aberto ao público, é bem agradável e segura. As reuniões podem ou não se adequar ao que você procura, mas o pior que pode acontecer é você se entediar ou se decepcionar com a abordagem feita, ou considerar que algumas pessoas são irritantes e decidir que esse não é o grupo adequado para você. (Fui algumas vezes a rituais liderados por pessoas bem adoráveis... que eram muito desorganizadas; quase sempre estavam desorientadas e, em geral, estavam chapadas. Fui algumas vezes, mas nunca mais voltei. Apenas não era um caminho que se encontrava com o meu.) Contudo, pode ocorrer de uma reunião não dar certo. Talvez por causa de uma liderança controladora ou desagradável. Talvez o tipo de magia praticada se aproxime demais do negativo ou ultrapasse essa linha. Talvez você apenas fique com os cabelos da nuca arrepiados, mesmo que não consiga identificar o motivo. Nesse caso, corra – em vez de andar – em direção à porta e não volte de modo algum a pisar nesse espaço.

CAPÍTULO DOIS

O DIVINO FEMININO
O ENCONTRO E A SAUDAÇÃO DE UMA DEUSA

Há duas formas básicas de iniciar um caminho espiritual que envolva a adoração da Deusa. Ambas são viáveis. De fato, muitas pessoas, inclusive eu, usam um pouco das duas. Essa primeira abordagem pode ser *geral* (apenas por meio da invocação à "Deusa", sem o uso de nenhum nome nem de imagens) ou *detalhada* – em que você escolhe uma ou mais deusas que lhe agradam em particular.

Costumo invocar a Deusa e o Deus sem usar outras especificações além dessas. Por exemplo, começo muitos de meus feitiços com "Deus e Deusa, ouçam meu apelo...". Quando saúdo os deuses de manhã ou agradeço à noite, não uso nomes específicos. Já nos rituais, depende.

Por exemplo, há alguns feriados que, em geral, são associados a uma deusa específica, como a deusa Brigid em Imbolc ou Perséfone no Equinócio de Primavera. Quando meu grupo Círculo da Lua Azul (um grupo de Bruxas ecléticas, muitas das quais praticam juntas desde 2004 – nós nos intitulamos de "círculo", em vez de *coven*, mas é a mesma coisa, em essência) realiza rituais para esses Sabás (*Sabbats*), invocam-se certas deusas. Se eu estiver fazendo algum tipo específico de trabalho mágico, posso invocar uma deusa conhecida por seu poder nessa determinada área. Afrodite para magias de amor, por exemplo, ou Brigid para a cura.

Alguns de nós sentimos uma conexão especial com uma deusa em particular, que podemos considerar como nossa divindade patrona pessoal (ou talvez devesse ser matrona). Para mim, essa deusa é Hécate, embora eu ainda esteja explorando meus relacionamentos com outras deusas, para ver o que elas têm a me dizer.

Às vezes, uma deusa escolhe você, e não o contrário. Você pode apenas *saber* quem é a sua deusa. Esse, com certeza, foi o meu caso. Também tive amigos que receberam mensagens repetidas e nada sutis de que uma deusa se interessou por eles. Fique atenta(o) a avistamentos recorrentes de símbolos (animais, estátuas, nomes, imagens etc.) associados a uma deusa em particular e, se começar a identificar um padrão, tente dizer "olá" e espere para ver se obtém uma resposta. Você pode até encontrar uma deusa que fale com você, se se abrir para isso. As deusas também podem aparecer para você em sonhos ou durante uma meditação.

Não é uma boa ideia ignorar esses sinais, sobretudo se você expressar a intenção de se conectar com a divindade. A deusa que aparece pode não ser aquela que você esperava, ou aquela com quem você se sente confortável, mas ela pode ser apenas aquela de que precisa nesse momento.

Eu sabia que era uma Bruxa quando fui ao meu primeiro ritual e, ali, em pé em um círculo na noite escura, estendi a mão para a divindade, e Ela/Ele estendeu a mão de volta. Eu estive procurando por toda a minha vida, ao longo dos anos, praticando o judaísmo com minha família, indo para a Igreja Unitária Universalista, estudando budismo e taoismo, e, pela primeira vez, eu *senti algo*. Algo real e, sem dúvida, presente. Uma voz que dizia: "Ah, aí está você. Estávamos esperando você!". E aquela voz era feminina. Eu tinha encontrado a Deusa e o Deus. Foi um momento marcante, de que eu nunca mais me esqueci.

Espero que você também possa viver um momento assim, da maneira que for correta para você. Tenho certeza de que Ela esperará por você.

DEUSAS E APROPRIAÇÃO CULTURAL

Hoje, há muita discussão na comunidade pagã (e em outros espaços) sobre apropriação cultural. Muitas Bruxas invocam divindades de culturas que não são as suas, e algumas pessoas veem isso como errado ou até mesmo ofensivo. Você deve pensar a respeito e fazer uma escolha; contudo, quero dar minha opinião sobre isso, pois creio que vale a pena.

Em primeiro lugar, nem todo mundo vem de uma sociedade que cultua uma deusa que "fala" com as pessoas ou em que se possa contar com alguém para se conectar. Fui criada como judia, e *não há* deusas na tradição judaica. Se você de fato quiser exagerar, pode dizer que Lilith tem uma origem judaica, mas, com certeza, nenhum de meus parentes jamais a adorou; você só encontrará alguma informação a esse respeito se retroceder muitas gerações num passado nebuloso. (Há alguma evidência de que houve uma deusa hebraica em algum ponto da história, mas essa informação se perdeu há milhares de anos.)

Isso significa que não posso adorar uma deusa? Não dá para afirmar que isso seja justo.

E se a deusa que chamar você for do panteão egípcio e você for de origem alemã? Isso significa que você só pode adorar a Mãe Holle e não Bastet?

Nenhuma dessas respostas faz mais sentido para mim, a não ser que haja a intenção de limitar as pessoas à fé em que foram criadas, mesmo que essa fé não ressoe nelas. A crença não é restringida pela cultura ou pelo DNA. Então, se uma deusa toca seu coração e seu espírito, é sinal de que ela olhou além da linhagem e da genética para ver quem você é de verdade. Quem somos nós para discordar? Além disso, há a questão da reencarnação e das vidas passadas, em que muitas Bruxas e muitos Bruxos acreditam. E se a deusa que o(a) chama for alguém que "pertenceu" a você em alguma outra vida?

Contanto que sua abordagem seja respeitosa e não exploradora de forma alguma, não vejo problema em adorar a deusa que mais lhe agrade ou abordar uma infinidade de deusas de várias culturas para encontrar aquela ou aquelas que são mais adequadas aos seus objetivos e às suas necessidades espirituais. Se escolher alguém que não for o certo para você, suspeito de que será ignorado. E se você sente uma ressonância particular com uma deusa que não faz parte de sua formação cultural, bem, quem somos nós para discutir com a divindade? Talvez você tenha de ir além: faça uma pesquisa e aprenda tudo o que puder sobre ela.

No final, as deusas fazem suas próprias escolhas, e eu, pelo menos, acho que é assim que deve ser.

Conscientes disso, é preciso saber que há certas práticas que com toda a probabilidade se enquadram na apropriação cultural. Por exemplo, chamar a si mesmo(a) de xamã sem treinamento adequado e sem estar familiarizado(a) com a cultura da qual esse treinamento xamânico é derivado. Ou usar um símbolo religioso que tem significado para os outros, mas não para você. De modo geral, considera-se mais apropriado falar em ter um animal de poder (que é um termo comum) do que um animal totem, que é específico da cultura nativa norte-americana.

Nesse ponto, como em todas as outras questões, se você não tiver certeza de que algo é aceitável, pode perguntar a uma pessoa dessa determinada cultura (caso você conheça alguma), fazer uma pesquisa e usar seu bom senso.

CONHEÇA AS DEUSAS

Aqui há uma breve descrição sobre algumas das deusas mais conhecidas, junto a um simples ritual, um feitiço ou uma invocação que você poderá usar para se conectar a elas. Esta não é, de forma alguma, uma lista completa, pois há mais deusas do que eu poderia colocar em um livro. Tentei escolher as que considero ter um apelo mais geral e ser mais úteis para a mulher moderna. Há muitos livros maravilhosos que dão conta de uma enorme variedade de deusas de todas as culturas imagináveis, com muito mais detalhes do que poderiam caber no espaço de que disponho aqui. Adiante, incluí uma breve lista de alguns dos recursos que usei (tenho *muitos* livros sobre deusas), mas eles são apenas a ponta do *iceberg*.

Também incluí algumas deusas com as quais não estou tão familiarizada, mas que são importantes para as culturas de onde vêm e podem falar com pessoas de origens diferentes da minha. Há algumas que ainda hoje são muito cultuadas (as deusas africanas, por exemplo, que ainda são seguidas tanto em sua terra natal quanto pela Santeria, no sul dos Estados Unidos, no Brasil e em Cuba, além de algumas das deusas nativas americanas). Se você se sente atraída(o) por alguma delas e não pertence à cultura à qual elas pertencem, tenha cuidado extra para ser respeitosa(o) em suas práticas.

Eu a(o) encorajo a explorar muito além dos limites deste livro, uma vez iniciada a presente jornada. Você também pode querer procurar as deusas que são de sua formação particular ou de qualquer panteão para o qual você se sinta atraída(o). Se, por exemplo, você preferir o panteão romano ao grego, descobrirá que a maioria das deusas gregas que listei tem suas equivalentes romanas quase idênticas – basta usar os nomes romanos (nos poucos casos em que há diferenças substanciais, listei ambas).

Se você está apenas começando a se aventurar nesse mundo, talvez queira passar algum tempo conhecendo muitas dessas mulheres maravilhosas. Ou talvez esteja procurando uma deusa específica para chamar de sua; nesse caso, pode ser mais eficiente tentar se conectar apenas com as deusas que de fato saltam à sua vista enquanto você lê.

Por outro lado, você pode estar vivendo uma situação em sua vida ou lidando com um problema específico que se enquadre na área de especialização de uma deusa ou de algumas deusas específicas. Você sempre poderá ler as descrições para encontrar uma deusa que pareça adequada para solicitar ajuda ou orientação. Algumas deusas podem preencher uma lacuna emocional; as pessoas que têm um relacionamento ruim (ou nenhum) com a mãe podem ser atraídas por uma deusa-mãe, por exemplo. Ou uma mulher que se sinta vulnerável ou fraca pode procurar uma deusa que considere forte ou empoderadora.

Não há maneira certa ou errada de seguir o processo de expandir seu conhecimento sobre a deusa ou as deusas de sua escolha. Apenas lembre-se de abordá-las com respeito, mantenha a mente e o coração abertos. Quem sabe... talvez haja uma divindade que espere com paciência que você a chame pelo nome.

UMA DEUSA PARA CADA IDADE – DONZELA, MÃE E ANCIÃ

Não importa a sua idade, existe uma deusa que pode ajudar você enquanto estiver seguindo o seu caminho. Embora as pessoas não se limitem a uma divindade que se pareça com elas ou aja como elas, algumas gostam de se conectar com uma deusa que reflita o estágio da vida pelo qual estão passando.

A Deusa na Bruxaria Moderna (e em muitas culturas anteriores, como você pode ver na lista mencionada) é vista com frequência pelo triplo aspecto – de donzela, mãe e anciã. A donzela é jovem, mais inocente, cheia de energia e quase sempre associada à primavera. Exemplos de Bruxas que representam mais as donzelas: Perséfone, Iduna, Rhiannon, Freia e deusas virgens como Ártemis e Atena. (Não, você não precisa ser virgem para adorá-las.)

Muitas(os) de nós buscamos a Deusa como mãe – o aspecto que conforta, nutre e protege. (Mesmo os não Bruxos falam sobre a Mãe Terra.) Todos nós podemos, às vezes, usar a mão amiga de nossa mãe. As deusas mães são frequentemente associadas à abundância, à prosperidade e ao crescimento em seu papel de divindades da colheita. Algumas se dedicam à proteção do lar e da família. Deméter, Selene, Ísis e Gaia são bons exemplos, embora todas as deusas tríplices tenham uma *persona* materna.

As deusas idosas são muito apropriadas para quem já passou da fase materna de sua própria vida, seja marcada pela mudança dos filhos, seja pela menopausa, pela aposentadoria, por um aniversário que você considera significativo ou apenas pela percepção de que você, enfim, alcançou algum objetivo que lhe proporciona satisfação pessoal. As deusas anciãs são carregadas de sabedoria e quase sempre são associadas ao mundo espiritual, às profecias, às transições e, às vezes, à morte e ao submundo. Baba Yaga, Hécate e Morrigan são exemplos de deusas vistas sobretudo por seu aspecto de anciã.

Lembre-se de que, para as Bruxas, ser vista como velha não é um insulto. Envelhecer não é visto como algo ruim. Na verdade, é apenas na história mais recente, e na cultura norte-americana em particular, que atingir esse estágio da vida é considerado negativo. Em muitas culturas, os mais velhos da comunidade são valorizados por sua sabedoria e sua experiência, pelas histórias que podem passar para as próximas gerações e pelos papéis que desempenham como matriarcas de suas famílias. Se você está, em sua vida, no estágio de uma pessoa mais velha, pode encontrar empoderamento ao se conectar com uma das deusas anciãs.

É claro que muitas deusas abrangem todas essas fases da vida – donzela, mãe *e* anciã – chegando até nós na forma com a qual mais precisamos nos conectar no momento ou naquela que a deusa considera mais apropriada.

A Deusa Tríplice é encontrada na maioria das culturas e é simbolizada pela mudança das fases da Lua – crescente (donzela), cheia (mãe) e depois minguante (anciã) –, bem como pela mudança das estações. A primavera está associada à donzela, o verão, à mãe, depois, o outono e o inverno, à anciã, à medida que o mundo ao nosso redor murcha e se move em direção à morte ou ao sono eterno. Então, é claro, quando a primavera retorna, a deusa solteira retorna e todo o ciclo recomeça. Você pode querer mudar sua adoração conforme as estações mudam, para qualquer deusa que pareça mais apropriada no momento.

Cerridwen e Brigid estão entre as deusas triplas mais conhecidas, embora também haja outras, como Hécate, que são, com mais frequência, associadas a algum outro aspecto – no caso, a anciã –, mas que ainda são consideradas deusas tríplices. Se não consegue descobrir em que estágio está ou qual aspecto da deusa seria mais adequado a você, pode recorrer a uma delas.

UMA NOTA SOBRE COMO CHAMAR AS DEUSAS

As sugestões que se seguem para se conectar com variadas deusas são apenas isto: sugestões. Se você precisar alterar o texto para melhor se adequar à sua situação, faça isso. Não tem a cor da vela que sugeri? A cor branca é sempre uma substituição adequada, ou você pode optar, inclusive, por ficar sem a vela. Na verdade, qualquer item pode ser substituído por algo semelhante ou pode ser eliminado. Falar com o coração é mais importante do que ter as ferramentas, as estátuas ou os símbolos certos. Costumo dizer "coloque X no seu altar". Não tem altar? Não tem problema. Você pode criar um altar temporário usando uma pequena mesa ou uma prateleira ou, se estiver do lado de fora, use uma pedra plana. Se o único lugar que você tem para fazer esses rituais simples é sua mesa ou uma cômoda em seu quarto, use esse espaço. Eu garanto a você, as deusas vão ouvir de qualquer maneira. Não tem nada que se assemelhe a esse "X" – aquela vela, uma pedra ou seja lá o que for? Não se preocupe! Todas essas ferramentas são opcionais. Elas podem ser maneiras úteis de concentrar seu foco na tarefa em mãos; contudo, você não vai precisar de nada além de sua mente, seu coração e sua intenção. Você também não precisa usar minhas palavras exatas. Eu as ofereço a você para o caso de não se sentir confortável para criar o seu próprio discurso, mas sinta-se à vontade para usá-las como uma base em vez de considerá-las um projeto. Você pode parafraseá-las ou, apenas, falar com o coração, se for chamada(o) a fazê-lo. Conectar-se com a Deusa tem tudo a ver com o que parece certo para você no momento em que estiver atuando. Alguns dias ou para algumas deusas, isso pode significar ler em voz alta o que escrevi. Em outros dias, pode ser o suficiente olhar para a Lua e dizer tudo o que vem à sua mente. Não há maneira errada, e a Deusa não vai julgar a forma como você fala com ela, desde que você seja sincera(o).

AS DEUSAS

⬟ Afrodite

É a deusa grega do amor e da guerra, e sua versão romana é Vênus. Ela rege a beleza, o amor, a sexualidade, o romance, a fertilidade, o prazer, a dedicação e o amor-próprio. De um modo irônico, ela é a deusa do amor conjugal e dos casos ilícitos. Por ser associada à guerra, é possível que seja descendente de Astarte e Ishtar. Seu nome significa "nascida na água" ou "nascida na espuma", e às vezes ela é chamada de "a Dourada". Seus símbolos são o oceano (de onde ela surgiu), as pombas, maçãs, rosas, pérolas, o ouro e os espelhos. Afrodite é a deusa do amor apaixonado, ela não deve ser evocada de um modo leviano, pois as chamas podem queimar tão facilmente quanto esquentam. Não há garantia de que as dádivas que ela oferece sejam duradouras, embora você possa chamá-la se quiser atingir mais paixão em sua vida. Ela também é uma deusa que incorpora beleza e autoconfiança, e pode proporcionar uma abordagem mais saudável canalizar as energias dela para você, isto é, para que você possa buscar a paixão do amor-próprio, compreendendo que você é uma pessoa vibrante, bela e digna de adoração.

> *Conectando-se com Afrodite* – Mergulhe algumas pétalas de rosa em uma tigela de água misturada com um pouquinho de sal marinho, para representar o oceano, onde Afrodite nasceu. Você também pode usar algumas gotas de óleo

essencial de rosas (procure *on-line* ou em sua loja de produtos naturais; tem um custo alto, mas você não precisará de uma grande quantidade) ou água de rosas, que pode ser encontrada na seção de importados de alguns supermercados. Se você tiver joias feitas com pérolas ou ouro, coloque-as para homenageá-la. Se puder, espalhe pétalas de rosa ou conchas ao redor do altar e acenda uma vela rosa ou vermelha. Se quiser, você pode tocar uma música que a faça se sentir atraente ou coloque sons do oceano ao fundo. Pense em algumas pessoas que você conheceu que, embora não fossem muito bonitas, tinham tanta confiança em sua própria atratividade que todos ao redor as viam como adoráveis. Pense na beleza que vem de dentro. Mergulhe os dedos na água salgada ou na água de rosas e unte a testa dizendo "Afrodite, me ajude a acreditar na minha própria beleza". Em seguida, molhe seus lábios dizendo "Afrodite, deixe minhas palavras mostrarem a beleza de meu espírito". Unte o peito e diga "Afrodite, deixe meu coração brilhar com todo o amor que sinto pelos outros e por mim mesma(o)". Unte seu ventre ou sua barriga e diga "Afrodite, deixe minha energia ser forte e bonita" e, por fim, se desejar, unte seu osso púbico (chamado de "monte de Vênus") e diga "Afrodite, deixe que eu me deleite com minha sensualidade e minha própria beleza sexual". (Pule essa parte, caso isso faça você se sentir desconfortável.) Mergulhe as duas mãos na água restante e levante-as em direção ao céu; depois, passe-as pelo rosto e pelo corpo. Diga: "Afrodite, a partir de hoje, permita que sua beleza faça parte de mim e me ajude a ver minha própria beleza através de seus olhos divinos. Que assim seja! Sente-se um pouco e depois apague a vela. Se quiser, você pode guardar a água restante para usar, mais tarde, no banho ou no chuveiro.

Nota: Se você preferir invocar Vênus em vez de Afrodite, saiba que os atributos de ambas são os mesmos; então, você pode optar por substituir o nome dela.

Aine

É a deusa irlandesa do amor, das fadas e da fertilidade. Ela rege o amor apaixonado, a fertilidade, a sorte, a cura e a proteção e está associada às fadas e à magia. Em algumas mitologias, era considerada a filha do rei das fadas. Aine é a Deusa da Lua e do Sol, cujo nome significa, entre outras coisas, "alegria" e "brilho". Em seu aspecto "Dark Maiden" (ou Donzela das Trevas), ela pode ser chamada para vingança contra amantes infiéis, homens brutos e companheiros inadequados. É conhecida por suas emoções fortes, e, como deusa da fertilidade, escolhe seus próprios amantes. Vale destacar, no entanto, que em algumas tradições ela também é considerada alguém de má vontade (simbolizando, talvez, a Terra que está sendo conquistada). Por isso, é uma boa deusa a quem recorrer se você tiver sofrido violação ou abuso. Em seu aspecto de deusa do Sol, ela é celebrada no Solstício de Verão, quando os aspectos mais positivos de seus poderes de fertilidade, cura e crescimento estão em primeiro plano.

Conectando-se com Aine – Sempre que desejar se conectar com as fadas, em especial durante o Solstício de Verão, você pode realizar este ritual, que é simples. É melhor fazê-lo ao ar livre, enquanto o Sol estiver alto, embora você também possa substituir o Sol usando uma grande vela amarela, se necessário. Espalhe pétalas de flores pelo chão ou em um altar e coloque uma pequena tigela cheia de leite, mel ou hidromel. Se desejar, você pode usar uma guirlanda de flores ou colocar uma flor no cabelo. Acenda uma vela amarela e diga: "Aine, oh, pessoa brilhante e apaixonada, eu louvo o seu nome. Trouxe presentes para você e para seus amigos, o Povo das Fadas, e abordo vocês com respeito e admiração. Compartilhe comigo sua energia alegre e peça às fadas que abençoem a mim e ao lugar onde moro". Se estiver ao ar livre, despeje o mel, o leite ou o hidromel no chão e espalhe as pétalas das flores ao redor. Se estiver dentro de algum espaço fechado, apenas deixe a tigela num altar por um tempo e descarte-a mais tarde.

Nota: Observe que as fadas, ou o Povo das Fadas, não são aqueles espíritos alados e bonitinhos retratados em muitas histórias modernas. Elas são uma força elementar poderosa e devem ser abordadas com respeito e cautela.

Anfitrite

É a deusa grega do mar. Para os antigos gregos, Anfitrite era a rainha do mar, incorporando o próprio oceano. Ela deu à luz os golfinhos e as focas e era conhecida como "aquela que cerca", assim como o oceano envolve a terra. Mais tarde, ela acabou sendo rebaixada para esposa de Poseidon pela mitologia grega posterior, quando ele se casou com ela para se tornar um deus do mar. (Nem sempre foi assim.) Anfitrite governa tudo o que se relaciona ao oceano, inclusive as ondas. Seus símbolos são os cavalos-marinhos (hipocampo), os golfinhos, as focas, os caranguejos e peixes.

Conectando-se com Anfitrite – Anfitrite representa o poder elementar da feminilidade. Ela não pode ser diminuída pelas modificações da mitologia porque o oceano ainda é tão poderoso quanto sempre foi. Suas ondas podem ser suaves como a carícia de um amante ou tão destrutivas quanto um *tsunami*. Chame a deusa quando quiser se conectar com o elemento Água ou se sentir que algum homem está tentando roubar seu poder pessoal. Reúna alguns símbolos do mar. Você pode ter algumas conchas, uma foto de um golfinho ou alguma outra representação do oceano. Coloque uma tigela de água salgada (use sal marinho, se possível) ao lado de uma vela branca, verde ou azul (pode ser qualquer coisa cuja cor recorde o oceano.) Acenda a vela e diga: "Anfitrite, Rainha do Oceano, deixe suas águas sagradas me banharem. Deixe que limpem minha mente para que eu possa pensar com clareza". (Mergulhe os dedos na água salgada e molhe a testa.) "Que eles lavem a tristeza e o medo do meu coração para que eu possa ser forte." (Mergulhe os dedos na água salgada e molhe a área sobre o coração.) "Deixe o poder de suas ondas ecoar na água que compõe meu próprio corpo e ressoar em meu âmago." (Toque a água e depois toque o seu abdômen.) "Abençoe-me, oh, rainha do Oceano, e envolva-me com suas ondas atemporais." Se quiser, mantenha a tigela de água salgada em seu altar ou em algum lugar de fácil acesso e unte-se sempre que precisar de um impulso.

Arianrhod

Esta é a deusa galesa da Lua, também conhecida como Aranrot. A Deusa Mãe na tríade tripla da Deusa juntamente com Blodeuwedd e Cerridwen, Arianrhod é a deusa da profecia, do destino, da magia e da reencarnação. Ela era chamada de "Roda de Prata" ou "Roda de Prata que Desce ao Mar", e seu nome significa "disco de prata". As expressões podem se referir à Lua, mas também à roda do destino. Ela governa a Lua e as estrelas, cuida dos mortos e os guia para sua próxima vida. Pálida e bela, Arianrhod também pode se transformar em uma coruja, que é um de seus símbolos. As pessoas que a adoram podem ter permissão para ver o passado ou o futuro; assim, ela é a deusa perfeita para ser invocada se você costuma ler o tarô ou usar qualquer outra forma de adivinhação. Ela também pode auxiliar você caso esteja explorando vidas passadas.

> **Conectando-se com Arianrhod** – Invoque essa deusa para ajudar você nas adivinhações. Se puder, faça este ritual simples na noite de Lua Cheia. Abra suas cartas de tarô, jogue suas runas ou use quaisquer ferramentas que esteja habituado(a) para adivinhação em um pedaço de tecido branco ou prateado (se houver). Acenda uma vela branca ou prateada e diga: "Arianrhod, deusa da profecia, empreste-me nesta noite os seus dons. Ajude-me a ver com clareza ao olhar para o passado, para o presente e o futuro e envie-me qualquer informação que eu precise saber. Que assim seja!".

Ártemis

É a deusa grega da caça. Diana é sua versão romana, embora não sejam equivalentes de um modo exato. Considerada a deusa da proteção, da independência, da natureza e da Lua, estão sob sua proteção as florestas, os bosques e os animais selvagens, bem como as meninas até que atinjam a maturidade. Como deusa virgem que representa mulheres independentes e protege os fracos ou vulneráveis, Ártemis é apropriada de modo especial para adolescentes, pessoas que sofreram abuso, mulheres grávidas ou mulheres que buscam se tornar mais autossuficientes. Ela é uma deusa totalmente dedicada às mulheres. (Desculpe, pessoal!) Ela costuma ser representada segurando um arco e uma flecha. Seus símbolos incluem a Lua, o arco e a flecha e numerosos animais, mais especificamente cervos, ursos e cães.

Por sua vez, a herbácea chamada artemísia recebeu esse nome em homenagem à deusa e é muito apropriada para ser usada em seus rituais.

> ***Conectando-se com Ártemis –*** Peça proteção a Ártemis quando estiver se sentindo vulnerável ou precisando de força. Fique do lado de fora de casa, sob a Lua – se puder –, e/ou acenda uma vela branca. Se estiver usando um altar, pode decorá-lo com qualquer um dos símbolos da deusa ou com o que representar proteção para você. Acenda a vela, levante os braços e diga: "Ártemis, grande caçadora, protetora das mulheres, venha até mim na hora da minha necessidade. Cerque-me com sua luz protetora e mostre-me a melhor maneira de me proteger. Empreste-me sua força e sua ferocidade. Faça-me forte e independente. Proteja-me, oh, Ártemis, nesta minha hora de necessidade. Visualize, então, uma luz branca brilhante ao seu redor enchendo-a de força. Observe-se como uma guerreira ou uma caçadora. Se quiser, solte um uivo alto ou grite e balance os punhos em direção ao céu. Se você está buscando orientação sobre maneiras de se fortalecer em longo prazo, fique alerta nos próximos dias para qualquer direção que a deusa possa lhe enviar.

Astarte

É a deusa mesopotâmica do amor e da guerra. Ela se assemelha a Ishtar e a Afrodite; rege a paixão, o casamento, os encontros sexuais, a sensualidade e a independência feminina. Astarte também é a rainha das estrelas da manhã e da tarde; seu nome significa "estrela". Ela governa os espíritos dos mortos e todos os corpos astrais, incluindo a Lua. Em seu aspecto sombrio, ela é uma rainha guerreira, com toda a paixão voltada para a guerra e para as vitórias nas batalhas. Astarte é uma das mais antigas deusas que conhecemos, tendo inclusive um santuário que remonta à Idade da Pedra. Seus símbolos são a estrela, a pomba e a esfinge. Ela também foi associada a cavalos e carruagens e ao planeta Vênus (também conhecido como estrela da tarde quando aparece no céu noturno ocidental). Em geral, ela é representada como uma mulher nua, com uma coroa de chifres de vaca ao redor de um disco solar.

> *Conectando-se com Astarte* – Conecte-se com Astarte em seu papel de Rainha da Estrela da Tarde. As estrelas são fixas e duradouras, um ponto de estabilidade em um mundo instável. Vá para o lado de fora ou olhe pela janela, assim que as estrelas aparecerem pela primeira vez. Se puder, identifique a estrela da tarde ou apenas escolha a estrela mais brilhante que conseguir ver. Faça um pedido à estrela e peça a Astarte para lhe trazer a força de um guerreiro para ajudar a alcançar seus objetivos.

Atena (também conhecida como Atená, Palas Atena, Atenae)

Ela é a deusa grega da sabedoria; sua versão romana é Minerva. Ela é uma deusa do saber, da filosofia e da inteligência astuta, bem como a protetora das armas, da fiação e de outras artes femininas, além da metalurgia e da construção naval. Essa deusa virgem simboliza a independência feminina e a razão. É uma deusa que protege seu povo, pois surgiu da cabeça de Zeus já vestida com uma armadura de batalha. Seus símbolos são a coruja e a oliveira, e ela é quase sempre representada com elmo e escudo dourados.

Conectando-se com Atena – Invoque Atena quando tiver um conflito que você tenha de enfrentar sem a ajuda de ninguém, um conflito que deva ser vencido mais pela inteligência do que por meio do engajamento de fato numa batalha. Coloque uma figura ou uma estatueta de coruja e/ou uma tigela de azeitonas em seu altar. Se você tiver roupas ou alguma joia que a faça se sentir poderosa (pode ser um terno de trabalho ou até sua roupa íntima mais *sexy*, um colar favorito ou uma maquiagem completa; se você malhar, podem ser os tênis ou os pés descalços e suas roupas de ginástica), vista tudo. Acenda uma vela branca ou amarela e se imagine vestindo a armadura de Atena tecida em suas roupas de um modo invisível. Então, diga: "Grande Atena, empreste-me sua força e sua sabedoria. Ajude-me a permanecer forte contra aqueles que querem me derrotar e me guie para as ações que me permitirão alcançar a vitória. E deixe-me fazer isso com graça e astúcia, sem raiva e sem perder o controle. Que assim seja!". Se quiser obter um pouco mais de poder, use uma peça de joalheria ou uma roupa que possa vestir mais tarde, quando precisar se sentir forte.

Baba Yaga

É a deusa anciã russa. Mais tarde, ela foi rebaixada nos contos de fadas a uma Bruxa poderosa, porém feia, com dentes de ferro e pernas ossudas, que, com frequência, atribuía tarefas difíceis àqueles que a procuravam para obter respostas ou favores. Essa deusa da sabedoria, da regeneração e dos elementos é temida e admirada. Muitas vezes, nos contos, aqueles que falham no cumprimento de seus compromissos com ela terminam pagando com a própria vida. Ela tem poder sobre o tempo, as estações e os elementos e, às vezes, é vista como representante do lado mais sombrio do caminho da sabedoria. Com frequência, é mostrada se deslocando dentro de um pilão manipulado por um socador, que é uma ferramenta clássica de Bruxas e herboristas.

> *Conectando-se com Baba Yaga* – Invoque essa deusa quando embarcar em um empreendimento difícil ou em um nível mais profundo de aprendizado (sobretudo se for espiritual, mas buscando algum conhecimento sério). Se você tiver um almofariz e um pilão, coloque-os à sua frente, junto a algum símbolo do caminho que estiver seguindo e algum tipo de presente para Baba Yaga. (Dica: ela adora comida em todas as formas, então, você pode deixar de lado as lindas flores... ela também gosta de ossos.) Atue sempre com educação e respeito com todas as deusas, mas sobretudo com *essa*. Acenda uma vela branca, amarela ou preta e diga: "Baba Yaga, sábia e poderosa, peço o favor de sua orientação, pois também me esforço para ser mais sábia(o) e poderosa(o). Conceda-me o conhecimento de que preciso para trilhar bem este caminho e ajude-me a navegar com segurança pelos lugares mais escuros das florestas da vida. Eu lhe dou este presente, pois peço com humildade sua ajuda!".

Bastet (também conhecida como Bastete e Bast)

É a deusa egípcia do amor, da fertilidade, da sensualidade, da música, da unção, da magia, da alegria e, claro, é a deusa dos gatos. É uma deusa benigna que incorpora os raios curativos do Sol, às vezes, chamada, por isso, de "O olho de Rá". Como filha de Rá, o deus do Sol, ela se vingou daqueles que o haviam prejudicado. Os gatos são sagrados para ela e costumavam vagar por seus templos. Durante os anos em que ela foi muito adorada, era proibido machucar um gato e, depois que eles morriam, eram mumificados e levados a um de seus muitos templos. Suas celebrações eram, em geral, alegres e selvagens. Bastet é com frequência retratada como uma mulher com cabeça de gato ou um gato preto com colar de ouro e brincos. Ela protege mulheres e crianças, guarda o lar e traz saúde e prosperidade. É a deusa padroeira dos gatos e de todos os que cuidam deles.

> ***Conectando-se com Bastet*** – Faça algum trabalho mágico simples para proteger seu gato ou seus gatos. (Ouvi dizer que algumas pessoas têm apenas um.) Se você tiver uma estátua de Bastet ou uma estatueta de gato, coloque-a no altar. Você também pode colocar qualquer coisa que represente seus próprios gatos, como uma tigela de comida ou água, uma foto e/ou pelos (que se desprenderam durante a escovação, por favor, não os corte). Se seus gatos receberem guloseimas ou a erva-de-gato, coloque um pouco em uma tigela no altar também. Se o seu gato vier sentar ao seu lado de bom grado, melhor ainda. Acenda uma vela branca ou preta e diga: "Bastet, mãe dos gatos, por favor, ilumine com sua luz protetora aquele(s) que amo. Mantenha [insira o nome ou os nomes do(s) gato(s)] seguro, saudável e feliz e ajude-nos a viver juntos em harmonia com o amor. Agradeço pelo presente que os gatos são. Seja abençoada!". Depois, você pode dar ao(s) gato(s) as guloseimas ou a erva-de-gato que foram abençoados pela deusa.

Brigid (também Brigit ou Brígida)

É a deusa celta do fogo, da cura e da inspiração. (Também pode ser grafada como Brighit, Brighid e Bríg. Brigid pronuncia-se como "*Brid*", pois é um elemento celta.) Brigid, chamada de "A Brilhante", é uma deusa tríplice; ela governa a forja, a poesia e a cura em cada um de seus aspectos. Também está associada a poços e rios sagrados, fogos sagrados, criatividade e música. O feriado pagão de Imbolc (que cai no primeiro ou no segundo dia de fevereiro, entre o Solstício de Inverno e o Equinócio de Primavera, celebrando os primeiros sinais da primavera) é dedicado a ela. Seu símbolo é o caldeirão, usado tanto para curar quanto para representar o fogo da criatividade. Ela também é uma das únicas deusas que foi cooptada de modo livre pelo cristianismo e transformada em santa. Na Irlanda, as pessoas ainda adoram a deusa Brigid e a Santa Brígida de Kildare.

> *Conectando-se com Brigid* – Chame a deusa Brigid quando precisar de cura. Prepare uma xícara de qualquer bebida que pareça bastante curativa para você – chá comum, ou chá de ervas com hortelã ou até mesmo caldo de galinha – e despeje em uma tigela pequena ou em alguma outra caneca ou recipiente redondo que você possa segurar com as duas mãos. Acenda uma vela branca ou azul e levante a tigela em oferenda. Então diga: "Brigid, oh, Brilhante, eu a invoco para fazer brilhar sua luz curadora sobre mim. Cure-me por dentro e por fora para que eu também possa brilhar!". Em seguida, beba seu líquido de cura aos poucos, até que acabe; a cada gole, visualize-o brilhando com o poder de Brigid. Quando terminar, você pode deixar a vela acesa pelo tempo que for seguro ou reacendê-la todos os dias até se sentir melhor. Lave a tigela à mão com reverência.

Cerridwen

É a deusa galesa da sabedoria, da inspiração, da justiça, da transformação espiritual, da profecia, da magia, da morte e do renascimento. (Também se escreve Ceridwen e se pronuncia

"Ker-RID-Wen"). É uma deusa da Lua e também uma deusa tríplice, embora, em geral, seja vista em seu aspecto de velha. Seu símbolo é um caldeirão ou, de modo mais específico, *o* Caldeirão Sagrado, assim como uma leitoa (ou porca) branca. O caldeirão de Cerridwen é a fonte de toda inspiração, bem como uma ferramenta mágica. Invoque-a quando estiver passando por um período de completo renascimento ou mudança, ou sempre que precisar de inspiração.

> ***Conectando-se com Cerridwen*** **–** Se você estiver trabalhando em qualquer empreendimento criativo (escrita, arte ou, em especial, poesia) e precisar de inspiração, pode conectar-se com Cerridwen fazendo este simples apelo: "Cerridwen, mexa seu caldeirão para mim e envie-me criatividade!". Se você quiser se aprofundar um pouco mais, encontre um pequeno caldeirão (há caldeirões de ferro fundido que são bastante úteis para trabalhos mágicos, feitos de vários tamanhos, de cerca de cinco centímetros de diâmetro ou mais) ou uma tigela à prova de fogo e espalhe algumas folhas de sálvia nele. Ao invocar Cerridwen, queime as folhas de sálvia e deixe a fumaça levar seu pedido até ela. Queime um pouco mais de folhas sempre que sentir necessidade de inspiração.

Deméter

Deusa grega da colheita e da agricultura, tem como sua contraparte romana a deusa Ceres. Você pode adorá-la invocando qualquer um dos nomes. Deusa da colheita, dos grãos, das estações do ano, da fertilidade da terra, da maternidade e do amor maternal, Deméter representa o crescimento e o preparo de alimentos, bem como nutrir em todos os aspectos, mas em especial o materno. Como uma Deusa Mãe, é quase sempre representada com cestos cheios de flores, frutas ou vegetais. Às vezes, é retratada como parte de uma tríade de uma deusa tríplice, sendo Perséfone a donzela e Hécate a anciã. Deméter relaciona-se com o sofrimento e a dor por causa de sua angústia quando sua filha Perséfone foi sequestrada por Hades. A história de Deméter e Perséfone é usada para explicar o motivo da mudança das estações, já que Deméter lamenta a partida de sua filha e se recusa a deixar qualquer coisa crescer. Ela também pode representar o feroz amor defensivo de uma mãe por seus filhos. É vista em suas imagens carregando uma cesta ou uma cornucópia repleta de alimentos da colheita.

> ***Conectando-se com Deméter –*** Evoque Deméter ao lidar com questões relacionadas à maternidade, em especial a relação entre mãe e filha(o). Coloque uma fruta (uma romã ou uma maçã, por exemplo) ou um pão no altar. Se quiser, você também pode colocar uma foto de sua filha ou de seu filho, ou de suas crianças. Acenda uma vela branca ou rosa e diga: "Bem-aventurada Deméter, ajude-me a ser a melhor mãe possível. Conceda-me sabedoria e paciência e guie-me enquanto faço o meu melhor para guiar minha filha/meu filho/meus filhos. Cuide de minha filha/meu filho/meus filhos e proteja-a/o/os do mal. Isso eu lhe peço com todo o amor no coração de uma mãe. Agradeço."

Diana

É a deusa romana das Bruxas, da magia, do deserto e dos animais selvagens e domesticados. Ártemis é sua contraparte grega; no entanto, ambas costumam ser adoradas de modos diferentes. Ártemis é mais por sua ferocidade e pela conexão com os animais, e Diana se relaciona mais à sua magia. Diana é uma deusa da Lua que, com frequência, é associada à magia e às mulheres mágicas. Ela defende animais, mulheres e crianças, sobretudo as que são mais fracas do que as que estão ao seu redor. Diana é representada quase sempre carregando um arco e uma flecha no meio de um grupo de animais ou ao lado de um cervo, um veado ou um cão. Às vezes, é retratada com uma Lua Crescente na testa apontando para cima como chifres. Evoque-a para obter ajuda com trabalhos mágicos ou proteção.

> ***Conectando-se com Diana*** – Muitas vezes chamada de Rainha das Bruxas, evoque Diana para ajudar a se conectar com a magia dentro de você. Se possível, saia na noite de Lua Cheia. Seja como for, faça isso na escuridão. Se você estiver na parte externa da casa, olhe para a Lua, mas, se estiver dentro de casa, acenda uma vela e olhe para ela (ou olhe para fora, para a Lua, se puder vê-la). Visualize Diana em pé, sob o brilho da luz, e diga: "Abençoada Diana, você que é a Lua e a magia, ajude-me a explorar a magia que vive dentro de mim. Mostre-me o caminho para abraçar meu próprio poder sem medo. Guie-me nos caminhos da Bruxa. Liberte-me do medo e da dúvida para que eu possa buscar dentro de mim os dons que você me deu. Banhe-me com o brilho da sua luz para que eu possa brilhar com mais intensidade a partir de hoje!". Em seguida, feche os olhos e visualize-se enchendo-se de luz mágica, começando em seu núcleo e indo para fora, até que você esteja brilhando com tanta intensidade quanto a Lua e a chama da vela.

Eos

Eos é a deusa grega do amanhecer. Aurora é sua contraparte romana. Eos governa a renovação, o rejuvenescimento e a luz. Ela abre os portões para que seu irmão, o Sol, possa cavalgar no céu. Traz luz e regeneração e elimina os problemas do passado. Eos é a mãe dos quatro ventos elementais. Costuma ser representada com asas, dirigindo uma carruagem com quatro cavalos. Em algumas tradições mitológicas, ela teve muitos amantes, alguns deles humanos, os quais ela sequestrou quando despertaram sua atenção. Eu não sugiro que você a chame para uma coisa como essa. Invoque Eos quando precisar de renovação depois de um período difícil ou para renascer por completo.

> *Conectando-se com Eos* – Faça um ritual simples para refrescar sua mente, seu corpo e seu espírito. Ao amanhecer ou, ao menos, no início da manhã, saia ou abra uma janela. Sinta a luz do novo sol brilhando e deixe o ar fresco afastar seus problemas. Levante os braços e diga: "Eos, deusa do amanhecer, saúdo-a no início de um novo dia. Deixe sua luz me trazer brilho e alegria. Envie os seus filhos, os ventos, para limpar com suavidade os detritos dos dias anteriores, para que eu possa começar de novo, revigorada(o), renovada(o) e abençoada(o) por sua energia. Que assim seja!". Então, apenas fique em pé, em silêncio, pelo tempo que considerar adequado.

Flora

Flora é a deusa romana das flores e da primavera. Era uma deusa menor, exceto durante a primavera, quando era celebrada com um feriado em seu nome, a Floralia, que ia de 28 de abril a 3 de maio. Sua celebração incluía dançar, cantar e beber, e tudo se referia aos prazeres da vida. Flora é a deusa da primavera, das flores, da juventude e do florescimento da vida, tanto vegetativa quanto humana. Ela é a deusa perfeita para quem faz jardinagem, pois protege das doenças e da podridão todas as coisas em crescimento. Chamada de "a que floresce", Flora pode ser evocada quando você precisar que algo em sua vida floresça e cresça, sejam suas plantas ou seu espírito.

> ***Conectando-se com Flora*** – Invoque Flora colocando flores em seu altar. Você também pode queimar um incenso floral, de rosa ou lavanda, por exemplo (de preferência, feito com óleos essenciais, para que possa invocar a energia da planta, em vez de usar óleos de fragrâncias que derivam de produtos químicos), ou usar a própria planta em uma panela. Faça isso na primavera durante os dias especiais dedicados a ela ou sempre que sentir necessidade de um impulso extra de energia regenerativa. Vista-se com roupas brilhantes, como faziam as mulheres romanas durante a Floralia. Segure uma flor em oferenda e diga: "Flora, eu lhe ofereço esta flor como sinal de minha gratidão. Peço que me ajude a crescer e florescer. Mantenha a leveza da primavera em meu espírito e permita que meus empreendimentos floresçam como as flores de que você cuida. Que assim seja!". Se quiser, plante algumas sementes de flores em seu jardim ou em um vaso para agradecer.

Fortuna

Fortuna é a deusa romana da fortuna e da sorte. Seu equivalente grego era Tyche (ou Tique). Ela governava a sorte, boa ou má, bem como a fortuna, o destino e a adivinhação. Seu nome vem de *Vortumna*, uma deusa anterior, e significa "aquela que vira o ano". Por causa disso, ela também está associada ao zodíaco. Ela pode aparecer usando um véu, para representar o futuro invisível ou a natureza incognoscível do destino. Também é vista com frequência segurando uma roda, que é um de seus símbolos. O festival da deusa Fortuna é comemorado em outubro, mas é possível evocá-la para ter boa sorte em qualquer época do ano. Ela também pode ser chamada para trabalhos de adivinhação.

> ***Conectando-se com Fortuna*** – Se você estiver entrando em um empreendimento e estiver precisando de boa sorte, ou se teve um período de azar e deseja mudar isso, conecte-se com a deusa Fortuna. Se quiser, você pode colocar símbolos de sorte em seu altar, como dados ou uma moeda da sorte, se tiver (sem pés de coelho, por favor!), ou desenhar uma roda da fortuna. Você também pode usar a carta Roda da Fortuna do baralho de tarô ou imprimir uma cópia *on-line*. Acenda uma vela branca e amarre um lenço leve sobre os olhos (certificando-se de mantê-lo longe da chama da vela, é claro). Diga: "Fortuna, não conheço o futuro e estou cega(o) para meu destino. Eu me entrego em suas mãos e peço que me envie boa fortuna e boa sorte e abençoe tudo o que eu fizer. Prometo que passarei um pouco dessa sorte para outros se você tiver a gentileza de concedê-la a mim!".

Nota: Sente-se em silêncio por alguns minutos e sinta sua sorte mudar. Se você não consegue memorizar coisas com facilidade, pode usar um pedaço de pano fino o suficiente para ver através dele ou apenas parafrasear o que escrevi aqui. Não é necessário fazer a parte do lenço.

Freia

É uma deusa nórdica do amor e da guerra, também chamada de Freya ou Freyja. Freia governa a sexualidade, a sensualidade, o casamento e todos os assuntos do coração e da paixão.

Por ironia, ela também é uma deusa da guerra, que rege as Valquírias. Como deusa do Sol, dirige uma carruagem puxada por dois gatos gigantes, por isso, às vezes, é chamada de Senhora dos Gatos. Como Rainha das Valquírias, é responsável pelas almas dos mortos e faz a primeira escolha dentre os mortos de quem ela deseja que viva em Asgard com ela. Como deusa donzela, é considerada a mais bela de todas as deusas do panteão nórdico. Freia é representada com frequência vestindo um manto de penas e usando seu colar de âmbar mágico, chamado Brisingamen. Para homenageá-la, use âmbar ou coloque duas estátuas de gato em seu altar. Invoque-a para obter a felicidade nos relacionamentos e para se conectar com sua beleza interior e sua sensualidade.

> ***Conectando-se com Freia*** – Invoque Freia quando quiser se sentir forte e bela(o), por dentro e por fora. Quando o Sol estiver alto, fique na frente de um espelho (sem roupas, se você se sentir confortável com isso) e olhe sem medo para o seu reflexo. Não se preocupe com as chamadas imperfeições pelas quais somos julgados em nossa sociedade. Todo mundo as tem, visíveis ou não. A deusa não se importa. Assim como ela julga os guerreiros caídos no campo de batalha por sua bravura e seu espírito, ela enxerga nossa beleza interior. Acenda uma vela branca em um recipiente resistente ao calor ou em um prato e segure-a na frente do coração. Então, diga: "Freia, Rainha das Valquírias, que tudo vê, ajude-me a ver a beleza em meu verdadeiro eu. Deixe-me ser forte como suas mulheres guerreiras, para que eu possa enfrentar o mundo com bravura e ver seu espírito brilhante olhando para mim no espelho. Deixe-me brilhar com a sua luz. Que assim seja!". Olhe para a chama da vela no espelho e veja-a como um símbolo de sua força

e sua beleza interior. Sinta o espírito de Freia preenchendo você. Quando terminar, coloque a vela de lado e acenda-a sempre que precisar para se lembrar de sua própria força e de sua beleza.

Gaia

Gaia é a deusa grega da Terra, por isso muitas Bruxas usam seu nome para personificar a Mãe Terra, algo que foi aceito, até certo ponto, pela população em geral. Toda a vida vem dela. Gaia é a deusa suprema da fertilidade, da criação e da abundância. Ela era o oráculo original em Delfos, um santuário, onde morava uma cobra gigante chamada Píton (ou Python). Dessa forma, ela também é uma deusa da profecia, e seu símbolo é a cobra. Diz-se que qualquer promessa feita ao tocar a terra de Gaia com uma mão nunca pode ser quebrada. Em geral, ela é retratada como uma mulher de corpo inteiro. Se você deseja invocar uma deusa sem ser muito específico, Gaia o conectará com a terra e a natureza. Todos nós viemos dela e todos nós voltaremos a ela; ela é a própria terra e a energia da terra, nutridora e poderosa.

Conectando-se com Gaia – Pode ser difícil manter os pés no chão quando a maioria de nós vive cercada por tecnologia, correndo de um lugar para outro de modo frenético, tentando fazer muitas coisas em bem pouco tempo. É importante, às vezes, renovar nossa conexão com a terra e o planeta, reabastecendo nossos poços com energia direto da fonte. Reserve alguns minutos para sair de casa e se sentar no chão (sobre a terra). (Se você não tem quintal, vá a um parque ou a uma área arborizada nas proximidades. Se não tiver nenhum lugar privado, pode dizer as palavras em silêncio.) Coloque as mãos espalmadas sobre a terra e feche os olhos. Sinta a energia da terra zumbindo sob você e diga algo como: "Gaia, mãe para todos nós, eu a saúdo com amor e alegria. Agradeço seus presentes. Saiba que eles são apreciados. Eu prometo que farei o meu melhor para apoiá-la assim como a senhora me apoia. Bênçãos dadas e recebidas!". Em seguida, apenas permaneça sentada(o) pelo tempo que se sentir confortável, enviando sua energia para a terra e sentindo como ela retorna para você.

Hator (também Hathor)

É a deusa egípcia do amor e da música. Deve ser a mais popular das deusas egípcias. Hator é uma deusa do céu que governa a abundância, a riqueza, o sucesso, o amor, a beleza, a sexualidade, a alegria, a criatividade e as artes. Ela celebra a feminilidade em todos os seus aspectos, bem como os dançarinos e músicos. Hator é associada a vacas e, com frequência, é representada como uma mulher com orelhas de vaca. Como Bastet e Sekhmet, ela, às vezes, também aparece como um gato. Seus símbolos são os espelhos, um instrumento musical chamado sistro (uma espécie de chocalho), a cor dourada, a cerveja do tipo *Red Ale* e as vacas. As festas de Hator costumavam ser barulhentas e tinham fartura de bebidas, uma vez que a embriaguez fazia parte de seu mito. O dia 17 de setembro era consagrado para sua principal festa, quando um espelho era levado para captar os primeiros raios de Sol. Chame-a quando estiver com vontade de comemorar sem descanso nem limitações, ou se desejar trazer mais alegria, criatividade ou abundância para sua vida.

Conectando-se com Hator – Uma das maneiras mais fáceis de se conectar com essa deusa é por meio da dança ou da música. Você pode fazer um chocalho simples usando um pote vazio e alguns feijões ou usar um chocalho que você já tenha em casa. Coloque qualquer música que a(o) deixe feliz e dance sem pensar em nada, sacudindo seu chocalho e cantando o nome da deusa. Se, por acaso, fizer um pouco de dança do ventre, melhor ainda!

Hécate

Deusa grega das Bruxas e das encruzilhadas, Hécate governa a magia, o submundo, os fantasmas e a morte, bem como a regeneração, as viagens, a sabedoria e a vingança. Ela é uma deusa tríplice que, na maioria das vezes, se manifesta como anciã. Deusa da terra, do submundo e dos céus. Às vezes, é chamada de Rainha dos Fantasmas, e ela tem domínio sobre os espíritos dos mortos. As encruzilhadas eram vistas como lugar de mistério e potencial espiritual, perigoso e poderoso, por isso não é de surpreender que Hécate seja sagrada para as Bruxas e para quem trilha os caminhos do mistério. Ela é protetora de mulheres e crianças e cuida das mulheres durante o parto. Quase sempre é representada junto a cães de caça de cor preta, embora também se diga que ela assume a forma de um gato preto. Hécate costuma ser retratada carregando uma faca e uma tocha para iluminar o caminho e, às vezes, usando um colar de testículos; não é uma deusa fácil ou confortável, mas, se você levar a sério o caminho da Bruxa, ela pode ser uma boa professora. É cultuada apenas à noite, de preferência, à luz de velas ou tochas, e sobretudo nas noites de Lua Negra. Seus símbolos são a cor preta, os cães, as cobras, os caldeirões, vassouras e tochas, assim como todas as encruzilhadas.

Conectando-se com Hécate – Para abraçar e celebrar sua identidade como Bruxa, chame Hécate para abençoar seu caminho. Depois que o Sol se puser e, se possível, na noite de Lua Negra, grave seu nome em uma vela preta. Se você se sentir confortável fazendo isso, apague todas as outras luzes ou saia de casa. Você pode se vestir de preto ou com qualquer roupa que use para praticar a Bruxaria. Enquanto estiver esculpindo seu nome com seu atame (punhal afiado dos dois lados, usado por muitas Bruxas como ferramenta para direcionar energia durante um ritual), um palito de dente ou a própria unha, reflita sobre o que significa para você ser uma Bruxa. Se estiver apenas começando, pense no que espera que isso traga para sua vida. Em seguida, acenda a vela e diga: "Hécate, rainha das Bruxas, eu, (seu nome), sou uma Bruxa e a invoco! Peço que me abençoe enquanto percorro este caminho. Oriente-me enquanto eu estiver fazendo minha magia, para que eu possa fazer as melhores escolhas possíveis. Ilumine meu caminho com sua sabedoria. Como Bruxa e como mulher, eu lhe pergunto isto (faça a pergunta que quiser, sobre algo que queira descobrir). Que assim seja!". Enquanto estiver executando o ritual, abra-se a qualquer orientação que ela possa lhe enviar.

Hera

Rainha grega dos deuses, sua correspondente romana é Juno. Conhecida também como "Rainha do Céu", os domínios de Hera são, em essência, o casamento, as mulheres e o céu. Forte e feroz, Hera é a deusa mãe das mulheres, em especial (mas não se limitando a elas), das mulheres casadas. Ela não tolera o mau comportamento dos homens, como trapaças ou qualquer forma de traição; assim, você pode evocá-la se precisar de força nessas situações. No entanto, saiba que pode ser imprudente pedir sua ajuda esperando retribuição, porque sua resposta pode ser mais dura do que o esperado. Há muitas evidências de que Hera começou como uma deusa forte e independente, porém, mais tarde, na história, ela foi se transformando em uma esposa relutante e injustiçada. Chame-a se precisar de ajuda com a vida conjugal ou se sentir que seu próprio papel está sendo assumido pelos homens. Tenho certeza de que ela ficará do seu lado. Seu símbolo é o pavão, por isso é apropriado colocar uma pena de pavão em um altar dedicado a ela. Também está associada ao pássaro cuco e à romã.

> *Conectando-se com Hera* – Invoque a deusa Hera se sentir necessidade de fortalecer um relacionamento sem abrir mão de seu poder pessoal. (Compromisso é uma coisa boa. Ceder o tempo todo não é.) Coloque uma taça ou um copo de suco de romã no altar e acenda uma vela azul para simbolizar o céu e a discussão pacífica. Se quiser, coloque também uma foto sua e de sua cara-metade no altar. Então, diga: "Grande Hera, rainha dos deuses e do céu, ajude-me a ser a rainha em meu relacionamento amoroso. Dê-me a força para manter minha posição quando for devido e a sabedoria para que eu consiga identificar quando é melhor ceder. Guie-me no caminho para uma parceria saudável e equilibrada, em que eu possa manter meu poder sem diminuir o poder de quem eu amo. Agradeço, oh, rainha dos céus!". Tome um gole do suco e pense na doçura do amor. Se estiver na parte externa de casa, coloque um pouco de suco no chão como oferenda.

Héstia

É a deusa grega do lar e da lareira (entendida como fogo místico, mas também como vida doméstica) e tem como correspondente romana a deusa Vesta. Héstia é uma deusa virgem que guarda e protege o lar. Seu nome, no sentido literal, significa "fogo do lar" ou "lareira", e ela é o centro de tudo o que é sagrado e seguro. Era tradicional ter um altar dedicado a ela em algum lugar da casa, onde oferendas de flores ou refeições pudessem ser deixadas. Héstia não tinha outra forma além das chamas do fogo, mas era a primeira dos deuses do Olimpo; assim, apesar de sua natureza benigna, ela não deveria ser subestimada. Deusa calorosa e acolhedora, Héstia cuida do lar e de todos os que estão dentro dele, fornecendo abrigo sagrado aos necessitados.

> *Conectando-se com Héstia –* Para tornar sua casa um lugar caloroso e acolhedor, prepare um altar para Héstia (se possível, num lugar em que você o possa deixar instalado). Isso pode ser feito de maneira bem simples; por exemplo, colocando-se uma vela branca em um recipiente à prova de fogo e um pequeno prato para oferendas de comida ou pequenos objetos. Adorne-o com um pano bonito ou qualquer outra coisa que o faça parecer caseiro para você. Se for um altar permanente, você pode pôr fotos de todos os que moram na casa, colocando-os, assim, sob a proteção de Héstia. Deixe uma oferenda no prato, como um pedaço de pão ou bolo, ou alguma fruta fresca, e acenda a vela. Então, diga: "Héstia, a primeira dos deuses, por favor, abençoe e proteja minha casa e todas as pessoas que vivem aqui. Torne-a um lugar caloroso e acolhedor, que dê segurança para aqueles que amo. Que assim seja!". Deixe a vela acesa se for seguro fazê-lo ou queime-a por alguns minutos por dia enquanto pede a bênção de Héstia.

Holda

Deusa germânica do inverno, também conhecida como Holle ou Mãe Hulda. Seu feriado era o *Yule*, o Solstício de Inverno, quando ela voava em uma carruagem mágica ou em sua vassoura distribuindo presentes para crianças que mereciam recebê-los. Tigelas de leite eram deixadas do lado de fora das casas como agradecimento por seus presentes. (Por que isso soa familiar?) Dizem que, quando neva, é a Mãe Holle sacudindo seus travesseiros de penas. Se chover, é porque ela está lavando a roupa, e a névoa é a fumaça de sua chaminé. Além de ser associada à natureza e ao inverno, Holda é uma deusa das artes domésticas, em especial, da fiação (que costumava ser feita durante o inverno), e é também a padroeira das donas de casa. Às vezes, era considerada uma donzela ou mãe, porém, com mais frequência, era identificada como uma velha; em qualquer disfarce, no entanto, ela era mostrada vestindo túnicas brancas e portando longos cabelos brancos. Holda era conhecida por recompensar aqueles que trabalhavam duro e punir os preguiçosos. Em mitos mais antigos, era retratada como líder da Caçada Selvagem, composta com as almas de crianças mortas. Todavia, Holda é uma deusa benigna, desde que você trabalhe duro e mantenha sua casa limpa. Chame-a sempre que precisar de ajuda com questões domésticas, mas procure celebrá-la no Solstício de Inverno e talvez quando a primeira neve cair, se você mora em um lugar onde isso acontece. Talvez, em vez de ter um Papai Noel, neste ano, você possa celebrar a Mãe Holle!

> ***Conectando-se com Holda –*** Na noite do Solstício de Inverno, coloque uma tigela ou um recipiente de leite (em algum lugar em que seus animais não consigam pegá-lo, se você tiver gatos ou cães que o beberiam – você pode até deixar a tigela do lado de fora, se necessário, ou descartá-la depois de fazer esse pequeno ritual, se não houver um lugar seguro para deixá-la). Você também pode colocar um novelo de lã branca ou uma tigela cheia de neve. Diga: "Agradeço, Holda, pelos presentes que você trouxe. Por favor, abençoe minha casa e todas as pessoas que nela vivem!".

Iduna

Deusa nórdica da juventude, também conhecida como Indunn ou Ithun. Deusa da imortalidade, da juventude eterna, da primavera, do amor e da cura, Iduna era responsável pelas maçãs encantadas que concediam juventude e imortalidade aos deuses. Deusa donzela da primavera, Iduna é simbolizada por maçãs e novos brotos. Invoque-a para obter energia juvenil e saúde renovada, mas também para alcançar uma atitude jovial em relação à vida.

> *Conectando-se com Iduna* – Quando você estiver saindo de um longo inverno, seja real ou metafórico, e precisar de um impulso de energia, tente chamar Iduna. Pegue uma maçã – a mais bonita e perfeita que você encontrar – e saia de casa ou fique sob o sol perto de uma janela. Levante a maçã para o céu e diga: "Com esta maçã, o símbolo da juventude e da beleza, eu a evoco a mim, Iduna, deusa da primavera. Que você compartilhe sua energia positiva e revitalizante comigo e me envie as bênçãos de saúde, alegria e amor. Que assim seja!". Então, coma a maçã.

Iemanjá

Deusa originária da África Ocidental, do povo iorubá, presente na Santeria moderna; também chamada de Yemojá e Yemayá. É uma entre os sete Orixás ou seres espirituais. Deusa dos oceanos e da maternidade, Iemanjá é a Deusa Mãe definitiva. Como deusa do Oceano, todas as águas vêm dela, e ela deu à luz os outros orixás. Seu nome significa algo como "Mãe cujos filhos são os peixes". Como a maioria das deusas mães, ela protege seus filhos, em especial, as mulheres, e ajuda na concepção, na gravidez, no parto e cuida das crianças até a puberdade. Iemanjá é compassiva e curadora, mas, se estiver irritada, pode ser tão destrutiva quanto uma tempestade no mar. Às vezes, também é cultuada como deusa da Lua. Com frequência, é representada como sereia ou aparece cercada pelo oceano. Sua cor é o azul e seu número é o 7, simbolizando os sete mares. Seus símbolos são peixes, conchas e a Lua Crescente. No Brasil, Iemanjá é homenageada na véspera do Ano-Novo, quando as pessoas se reúnem nas praias e fazem oferendas de velas, flores e altares intrincados, que acreditam que ela leva para si durante as marés. Por causa do tráfico de negros escravizados, a religião do povo iorubá se espalhou pelo Brasil, por Cuba, pelo Haiti e pelo sul dos Estados Unidos. Iemanjá ainda é muito cultuada, por isso é importante empreender com respeito qualquer interação com ela, sobretudo se você não tiver um histórico específico relacionado a suas origens.

Conectando-se com Iemanjá – Se você conseguir chegar ao mar, leve um presente para Iemanjá e deixe-o na beira da água. Pode ser uma concha bonita, uma pedra ou uma flor (tome cuidado para não usar algo que prejudique o oceano ou o meio ambiente em geral). Você também pode escrever uma mensagem para ela na areia, onde as marés que chegam irão arrastá-la. Se não conseguir ir ao mar, faça o mesmo num rio ou num lago, ou em qualquer outro local onde haja água. Se não conseguir nada disso, crie seu próprio "corpo de água" usando uma fonte interna, uma tigela de água ou até mesmo sua banheira. Este é um ritual muito bom para fazer no dia de Ano-Novo. Use azul ou branco e alguma joia que tenha conchas ou pedras azuis. Coloque suas oferendas perto da água ou dentro dela e mergulhe as mãos nessa água, segurando-a e deixando-a escorrer por entre os dedos várias vezes enquanto diz: "Iemanjá, abençoe-me.

Iemanjá, mãe de todos nós, cuide de mim. Deixe suas águas me curarem e me protegerem. Iemanjá, abençoe-me!". Você pode dizer isso quantas vezes quiser e depois se curvar sobre a água. Se estiver num ambiente externo e natural, deixe suas oferendas para trás. Se estiver usando alguma forma de água, pode remover suas oferendas e colocá-las em seu altar ou ao ar livre sob o luar.

Inanna (também grafada Inana)

Essa é a deusa suméria do amor e da guerra; sua correspondente babilônica é Ishtar. Inanna governa o amor, a fertilidade, a sensualidade, a sabedoria, a adivinhação, o vinho, a justiça, a liderança e a proteção. Inanna é uma deusa da Lua, também associada às estrelas da manhã e da noite. Ela era a deusa principal de sua terra e creditada por trazer a civilização aos humanos. Às vezes, era chamada de Senhora dos Céus ou Rainha do Céu e da Terra. Um de seus mitos fala de sua descida ao submundo e seu retorno bem-sucedido, apesar dos desafios que enfrentou. Inanna era simbolizada por uma estrela de oito pontas, pelo número 7, pelo leão e, muitas vezes, era retratada usando um cocar com chifres. Às vezes, a deusa surge em pé sobre dois grifos (animais míticos com asas de águia e corpo de leão).

Conectando-se com Inanna – Inanna lutou para melhorar a vida de seu povo. Ela enganou o deus Enqui (ou Enki) para dar a seu povo as Tábuas do Destino, que lhe permitiram trazer a civilização ao mundo. Se você se encontra em posição de poder ou de responsabilidade, pode recorrer a Inanna para ajudar você a ter uma boa liderança. Ao amanhecer ou à noite, quando as estrelas aparecerem, acenda sete pequenas velas e diga: "Inanna, rainha do céu e da terra, ouça meu apelo. Ajude-me a ter sabedoria e ser forte, a fazer o melhor pelas pessoas que dependem de mim, a agir com justiça em minhas decisões e ter coragem em minhas ações. Inanna, guie-me se tiver de descer a lugares difíceis, para que eu possa vencer por mim e pelas outras pessoas".

Ishtar

Deusa babilônica do amor e da guerra, está relacionada a Astarte e a Inanna. Seu nome significa "doadora de luz", e ela se associa ao planeta Vênus, tanto como estrela da manhã quanto como estrela da tarde. Seu símbolo é a estrela de oito pontas. É, em essência, uma deusa do amor sexual e da fertilidade; era chamada de cortesã dos deuses, e acredita-se que as sacerdotisas de seu templo podem ter sido cortesãs sagradas. É uma deusa independente e poderosa, que faz uma descida anual ao submundo. Como deusa da guerra, protege as mulheres em particular. Invoque Ishtar para abraçar sua sexualidade e sua própria identidade sexual, seja ela qual for e não importa o que os outros pensem.

Conectando-se com Ishtar – Os babilônios celebravam o festival de Ishtar no dia 22 de abril, mas você pode homenageá-la em qualquer dia do ano, canalizando sua sexualidade destemida. Se você tem um parceiro(a), pode realizar esse ritual antes do sexo. Ou, é claro, sempre existe o amor-próprio, se você não tiver com quem compartilhar sexo. Mesmo que não queira de fato fazer sexo, coloque algo que faça com que você se sinta bonita e, se sentir vontade, faça uma dança erótica no meio da sua sala. De qualquer maneira, reserve alguns minutos para ignorar a postura muitas vezes crítica de nossa sociedade sobre a sexualidade e sinta seu poder como mulher. Desenhe ou baixe uma imagem de uma estrela de oito pontas ou uma imagem do planeta Vênus. Se quiser, coloque uma roupa íntima *sexy* ou sua melhor maquiagem esfumada para os olhos, ou qualquer roupa que tenha estrelas. Se houver um tipo específico de música que faça você se sentir *sexy*, coloque-a em segundo plano. Acenda uma vela vermelha e diga: "Ishtar, ajude-me a ter confiança e segurança em minha sexualidade. Preencha-me com sua energia sagrada para que eu possa aceitar com plenitude meu poder feminino e a glória que é meu corpo e o prazer que ele pode trazer para mim e para os outros. Faça-me brilhar como uma estrela aqui na Terra, como você brilha no céu acima!". Feche os olhos e sinta-se preenchida com a energia sexual criativa básica e a sensualidade da deusa. Em seguida, canalize isso para o que fizer você se sentir melhor. (Sim, vale até tomar sorvete de pijama, se é isso que funciona para você. Aqui, não há julgamentos.)

Ísis

Deusa egípcia da magia, da cura, do amor, da adivinhação, da transformação e das colheitas. Protetora das mulheres, das crianças e do casamento, é mãe e esposa e é considerada a rainha dos deuses no Egito. Ísis está associada à Lua e ao rio Nilo, que transformava a terra a cada primavera, trazendo abundância e vida. Ela é retratada na maioria das vezes vestindo um manto alado e um adereço de cabeça com a imagem da Lua entre dois chifres. Use a energia dela quando precisar manifestar mudanças positivas dramáticas em sua vida, varrendo o velho e trazendo o novo. Ela também está associada à cura mágica, pois conseguiu remontar o corpo desmembrado de seu marido, Osíris.

Conectando-se com Ísis – Encha uma tigela com algo que represente tanto a terra ao redor do rio Nilo quanto os aspectos de sua vida que você precisa transformar. Você pode usar elementos como areia, sal ou grãos de arroz. Em seguida, encha um pequeno jarro com água. (Você pode colocar um pano embaixo da tigela, caso não esteja fazendo o ritual em um altar que fique fora de sua casa.) Posicione a tigela sobre uma mesa ou no chão e erga o jarro para o céu. Diga: "Grande Ísis, envie-me sua magia de cura para que eu possa curar minha vida; envie-me sua poderosa energia de transformação para que eu possa fazer as mudanças que me permitirão crescer e florescer como as terras que você fertiliza a cada primavera!". Despeje a água sobre a tigela para que ela mova o conteúdo, isto é, a areia, o sal ou os grãos, e diga: "À medida que suas águas abençoadas do Nilo inundam as terras e trazem o crescimento necessário, ajude-me a lavar as coisas que não funcionam mais para mim e a criar espaço para abundância e crescimento positivo. Que assim seja!". Quando terminar, descarte o conteúdo da tigela. Se quiser, beba um copo pequeno da água restante para absorver um pouco mais dessa energia.

Ixchel

Antiga deusa maia da Lua. Ela governa a Lua, a fertilidade, o parto, a cura, a água e a chuva. Acredita-se que seu nome possa significar "arco-íris" e, com certeza, ela está associada à névoa e ao arco-íris. Muitas vezes, retratada como anciã e, às vezes, chamada de "avó", Ixchel era invocada por parteiras e presidia rituais de banho de suor, que eram usados para purificação antes e depois do parto. As mulheres faziam peregrinações à ilha de Cozumel, local em que se situava o santuário de Ixchel, para pedir bênçãos em seus casamentos. Por ser uma deusa da cura, ela é associada à medicina e invocada por curandeiros e xamãs. Ixchel é uma deusa da água, por isso seus símbolos englobam a água, o arco-íris, as pedras de turquesa e jade.

Conectando-se com Ixchel – Talvez você não consiga ter acesso a um banho de vapor, mas pode tomar um banho ou uma ducha quente para este ritual, ou até mesmo tomar um banho de chuva. Se tiver gemas de turquesa ou jade ou joias com alguma dessas duas pedras, coloque-as perto da água que for usar. Se for seguro, acenda algumas pequenas velas e apague as luzes. Você pode dispor de uma toalha ou de roupas com as cores do arco-íris para se envolver quando terminar. Se você é uma mulher que deseja engravidar, pode pedir de um modo especial a Ixchel que lhe dê fertilidade. Se não for esse o caso, basta concentrar-se na cura. Aqueça a água até a temperatura que você se sentir confortável (a menos que opte pelo banho de chuva, é claro!). Entre no chuveiro ou na banheira, ou saia na chuva. Sinta a água como um presente de Ixchel, enviado para limpar e purificar seu corpo de qualquer elemento prejudicial ou insalubre. Diga: "Bendita Ixchel, sagrada avó dos maias, abençoe-me com sua energia de cura e deixe suas águas limparem meu corpo, meu coração e meu espírito. Que assim seja!". Em seguida, sente-se ou fique em pé sob a água pelo tempo que achar necessário, sentindo-a eliminar doenças e desequilíbrios, ou, se estiver desejando a fertilidade, sinta a água preenchendo cada célula com o chamado para uma nova vida.

Kuan Yin

É a deusa budista chinesa da misericórdia, também chamada de Guan Yin. Em sua cultura, ela não é considerada uma deusa, pois não existe tal coisa no budismo. Você pode chamá-la de "figura semelhante a uma deusa"; no entanto, ela foi adotada e adaptada por muitos povos como uma deusa. Sendo assim, é considerada deusa da compaixão, da cura, da fertilidade e da magia e conhecida por sua bondade abrangente. Kuan Yin ouve todas as orações e responde com amor incondicional. Ela também é a padroeira dos curandeiros e pode ser invocada se a doença for física, mental ou espiritual. Ela se dedica a aliviar o sofrimento e a oferecer iluminação. Como uma *bodhisattva*, ou alguém que é semidivino e está no limiar da perfeita iluminação, ela se recusou a ultrapassar esse limite para o estado de Buda até que não houvesse mais sofrimento no mundo. Kuan Yin é quase sempre representada como uma bela mulher sorridente segurando uma flor de lótus ou carregando uma jarra de água curativa. Seus símbolos são o lótus, o chá preto, o arroz, a água curativa e o arco-íris. Invoque Kuan Yin quando precisar de conforto ou cura.

> **Conectando-se com Kuan Yin –** Quando você estiver sofrendo, triste ou doente, faça uma oração para Kwan Yin. Se tiver uma estátua dela, coloque-a em seu altar ou, se quiser, imprima uma foto da imagem dela que esteja disponível na internet. Encha uma tigela com água. (Você pode fazer isso do lado de fora de casa ou mesmo embaixo do chuveiro, se quiser mesmo entrar no ritual.) Acenda uma vela branca e diga: "Kuan Yin, preciso de sua compaixão e de sua cura. Deixe suas águas sagradas lavarem minha tristeza e minha dor e me ampare em seu abraço amoroso...". Você pode mergulhar as mãos na água e, em seguida, tocar sua testa, seus lábios, seu coração, sua barriga e seus pés. Ou você pode borrifar água em todo o seu corpo. Quando terminar, diga: "Bênçãos estejam com você, Kuan Yin. Agradeço por sua cura e seu amor".

Lakshmi

Deusa hindu da riqueza, da fortuna e da prosperidade, Lakshmi também representa o amor dedicado, graças ao seu longo e feliz casamento com o deus Vishnu, e é evocada com frequência como parte das cerimônias de casamento hindus. Ela governa a prosperidade e a abundância de todas as formas, não apenas monetárias, embora você possa pedir ajuda a ela a fim de obter riqueza material. Seu nome vem do termo em sânscrito para "objetivo", sugerindo que ela recompensa aqueles que trabalham duro para alcançar seus objetivos. Lakshmi costuma ser retratada sentada sobre uma flor de lótus ou segurando essa flor, deixando claro que a riqueza que ela concede também é espiritual. Muitas vezes, ela é mostrada com quatro braços (para os quatro objetivos da vida humana), vestida de vermelho e dourado e segurando um pote de moedas com elefantes ou corujas ao fundo. Chame-a quando sua sorte precisar de um impulso; no entanto, faça isso apenas se você tiver disposição para trabalhar duro com o objetivo de obter a prosperidade que almeja.

Conectando-se com Lakshmi – Coloque uma flor de lótus ou alguma flor brilhante em seu altar e encha uma tigela pequena com algumas moedas brilhantes (podem ser moedinhas, mas, se possível, que sejam novas e brilhantes). Se você tem coisas específicas em que trabalha e deseja atrair mais dinheiro para sua vida, coloque tudo em seu altar ou, ao menos, uma representação dessas coisas. Por exemplo, como eu sou escritora e joalheira, posso usar um caderno e uma caneta, bem como algumas contas ou um colar que eu tenha feito. Se você está procurando um novo emprego, pode colocar um símbolo desse trabalho. Se tiver uma vela dourada, use-a. Caso contrário, branco ou amarelo serve. Acenda a vela, segure a tigela de moedas e então diga: "Lakshmi, por favor, envie-me a prosperidade que almejo. Abro-me a seus dons e me disponho a trabalhar com dedicação para atingir meus objetivos". Deixe as moedas em seu altar por um tempo ou, ainda, pode guardá-las em sua carteira ou usá-las para comprar suprimentos que possam promover suas aspirações.

Maat

Deusa egípcia da justiça e da verdade. (Também grafada como Ma'at.) Ela governa a lei, a verdade, a tradição, a justiça e a moralidade. Maat é a juíza suprema do que é certo e errado. É a deusa que supervisiona juramentos e promessas, mas também pune quem os quebra. Ela é tão poderosa que até os deuses têm de obedecer aos seus julgamentos. Diz-se que ela julga as almas dos mortos usando uma pena da verdade, decidindo quem irá para a vida após a morte e quem é indigno. Ela pode ser invocada quando lidamos com questões legais ou questões que envolvam promessas quebradas. Lembre-se dela quando estiver escolhendo suas próprias ações e certifique-se de que ela as aprovaria. Muitas vezes retratada com um manto de penas de pássaros, seu símbolo é mesmo a pena (em especial, uma pena de avestruz) e as escamas de dupla face. Chame-a quando precisar do poder da justiça ao seu lado.

Conectando-se com Maat – Se você tiver sofrido alguma injustiça e precisar do auxílio da justiça, esse é um bom momento para invocar Maat. Pode ser por causa de uma batalha legal contra você ou mesmo de um tratamento injusto no trabalho, ou um relacionamento que você descobriu de repente que está permeado de mentiras. Lembre-se, porém, que Maat é uma deusa. Se você a chamar, certifique-se de que seja para algo grandioso e importante, algo que você não possa resolver por si só com um pouco de paciência ou alguma saída elegante. Quando você invoca a justiça dos deuses, pode não obter uma resposta imediata (às vezes, eles se movem de forma lenta e sutil, e há momentos em que precisamos das lições que as batalhas injustas nos ensinam). Outras vezes, sua resposta pode ser rápida e agressiva. Portanto, tenha certeza de que, de fato, precisa da ajuda de Maat antes de evocá-la. Depois de fazer essa escolha, porém, coloque uma pena em seu altar – em cima de algum tipo de balança, se você tiver uma, como uma balança de cozinha ou de correspondência – junto a quaisquer símbolos do problema em questão. Em seguida, acenda uma vela branca ou amarela e diga: "Grande Maat, peço-lhe justiça no assunto que está diante de você!". (Explique de um modo sucinto, se quiser. Por exemplo, "eu fui enganada por alguém em quem eu confiava" ou "a corrupção em altos níveis me colocou em uma situação que não posso vencer".) "Que sua justiça, sua honra e verdade estejam comigo, oh, Maat, hoje e daqui em diante!".

Minerva

É a deusa romana da sabedoria, e sua correspondente grega é a deusa Atena, embora elas não sejam idênticas em sua forma de adoração. Governa o conhecimento, a inteligência, a cura, o artesanato e a invenção. Também deusa da guerra e protetora ao extremo, Minerva é uma donzela virgem muito independente. É muito criativa, e afirma-se que coube a ela a invenção dos números, dos remédios e dos instrumentos musicais. Minerva é a padroeira daqueles que trabalham na área médica, por isso é apropriado visitá-la se você exercer alguma profissão ligada à medicina, à enfermagem ou se tiver qualquer outra atuação no campo da cura. Ela também é apropriada a pessoas envolvidas com a matemática e a contabilidade, ou a qualquer coisa relacionada à criatividade ou à música. Se você acha que ela está no comando de quase tudo, entenderá por que Ovídio se referiu a ela como "deusa de mil obras". É simbolizada pela coruja e pelo antílope e, com frequência, aparece segurando uma lança.

> *Conectando-se com Minerva* – Chame Minerva para inspirar qualquer forma de empreendimento criativo. Coloque uma amostra de seu trabalho em seu altar ou segure-a em suas mãos. Acenda uma vela amarela e diga: "Minerva, deusa de mil obras, ajude-me a ter criatividade na forma que escolhi. Ajude-me a aprender meu ofício e aprimorar minhas habilidades. Deixe minha criatividade fluir livre e com facilidade. Que meu trabalho seja motivo de orgulho e que me traga alegria. Que assim seja!".

Mulher Aranha

Deusa da criação nativa da América do Norte, presente em muitas outras culturas nativas americanas, sobretudo do sudoeste dos Estados Unidos; no entanto, sua mitologia pode variar. Às vezes, é chamada de "A Grande Mestra", "Tecelã de Sonhos" e "Criadora da Vida". Toda a existência decorre dela, pois é ela quem determina o destino e tece os encantos mágicos. A Mulher Aranha do povo Hopi girou as quatro direções no início dos tempos. Na versão dos Cherokee, ela deu aos humanos o dom do fogo, da tecelagem e da cerâmica. Ela une o tempo e pode criar a rede de energia perfeita para qualquer situação. A Mulher Aranha pode assumir o aspecto de uma anciã sábia ou de uma aranha e, muitas vezes, guia ou ajuda os humanos. Ela é simbolizada por peças tecidas à mão, aranhas e teias. Use um filtro de sonhos para representar a presença dela em sua casa.

Conectando-se à Mulher Aranha – Estamos todos conectados por fios invisíveis de vida e magia. Reserve um momento hoje para sentar-se em um lugar tranquilo, do lado de fora de casa, se possível, e peça à Mulher Aranha que fortaleça os fios de sua existência. Diga: "Mulher Aranha, estou sentada(o) no meio da teia de sua criação. Estou repleta(o) de gratidão por todas essas conexões e peço que me ajude a fortalecer meus laços com a terra, com minha magia e com as pessoas que amo!". Em seguida, feche os olhos e visualize finos fios, porém fortes, saindo de dentro de você para se conectar com a terra abaixo e o céu acima. Depois, direcione a mesma intenção para todas as pessoas em sua vida e além, para aquelas cuja existência tocou você de alguma maneira. Visualize esses fios começando a brilhar e se tornando cada vez mais brilhantes, um pouco mais densos e mais sólidos. Sinta a teia da vida conectando você a tudo e envie gratidão e amor. Quando tiver terminado, respire fundo e abra os olhos. Você pode fazer isso sempre que sentir que seus fios energéticos estão desgastados ou enfraquecidos.

Mulher Mutante

É uma deusa do povo navajo que representa a terra, a mudança das estações e as fases de transição da vida. Ela atingiu a puberdade quatro dias depois de nascer, o que a levou ao primeiro ritual de puberdade. Ela se transforma diversas vezes em bebê, em criança, em donzela, em mãe e, depois, em velha. Com quase toda a certeza é a mais respeitada das divindades dos navajo. Os "Dine" – como os navajos se referem a si mesmos – acreditam que o *"Blessingway"*, isto é, o "caminho da bênção", a cerimônia mais sagrada, derivou dela e que essa deusa criou o próprio povo Navajo. Ela transmite ensinamentos sobre os ciclos da vida e mostra como andar em equilíbrio na terra. Chame-a quando estiver no meio de uma transformação ou de qualquer mudança importante na vida, como se estivesse comemorando a chegada de uma jovem à puberdade, ao casamento, ou tornando-se mãe ou até mesmo tornando-se uma velha (isso, às vezes, é identificado quando uma mulher atinge a menopausa, contudo, para algumas mulheres, pode-se compreender essa fase como a aposentadoria ou com o período em que assumem o ensino da próxima geração). Procure respeitar o fato de que essa deusa vem de uma cultura viva que ainda hoje a idolatra.

> *Conectando-se com a Mulher Mutante* – Todos nós passamos por muitas mudanças na vida, mas nem sempre reservamos tempo para marcar as transformações de fato importantes. Você pode chamar a Mulher Mutante como parte de um ritual maior e mais formal ou executar este ritual de modo muito simples. Se puder ficar na parte externa da casa para fazer o ritual, passe um pouco de tempo se conectando com a terra. É apropriado usar joias que tenham contas de turquesa, conchas ou azeviche, se você tiver. Coloque uma espiga de milho e/ou uma pena de pássaro no altar como oferenda à Mulher Mutante e diga: "Mulher Mutante, venho até você neste momento de transição e peço sua bênção. Ajude-me a aproveitar ao máximo as mudanças pelas quais estou passando, aprendendo e crescendo durante o processo. Guie-me ao entrar no próximo estágio da minha vida enquanto você guia as estações e as plantas. Envie-me sua sabedoria e presenteie-me com seu amor. Ajude-me a andar em equilíbrio na terra. Agradeço".

Nike (também grafada Nice ou Niké)

É a deusa grega da vitória. Ela domina o sucesso, sobretudo em esportes ou batalhas de qualquer tipo. Era próxima à deusa Atena e, muitas vezes, é mostrada em pé ao lado dessa outra deusa. Em geral, é representada como uma pequena figura feminina com asas, muitas vezes segurando uma coroa de louros (usada para coroar o vencedor das corridas) e com as asas abertas. Evoque a deusa Nike quando estiver entrando em qualquer tipo de competição ou batalha, para que ela possa lhe trazer a vitória e lhe dar velocidade e força.

Conectando-se a Nike – Se você estiver participando de algum tipo de competição (seja esportiva, seja disputando uma melhor colocação no trabalho ou algum outro prêmio importante), pode contar com a ajuda de Nike para lhe ceder um toque a mais do vigor que talvez precise para vencer. Isso não significa que você não terá conquistado a vitória por si só – a deusa Nike não ajuda quem não dedica tempo e trabalho duro para alcançar o que deseja –, ela pode apenas aumentar as probabilidades a seu favor. Escreva o que você deseja conquistar em um pedaço de papel e o enrole como um pergaminho. Pegue uma coroa ou uma tiara de algum tipo (mesmo que seja feita por você com papel-alumínio, miçangas ou barbante) e coloque-a em seu altar ao lado do papel enrolado. Acenda uma vela branca ou amarela e diga: "Nike, eu a invoco para me trazer a vitória! Empreste-me força e energia para a luta! Ajude-me a perseverar e a me manter firme em meus objetivos! Coroe-me o(a) vencedor(a)!". Então, coloque a coroa na cabeça, segure o pergaminho e diga: "Esteja comigo quando eu precisar de você, Nike, e me leve para a vitória!". Feche os olhos e visualize-se alcançando seu objetivo. Em seguida, apague a vela.

> Se quiser, você pode dobrar o papel e colocá-lo no bolso quando entrar em qualquer batalha que precise enfrentar.

✦ Nut

É a deusa egípcia do céu, que governa todo o céu, as estrelas e todos os corpos celestes, incluindo o Sol e a Lua. Nut também retém as forças do caos, protege as almas dos mortos e está associada ao renascimento. Sua imagem era pintada, de modo habitual, nos tetos das capelas funerárias egípcias. Nut é a mãe de Ísis e Osíris e também de duas ou três outras divindades egípcias, conforme a tradição. Ela engole Rá, o deus do Sol, todas as noites e depois o dá à luz de novo pela manhã. Nut é retratada quase sempre como uma mulher nua coberta de estrelas que está arqueada sobre a terra com as mãos e os pés nos pontos cardeais, embora, às vezes, também seja representada como uma vaca. Seus símbolos são a jarra (que representa o útero), as estrelas e uma escada, que foi usada por Osíris para subir ao céu. Chame Nut quando quiser se conectar com o vasto poder do céu noturno.

> ***Conectando-se com Nut*** – Saia à noite quando as estrelas ainda não estiverem visíveis. Se você mora em uma cidade em que a poluição luminosa pode dificultar a visão das estrelas, tente fazer uma peregrinação a algum lugar mais escuro, onde seja possível observar o céu noturno com mais clareza, ou vá até mesmo a um planetário. Se não puder sair, tente usar um lenço estampado com estrelas e mantê-lo sobre a cabeça. Há também jogos de luzes que projetam o céu noturno no teto de onde você estiver, caso prefira algo divertido. Entretanto, o céu verdadeiro é melhor, se você conseguir acessá-lo. Olhe para as estrelas e sinta a vastidão do céu noturno. Eleve sua consciência e lance-a para

fora até sentir Nut, seu corpo estendido acima do planeta, retendo as forças do caos e protegendo todos os que estão abaixo. Diga o seguinte: "Nut, dama da noite, agradeço as suas estrelas. Agradeço a luz que elas lançam sobre nós e a beleza do céu noturno. Agradeço sua proteção. Enquanto a observo com reverência e admiração, peço sua bênção e sua contínua energia protetora. Que assim seja!".

Oxum

Divindade cultuada na África Ocidental pelo povo iorubá e pela Santeria moderna. É uma entre os sete grandes Orixás, ou seres espirituais. Deusa dos rios de água doce, governa as correntes inconstantes e a renovação, bem como a sensualidade e o amor, as mulheres, as Bruxas, a adivinhação e quaisquer atos de prazer. Em consequência do tráfico de pessoas negras escravizadas, a religião do povo iorubá se espalhou pelo Brasil, por Cuba, pelo Haiti e pelo sul dos Estados Unidos. Oxum ainda é adorada e, por isso, é muito importante atuar com respeito em qualquer uma de suas interações com ela, ainda mais se você não pertencer a esse povo originário específico. Com frequência, ela é retratada como uma mulher de pele escura, vestindo amarelo, com quadris largos e, em geral, associada à cor amarela e ao número 5. Oxum ama a beleza, então, se você montar um altar para ela, é importante que seja bonito. Na Nigéria, ela é homenageada no Festival Oxum-Oxobô, um evento anual de duas semanas que costuma ser comemorado em agosto no Bosque Sagrado Oxum-Oxobô, às margens do rio Oxum.

Conectando-se com Oxum – Se possível, faça os rituais para Oxum na beira de uma corrente de água doce, como um rio, um córrego ou uma cachoeira. Se não houver um rio perto de sua casa, use uma fonte interna ou ponha uma tigela de água no altar. Coloque uma camisa ou um lenço amarelo, ou use algo amarelo no altar, se houver um altar específico para ela. Oxum é uma boa deusa para levantar questões sobre o amor, então, você pode usar cartas de tarô, pedras rúnicas ou apenas fazer sua pergunta e olhar para a água, para ver se recebe um sinal. Acenda uma vela amarela e diga: "Oxum, eu a invoco para orientação nas questões do amor. Eu olho para a sabedoria de suas águas inconstantes e peço para ver com clareza!". Então, faça a sua pergunta.

Oyá (também se grafa Oiá)

Divindade cultuada na África Ocidental pelo povo iorubá e pela Santeria moderna. Uma entre os sete grandes Orixás ou seres espirituais, Oyá é a deusa das tempestades e dos trovões. É uma deusa guerreira, associada ao rio Níger; seu companheiro é o deus do trovão. Ela é chamada de Rainha dos Nove, por causa dos nove afluentes do Níger e porque teve nove filhos. Governa a justiça, a memória, a tradição e a verdade. Não é uma deusa a ser evocada sem necessidade. Oyá está associada ao fogo, ao vento e aos furacões e guarda os mercados, os cemitérios e os portões da morte. Ela pode revelar a verdade de qualquer situação. Constitui os ventos da mudança, sobretudo se for uma mudança drástica e, em geral, para o bem. É protetora das mulheres, em especial das que têm muitos problemas. Em virtude do tráfico de negros escravizados, a religião do povo iorubá se espalhou pelo Brasil, por Cuba, pelo Haiti e pelo sul dos Estados Unidos. Oyá ainda é muito cultuada, por isso, é bem importante atuar com respeito em qualquer uma de suas interações com ela, ainda mais se você não fizer parte desse povo originário específico. Com frequência, Oyá é retratada como uma mulher de pele negra, segurando um facão em cada mão, e, às vezes, usando nove lenços de cores diferentes amarrados na cintura para representar seus nove filhos. Seus símbolos são o número 9, um facão ou uma espada e todos os tipos de clima.

> **Conectando-se com Oyá** – Evoque Oyá em tempos de grandes mudanças, sobretudo se você precisar cortar seus laços com o passado para poder avançar em seu novo futuro. Se puder fazer isso durante qualquer tipo de clima ativo – num dia de chuva, tempestade ou num dia de muito vento –, melhor ainda. Se não for possível, você pode reproduzir uma gravação de uma tempestade como pano de fundo. Coloque nove moedas ou lenços em um altar, se dispuser de um. Segure uma faca afiada de algum tipo – pode ser seu punhal ou um atame, caso você tenha um, ou qualquer tipo de faca ou espada (um facão de açougueiro servirá, se for apenas isso que você tiver em casa) – e diga: "Oyá, poderosa deusa das tempestades e da verdade, ajude-me a cortar os laços com o passado para que eu possa mover-me com liberdade para alcançar uma mudança positiva. Use seus ventos abençoados para afastar o que não funciona mais para mim e lave as dificuldades com suas chuvas benéficas. Empreste-me seu poder e sua chama para que eu seja forte o suficiente para seguir em frente e fazer as mudanças de que preciso em minha vida. Agradeço, abençoada seja!".

* *Nota:* Esse é um ritual poderoso, portanto, se você pedir a Oyá para ajudar a fazer mudanças, é provável que elas aconteçam; então, procure ter certeza de que você está de fato pronta(o) e que deseja promover essas mudanças, quaisquer que sejam elas. Se não tiver certeza, espere até chegar a hora certa.

Pax

É a deusa grega da paz. Não é uma das deusas mais conhecidas, mas vale a pena mencioná-la em virtude de seu papel de conceder paz, alegria e contentamento. Seu nome passou a significar "paz". Ela costuma ser evocada durante discussões difíceis para promover a calma. Quase sempre é retratada segurando um ramo de oliveiras ou uma cornucópia. A cor branca a representa. Evoque-a se estiver em uma situação que exija calma e o coração tranquilo, ou se você apenas precisa sentir mais tranquilidade. Quem não precisa disso?

> ***Conectando-se com Pax*** – Em tempos de conflito ou se você estiver sentindo uma sobrecarga de negatividade do mundo que a(o) cerca – seja pessoal ou geral –, chame Pax para ajudar você a encontrar alguma calma no olho do furacão. Vista-se de branco ou coloque um pano branco sobre os ombros ou sobre a cabeça. Encontre um lugar tranquilo e acenda uma vela branca. Sente-se por um instante inspirando e expirando e diga: "Pax, abençoada deusa da paz, peço-lhe que traga paz à minha vida. Envolva meu coração com sua luz tranquilizadora. Acalme minha mente. Ajude-me a manter a calma e a me lembrar de que toda história tem dois lados. Traga-me paz. Peço que minha mente e meu coração fiquem tranquilos. Que assim seja!". Permaneça sentada(o) com tranquilidade e prestando atenção em sua respiração natural o tempo que achar necessário, imaginando-se envolvida(o) por uma luz branca. Você pode fazer isso todos os dias, se isso a(o) ajudar a enfrentar as dificuldades, e, depois da primeira ou segunda vez, apenas diga as palavras sem fazer o restante do ritual. No entanto, se o ritual a(o) acalmar, vá em frente. Se o fizer, tente usar o lenço branco sempre que estiver numa situação em que precise de um pouco mais de calma.

Perséfone

É a deusa grega da primavera. Às vezes, é chamada de Cora (mas também Koré ou Kore), e sua correspondente romana é conhecida como Proserpina. Perséfone governa a agricultura, o crescimento, a inocência, a felicidade e a primavera, além da vida, da morte e da adivinhação. O mito de Perséfone é um dos mais conhecidos até hoje. Filha de Deméter, ela foi sequestrada por Hades e levada para o submundo. Sua mãe, deusa da colheita, fez com que todas as coisas que cresciam murchassem e morressem até que sua filha voltasse. Porém, Perséfone comeu seis sementes de romã e teve de ficar no submundo por seis meses. Em algumas histórias, dizem que eram apenas quatro sementes e que ela teve de permanecer no submundo por quatro meses. Talvez as variações na história estejam em conformidade com o tempo que durava o inverno na terra que estava sendo contada. (Onde eu moro, Perséfone deve ter comido oito sementes, ou até mesmo toda a maldita romã!) Essa é a medida das estações, e na primavera Deméter se anima por se reunir com a filha. Perséfone tem um lado claro e um lado escuro. Como donzela da primavera, representa a inocência e a alegria. Como donzela das trevas, é a rainha do submundo, que tem domínio sobre as almas dos mortos e os mistérios mais sombrios. Em algumas histórias, contam que ela teria se apaixonado pelo tenebroso marido e ficado feliz em governar ao lado dele. Em outras, ele a enganou para comer as sementes e, assim, forçá-la a ficar com ele. Você decide em que versão quer acreditar. Invoque Perséfone quando se sentir dividida(o) entre dois mundos ou quando precisar de um renascimento feliz.

Conectando-se com Perséfone – Todos nós temos momentos em que precisamos de um pequeno impulso para sair das trevas e retornar à luz. O amanhecer é a melhor hora para fazer isso, mas qualquer hora serve, se você não quiser acordar muito cedo. Posicione um monte de pequenas velas (as minivelas, estilo *rechaud*, funcionam bem). Se puder, sente-se num círculo cercado por velas. Caso contrário, coloque as velas à sua frente e ponha um barbante ou um pano branco ao seu redor, para representar o círculo de energia positiva. Enquanto acende as velas, uma a uma, diga: "Perséfone, eu a invoco para me ajudar a sair das trevas e retornar à luz. Ajude-me a ver que ambos têm seu lugar, mas agora é a hora do renascimento. Mostre-me o brilho da primavera e ajude-me a deixar Hades para trás, pelo menos por enquanto. Renove meu espírito e abra meu coração para a luz. Que assim seja!".

Rhiannon

Deusa galesa dos cavalos e do descanso, Rhiannon também é uma deusa da Lua que alivia a dor, o sofrimento e nos ajuda a dormir. Ela governa a magia, os sonhos, o sono reparador, o conforto, a paciência, a comunicação, os cavalos, os fantasmas e a fertilidade. Por ser uma das cinco deusas de Avalon, muitas vezes, é retratada montando um cavalo branco, que é seu principal símbolo. Se o seu animal espiritual é um cavalo ou se você se sente muito atraída(o) por cavalos, talvez seja importante incluir Rhiannon em sua adoração regular e seus trabalhos mágicos. Invoque-a para obter um bom sono, sonhos agradáveis e avanços rápidos.

Conectando-se com Rhiannon – Quem não gostaria de ter um sono mais reparador? A verdade é que a maioria de nós se contenta com muito menos sono do que de fato necessita. Use esta oração simples para pedir a Rhiannon que ajude você a dormir bem e ter um sono profundo. Se quiser, pode fazer este ritual um pouco antes de dormir. Se tiver uma estátua ou uma imagem de cavalo, coloque-a em um altar ou perto de onde você dorme. (Se você for para a cama de imediato, não acenda uma vela.) Acenda uma vela branca ou apenas visualize uma linda deusa cavalgando em um reluzente cavalo branco. Então, diga: "Rhiannon, por favor, me proporcione um sono profundo e reparador. Deixe sua magia penetrar em meus sonhos e torne-os agradáveis e reconfortantes. Ajude-me a dormir bem e a acordar revigorada(o) e energizada(o), pronta(o) para seguir em frente no dia seguinte. Que assim seja!".

Sarasvati

É a deusa hindu das palavras e do conhecimento. Às vezes, chamada de "aquela que flui", Sarasvati rege a criatividade, as artes, a ciência, a matemática, a linguagem, o ensino e a aprendizagem, a sabedoria e a comunicação. Ela inventou o sânscrito, e acredita-se que esteja ligada às águas de um rio que tem seu nome. Em geral, é representada como uma mulher de pele branca; às vezes, sentada sobre uma flor de lótus aberta, outras vezes, com um cisne ou um pavão. As oferendas tradicionais a Sarasvati incluíam flores de lótus ou calêndula e incenso. Evoque Sarasvati se precisar de ajuda com qualquer coisa relacionada à educação, ao aprendizado ou à criatividade (em especial se envolver a palavra escrita). Se você é escritor(a), professor(a), bibliotecário(a) ou adora ler, essa é uma deusa com a qual você gostará de fazer contato.

Conectando-se com Sarasvati – Fale com Sarasvati quando precisar de ajuda para encontrar as palavras certas. Isso pode ajudar você a se comunicar melhor para fazer trabalhos escolares ou para escrever. Sempre que enfrentar uma situação em que as palavras sejam importantes, coloque uma oferenda de calêndulas em seu altar ou acenda algum incenso (alecrim é bom para qualquer coisa relacionada à mente). Se quiser, pode colocar um livro, um caderno ou uma carta parcialmente escrita ou também uma caneta, ou o que melhor simbolizar sua razão para invocar a ajuda dela. Acenda uma vela amarela ou branca e diga: "Sarasvati, ajude-me a encontrar as palavras! Envie-me sabedoria e clareza, criatividade ou gentileza ou perspicácia, conforme o momento exigir. Deixe as palavras fluírem com leveza e facilidade e permita que eu encontre as que desejo encontrar quando mais preciso delas!". Leve os dedos aos lábios e, em seguida, estenda a mão com a qual escreve, como se a oferecesse à deusa, dizendo: "Ajude-me a falar com clareza. Ensina-me a escrever bem. Ajude-me a encontrar as palavras. Agradeço, Sarasvati!". Quando for falar ou escrever, sussurre o nome dela baixinho antes de começar.

Selene

É a deusa grega da Lua, cuja correspondente romana é Luna, que governa a magia lunar, a magia em si, o sono, os sonhos, as profecias e a sensualidade. Com frequência, ela é representada com asas, andando em uma carruagem puxada por dois cavalos brancos e exibindo a imagem de uma Lua Crescente na testa. Diz-se que, quando a Lua não está visível no céu, é sinal de que Selene está visitando seu amante humano, Endimião, que está sempre dormindo e, ainda assim, conseguiu dar a ela cinquenta filhos. (Impressionante!) Invoque-a para a adoração geral da Lua e para o trabalho mágico relacionado ao sono e aos sonhos.

Conectando-se com Selene – Como Bruxas, somos atraídas de modo natural pelas deusas da Lua; então, sinta-se à vontade para invocar Selene durante qualquer ritual lunar feito durante o período em que a Lua está visível. Para explorar seus dons de profecia e sonhos, crie um sachê de sonhos. Você pode usar qualquer uma das ervas associadas ao sono, como lavanda ou erva-de-gato, ou artemísia, que é muito apropriada a sonhos lúcidos. (Se você é muito sensível, evite essa última, porque pode ser muito poderosa.) Coloque as ervas em uma pequena bolsa com um cordão ou costure um pequeno travesseiro e coloque as ervas dentro dele. Se tiver uma pergunta específica que requeira resposta, pode escrevê-la em um pedaço de papel e colocá-la dentro do sachê antes de fechá-lo. Na noite de Lua Cheia (ou nas noites próximas a ela), coloque o sachê debaixo do travesseiro enquanto diz: "Selene, abençoada dama da Lua, por favor, me ajude a sonhar de verdade, com visão clara e propósito mágico. Deixe-me ver o que preciso ver e saber o que preciso saber. Que assim seja!". Ao apagar a luz, tente se concentrar no que quer saber e respire o cheiro das ervas ao adormecer.

Têmis

Deusa grega da profecia, que governa a ordem e a lei, a tradição, a hospitalidade, a moralidade e administra a justiça divina. Uma das deusas gregas mais antigas, Têmis é filha de Gaia e herdou dela o Oráculo de Delfos ou o fundou ela mesma. (Os mitos variam nesse ponto.) O que está claro é que ela era o oráculo personificado; tanto aquela que concedia oráculos a quem a procurava para previsões do futuro quanto a padroeira dos videntes e intuitivos. Ela pode ser chamada para justiça e clareza quando você não tiver certeza do caminho correto a seguir ou para ajudar na adivinhação. Têmis é retratada quase sempre segurando um conjunto de balanças e, às vezes, uma espada, que se pensava representar sua capacidade de extirpar as mentiras para chegar à verdade.

Conectando-se a Têmis – Se estiver em qualquer tipo de batalha legal, evoque Têmis para ajudar você a vencer, desde que tenha certeza de que a causa é correta. Se você trabalha com qualquer tipo de adivinhação, pode chamá-la para ajudar a ver as coisas com clareza. Na primeira situação, coloque à sua frente quaisquer documentos que representem o seu caso. Na segunda, coloque qualquer coisa que possa ajudar você com a profecia (cartas de tarô, pedras rúnicas, pêndulos) à sua frente. Se você não usar nada, tudo bem. Afinal, você irá representar suas próprias habilidades. Coloque um espelho ou uma tigela escura cheia de água sobre a mesa e acenda uma vela branca. Levante as mãos com as palmas para cima, para mostrar que deseja receber as bênçãos da deusa, e diga: "Que todas as coisas fiquem claras. Deixe todas as coisas ficarem claras. Que haja clareza!". Se estiver buscando justiça, acrescente: "Haja justiça, em seu nome!". Se quiser ajuda na adivinhação precisa, diga: "Deixe-me ver com clareza e permita que o que vejo seja útil!". A seguir, apenas permaneça sentada(o) por um tempo e fique aberta(o) a qualquer orientação que Têmis possa lhe enviar.

Lembre-se de que essas deusas têm muitos aspectos. Se o aspecto que escolhi focar não é aquele que conversa com você, crie seu próprio ritual para se conectar com a deusa em questão. Por falar nisso, eu o desafio a explorar com mais profundidade quaisquer deusas que pareçam ressoar particularmente com você, em especial se elas começarem a aparecer em seus sonhos ou a se manifestar de alguma outra forma.

Além disso, existem muitas deusas maravilhosas que não foram incluídas aqui. Portanto, não desanime se nenhuma dessas "chamar" sua atenção. Continue procurando a que irá tocar você como se você pertencesse a ela. Ou apenas evoque a Deusa em geral. Garanto que ela a(o) ouvirá.

A DEUSA RAIVOSA E ARRASADORA – USANDO A ADORAÇÃO DA DEUSA PARA CANALIZAR SUA RAIVA E SUA FRUSTRAÇÃO PARA UMA MUDANÇA POSITIVA

Estamos vivendo tempos desafiadores. Nós mulheres não apenas ainda lutamos por salários e por oportunidades iguais como também travamos batalhas pelo direito de controlar nosso próprio corpo – em alguns casos, batalhas que pensávamos ter vencido anos atrás. Ainda somos cobiçadas, objetificadas e sujeitas a abuso sexual, físico e emocional. Sem falar que somos julgadas o tempo todo por nosso peso e nossa aparência, pela escolha de parceiros e parceiras, por causa de nossa sexualidade (ou pela falta dela) e por termos escolhido ou não ter filhos.

Muitas mulheres não estão apenas trabalhando em tempo integral enquanto criam os filhos, mas também ajudam a cuidar dos pais idosos. Muitas são mães solteiras, lutando para fazer tudo sozinhas. Algumas têm parceiros que assumem parte das tarefas, mas estudos mostram que as mulheres ainda fazem a maior parte do trabalho doméstico, mesmo quando trabalham tantas horas quanto seus maridos. A sociedade espera que sejamos supermulheres e, além de tudo, nós esperamos isso de nós mesmas.

Como alguém disse certa vez sobre a dupla de dança Fred Astaire e Ginger Rogers: "Claro que ele era ótimo, mas não se esqueça de que Ginger Rogers fazia tudo o que fazia... de costas e de salto alto".[2]

Somos nós, no âmbito literal ou metafórico, fazendo tudo, mas de trás para a frente e de salto alto.

É cansativo e frustrante, e quase nunca recebemos o merecido crédito por nossos esforços. E nos dias em que algum mecânico tratar você como uma idiota só porque você não tem um cromossomo Y (mesmo que você tenha um Ph.D. em engenharia), ou quando você perder um emprego que merecia por causa da "boa rede de relacionamentos de um sujeito", ou algum político tolo explicar por que ele sabe melhor que você quais escolhas

---

2. Disponível em: https://en.wikiquote.org/wiki/Ginger_Rogers. Acesso em: jun. 2023.

as mulheres devem fazer, você com certeza vai querer gritar e talvez atirar um salto alto na cabeça dele.

Muitas mulheres, como nós, estão lidando com um nível mais alto do que o normal de raiva e frustração nos dias de hoje, junto a sentimentos de desamparo e até mesmo desespero. Por sorte, existem deusas que são muito apropriadas para nos ajudar a canalizar esses sentimentos em prol de um movimento produtivo e uma mudança positiva.

Assim, naqueles momentos em que você *de fato* desejar transformar alguém em um sapo, tente chamar uma dessas deusas furiosas e arrasadoras. (Desculpe, mas não, você não pode transformar alguém em um sapo. Embora em alguns casos isso seja redundante de qualquer maneira. Também não há feitiços, xingamentos ou desejos que possam ser atendidos para que partes do corpo caiam. O retorno kármico para essas coisas é muito grande. Lembre-se da lei dos retornos.)

Kali

Deusa hindu do tempo, da criação e da destruição, Kali é ordem e caos, o começo e o fim, criadora e destruidora. Ela governa a mudança e o renascimento; selvagem e transformadora, ela não é uma deusa para se invocar de modo leviano. Kali costuma ser representada por uma mulher com pele negra usando um colar de caveiras, com sua língua para fora e armas nas mãos. Às vezes, é chamada de "Sombria Mãe do Tempo", e ela é a essência da energia feminina que dança nos corpos de seus inimigos. Seus símbolos são as armas (facas, lanças e espadas, entre outras), suas cores, o vermelho e o preto, e ela também aparece com cabeças ou crânios decepados. Pode surgir num momento em que sua vida estiver em ruínas e você precisar se reconstruir das cinzas fumegantes, ou quando for hora de derrubar tudo e recomeçar.

Conectando-se com Kali – Quando seu mundo desabar ao seu redor e você se sentir impotente, com uma sobrecarga de medo ou raiva, chame Kali para ajudar você a recriar sua vida e canalizar esses sentimentos os transformando em ações produtivas. Encha uma taça ou um copo com um suco vermelho brilhante (como *cranberry* ou romã) para simbolizar o sangue que Kali bebeu para se manter energizada a fim de lutar contra o mal. Se você gosta de uma música alta e selvagem, coloque-a como pano de fundo. Em seguida, acenda uma vela preta e grite (com toda a força que conseguir): "Kali! Kali! Kali! Mãe do Tempo! Protetora das mulheres! Venha a mim no meu momento de necessidade. Ajude-me a erguer-me das ruínas. Envie-me sua energia criativa para que eu possa recriar-me e também à minha vida. Encha-me de poder para que eu possa seguir em frente e não olhar para trás. Kali, eu bebo sua essência! (Beba um pouco do suco.) Kali, eu danço como você dançou, recuperando minha própria deusa interior. Kali! Kali! Kali!". Então, se quiser, comece a dançar, ou apenas jogue a cabeça para trás e uive.

Morrígan

Deusa irlandesa da profecia e da guerra, também chamada de "A Morrígan" ou "Morrigu". Morrígan governa a guerra, a morte, o destino, a magia, o amor apaixonado, o sexo e a profecia. Às vezes, é retratada como uma de três irmãs. Morrígan é mais conhecida por incitar os homens à guerra e por prever quem vencerá. Era vista lavando as roupas ensanguentadas daqueles que morreriam nas batalhas futuras. Em geral, retratada como uma mulher misteriosa com longos cabelos escuros, é simbolizada pelo corvo, cuja forma pode ser assumida por ela. Morrígan também está associada às vacas, o que indica sua forte ligação com a terra. Poderosa e imprevisível, essa deusa deve ser evocada em momentos de grande necessidade, ao se entrar em algum tipo de batalha, por exemplo.

> ***Conectando-se com Morrígan –*** Na noite de Lua Negra – ou em qualquer noite quando já estiver escuro –, evoque Morrígan para a(o) ajudar em uma luta de fato importante. O tipo de luta em que as apostas são altas e você enfrenta grandes dificuldades. Só invoque essa deusa quando tiver feito tudo o que puder para se preparar para a batalha que se aproxima e estiver pronta(o) para dar tudo de si. Coloque uma tigela pequena no altar e encha-a com água colorizada de vermelho com suco ou corante alimentar. Você também precisará de um pedaço de pano branco ou gaze. Acenda uma vela preta em frente a uma estátua ou uma imagem de um corvo ou da deusa. Concentre sua mente na luta que terá de enfrentar e diga: "Morrígan, eu a invoco. Enfrento uma batalha difícil. Dê-me forças para lutar pelo que é importante e correto. Lave as roupas daqueles que se opõem a mim, mas não as minhas!". Então, mergulhe o pano branco na tigela de água vermelha e prossiga: "Lute ao meu lado, oh, Morrígan. Anteveja a minha vitória. Peço isso de todo o coração. Esteja comigo, grande deusa, e me dê forças!". Deixe o pano de molho na água em frente à vela pelo tempo que for seguro deixar a vela acesa.

Pele

Deusa havaiana dos vulcões e do fogo, Pele governa o fogo e os raios, a criação, a raiva ardente e as mudanças transformadoras. Ela também pode ser protetora. É conhecida por sua paixão, por seu poder e sua volatilidade. É muito cultuada ainda hoje, e acredita-se que habite o Kilauea, um vulcão ativo localizado no Parque Nacional dos Vulcões, no arquipélago do Havaí. É responsável por criar e destruir a terra. É uma deusa associada à *hula*, dança nativa que apresenta muitas variações específicas que são dedicadas a ela. Diz-se que, às vezes, ela pode ser vista dançando na borda do vulcão. Frutas vermelhas são sagradas para ela, assim como a cor vermelha em geral. Algumas vezes, essa deusa é retratada como uma anciã com um cachorro branco, mas também pode aparecer como uma bela jovem usando um vestido vermelho. As oferendas tradicionais a ela incluem morangos, cana-de-açúcar, flores de hibisco e cabelos cortados.

> ***Conectando-se com Pele*** – Invoque Pele com cuidado porque ela é imprevisível. Se você estiver com uma raiva muito intensa com a qual não saiba como lidar, chame o espírito de Pele para ajudar a transformar essa raiva em uma dança de poder. Coloque uma roupa vermelha ou enrole um lenço vermelho em volta dos quadris ou sobre os ombros e, se possível, tire os sapatos para que seus pés fiquem descalços. Acenda uma vela ou algumas velas vermelhas num espaço seguro e fora do caminho e coloque uma pequena oferenda de morangos ou flores em um prato para Pele. Se quiser, procure encontrar uma gravação de música havaiana na internet ou coloque qualquer outra música que pareça poderosa para você. Então, diga: "Pele, deusa do fogo e do vulcão, eu tenho um vulcão dentro de mim! Ajude-me a transformar minha raiva em um fogo interior que me leve a lutar para criar uma mudança positiva, remodelando a paisagem da minha vida. Pele, dance comigo. Pele, eu dançarei com você!". Então, dance. Não precisa saber dançar. Não precisa ser nada que se assemelhe à hula. Apenas dance até que seus sentimentos borbulhem na superfície como

lava, transbordando e lavando a raiva, deixando apenas uma determinação feroz e talvez uma nova paz.

Sekhmet (Sacmis ou Sequemete)

É a deusa egípcia da punição, a personificação da ira dos deuses, que representa uma raiva justa de todos os tipos. Como essência da divindade feminina, ela é criativa e destrutiva por natureza. Sekhmet é protetora das mulheres. Também chamada de "Olho de Rá", ela tudo vê e é uma divindade do Sol por si só. O fogo de seu poder pode queimar ou curar. Afirma-se que sua respiração criou o deserto. Vista em algumas tradições como a correspondente mais feroz de Bastet, é muitas vezes representada como um leão ou uma mulher com cabeça de leão; às vezes, com um disco solar no topo de sua cabeça. Chame-a quando precisar de uma maneira produtiva de canalizar sua própria raiva justa.

Conectando-se com Sekhmet – Coloque uma figura de leão ou uma imagem de Sekhmet em seu altar, se você tiver um. Acenda uma vela vermelha para representar a ferocidade da raiva ou uma vela amarela ou laranja para representar o Sol. Então, diga: "Sekhmet, todo-poderosa, ouça-me. Sinta minha raiva. Eu estou ardendo de raiva, estou tão quente quanto o Sol. Ajude-me a transformar essa raiva em ação produtiva para vencer minhas batalhas. Evite que ela me queime, desperdiçando minha energia, e, em vez disso, deixe-me encontrar maneiras de usar minha raiva para produzir mudanças positivas. Ouça-me rugir, Sekhmet! Ouça-me rugir!". Se você estiver sentido uma forte emoção, lance seu rugido o mais alto e com toda a intensidade que puder, enviando toda a raiva e a irritação para o Universo, onde talvez isso leve a deusa a agir por conta própria. Em seguida, fique sentada(o) em silêncio por algum tempo, sentindo o calor da fúria se transformar em brasas de determinação, visualizando-as queimar de modo constante, mas calmo, em seu coração ou em seu âmago. Se você precisar explorar essa raiva com propósito, traga-a para cima e para fora de onde a guardou. No entanto, procure usar a raiva como uma arma para o bem, sem permitir que ela controle você.

MAGIA PRÁTICA:
ESCOLHA UMA DEUSA, QUALQUER DEUSA

Agora que você tem uma ideia melhor de algumas deusas que existem, é hora de agir, se você ainda não tiver feito isso.

Escolha uma deusa e se torne sua amiga, por assim dizer. Você pode fazer isso de várias maneiras diferentes. Talvez uma das deusas tenha se mostrado para você, dentre as quais me refiro aqui. (Assim, não de modo literal, mas, com deusas, você nunca sabe.) Se isso aconteceu, comece com essa.

Se você ainda não sabe qual deusa ou quais deusas são as mais certas para você, não se preocupe. Por um lado, é sempre bom usar apenas a "deusa" geral e não invocar nenhuma em particular. Por outro lado, muitas vezes, é preciso fazer alguma exploração para descobrir quais deusas ressoam com você e quais não. Você também pode querer invocar diferentes deusas em diferentes ocasiões.

Sendo assim, vamos supor que você queira começar por algum lugar. Veja algumas opções:

- ✸ Comece pelo início e percorra a relação em ordem alfabética, dando um "olá, prazer em conhecê-la" para qualquer uma que lhe agrade.
- ✸ Comece com uma que faça parte da cultura em que você nasceu, ou que seja mais próxima a ela, se houver uma deusa adequada a qual isso se aplique.
- ✸ Evoque uma deusa adequada ao problema específico com o qual você está lidando no momento. Por exemplo, se você está tendo problemas em seu casamento, pode querer invocar a deusa Hera. Se quiser fazer magia de proteção para sua casa, apele para Héstia, e assim por diante.
- ✸ Deixe ao acaso. Escreva quantos nomes de deusas quiser em pedaços de papel individuais, dobre-os e coloque-os em uma tigela. Faça uma oração rápida pedindo orientação e retire um dos papéis com um nome. Em seguida, trabalhe para se conectar com a deusa que você escolher desse modo. Você pode fazer isso todas as noites, uma vez por semana ou em toda época de Lua Cheia, se quiser.
- ✸ Deixe a escolha para as deusas. Depois de ler a seção que descreve todas elas, peça para que a deusa que for mais adequada para você lhe envie uma mensagem. Então, preste atenção, porque você nunca sabe de que forma essa mensagem será encaminhada. Às vezes, os deuses são sutis... outras vezes, nem tanto!

Lembre-se de que não há uma forma errada de se conectar com a divindade, desde que você tenha respeito. Cada um de nós tem um caminho diferente a seguir, e não há duas pessoas que criem uma vida espiritual da mesma maneira. O que funcionou para mim pode não funcionar para você, e tudo bem. O importante é honrar a própria verdade, ouvir aquela vozinha interior e encontrar o caminho que satisfaça a fome em sua alma. É disso que se trata a adoração à Deusa, não importa qual abordagem você use para fazê-lo.

CAPÍTULO TRÊS

SINTONIZANDO A NATUREZA
SEGUINDO O FLUXO

Para mim, um dos aspectos mais gratificantes da vida de uma Bruxa moderna é aprender a seguir o fluxo do mundo natural. Não me interpretem mal – eu sempre amei a natureza. É uma das coisas que me fizeram chegar onde estou. Mesmo quando criança, eu era atraída pelo oceano e pela floresta e gostava de fazer jardinagem com minha mãe no quintal lateral de nossa casa suburbana. Quando, enfim, percebi que eu era uma Bruxa, aquela parte de mim disse: "Oh, mas é claro!".

Amar a natureza e reconhecer o poder de seus padrões, seu fluxo e refluxo, e o modo como isso pode influenciar todos os aspectos de nossas vidas... essas são duas coisas muito diferentes.

Posso dar um exemplo simples. Sempre morei no interior do estado de Nova York. É um lugar lindo, e há muitas facetas da existência por aqui que eu amo. O inverno, no entanto, não é uma delas. É longo, e às vezes começa com neve no Halloween e neva de maneira intermitente até o final de abril, trazendo muito frio. No inverno passado, tivemos três semanas de menos 28 graus Celsius. Frio, muito frio. Se você gosta de esportes ao ar livre como esqui e *snowboard*, isso não é uma coisa ruim. Minha ideia de esporte de inverno, no entanto, em geral, envolve um livro, chocolate quente e pelo menos um gato enrolado comigo no sofá. Portanto, o inverno nunca foi minha época favorita do ano.

Durante grande parte da minha vida, passei o inverno lutando contra a depressão. Quando descobri a Wicca no final dos meus 30 anos, minha então alta sacerdotisa me apresentou o conceito da Roda do Ano. Falarei sobre isso com mais detalhes adiante, porém, em essência, é importante saber que ela mostra o ano por meio de feriados que celebram as estações e reconhecem o fluxo e o refluxo do mundo natural.

Em nossa cultura contemporânea, em sua maior parte distante da vida na terra, é fácil perder contato com esses padrões naturais. Antes do advento da tecnologia, as pessoas seguiam os altos e baixos da natureza. Na primavera, as pessoas plantavam. No verão, deviam cuidar das plantações e da caça e ficar acordadas até mais tarde, para aproveitar os dias mais longos e o aumento da luz. No outono, era a hora das colheitas, quando eram coletadas as nozes e as frutas vermelhas e abatiam-se os animais necessários para a sobrevivência no período em que a comida fosse escassa.

Não havia mercearias nem luz elétrica. Não havia empregos que exigissem que você trabalhasse das nove às cinco durante o ano inteiro. Nada de televisão ou computadores para induzir as pessoas a ficar acordadas até tarde. Não me interpretem mal; isso não quer dizer que era uma época melhor. A respeito disso, tenho três palavras para você: banheiros com descarga. Entretanto, *era* uma época em que as pessoas estavam mais em contato com o fluxo natural da vida.

No inverno, havia menos luz. Em muitos lugares fazia frio. Não havia plantas para cuidar. O Sol se punha cedo e nascia mais tarde. As pessoas dormiam mais, sentavam-se perto do fogo e trabalhavam tecendo, esculpindo ou passavam o tempo contando histórias. Elas acumulavam comida e energia até que a primavera chegasse de novo e o mundo renascesse.

A Roda do Ano foi uma revelação para mim. Eu passava por momentos tão difíceis no inverno porque estava tentando viver minha vida no mesmo ritmo que eu vivia no resto do ano. E, claro, eu falhava, porque minha energia era menor no tempo frio. Eu queria me aconchegar com um livro e um gato, porque todos os meus instintos me diziam que era o momento de ficar em silêncio, o momento de meu foco ser interno em vez de externo. Depois que parei de lutar contra o fluxo e o refluxo natural de energia que vem com as estações, deixei de ficar deprimida. Foi muito libertador.

Não me interpretem mal; nem sempre amo o inverno. O frio me atinge, e não é muito divertido caminhar pela neve. Mas posso admirar a beleza do cardeal-vermelho contra o fundo branco e saborear meu chocolate quente com a certeza de que o ciclo continuará e a primavera voltará, trazendo consigo muitas coisas para fazer no jardim. O inverno é, de certa forma, um alívio. A natureza me dá permissão para desacelerar por um tempo: ler um pouco mais, escrever mais, ir para a cama um pouco mais cedo. Pesquise com mais profundidade para descobrir a magia que pode se perder durante os meses mais barulhentos e movimentados.

Não estou dizendo que você deve passar o inverno sentada(o) no sofá, em vez de sair (embora eu lhe dê permissão para ler e beber chocolate!). O que estou dizendo é que há sabedoria em seguir o fluxo dos ciclos naturais da vida, em vez de desperdiçar energia preciosa lutando contra eles.

Portanto, neste capítulo, vamos explorar esses ciclos do ponto de vista pagão e mágico. Talvez você também descubra que seguir o fluxo torna sua vida mais fácil e menos estressante.

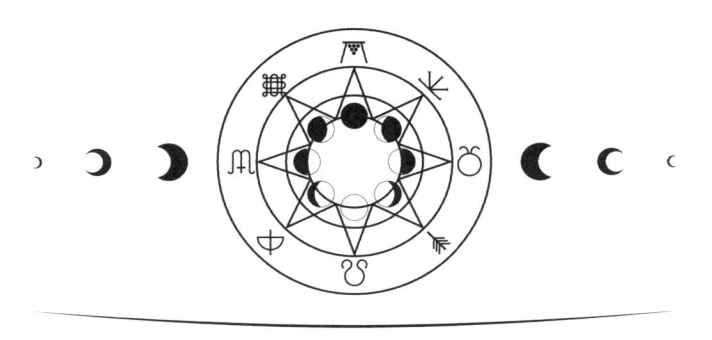

A RODA DO ANO

A Roda do Ano segue as estações através de suas transições, simbolizando, ao mesmo tempo, o ciclo que toda a vida segue: nascimento, crescimento, morte e renascimento. (A maioria das Bruxas acredita na reencarnação, e isso pode se aplicar também aos humanos de modo geral.)

Consiste em oito feriados ou Sabás. Existem dois equinócios, dois solstícios e quatro do que chamamos de dias cruzados que ficam equidistantes entre os outros. É importante observar que todos esses feriados foram celebrados em diversas culturas em todo o mundo.

Arqueólogos encontraram provas de que muitos povos antigos seguiam os solstícios e equinócios, muitas vezes, construindo estruturas que eram usadas para marcar os momentos exatos em que o Sol nascia e se punha nesses dias. É bastante notável, quando você reflete a respeito. Embora nossas interpretações modernas desses feriados possam diferir das originais, suas raízes são profundas na história daqueles que vieram antes de nós, e, por meio dessas celebrações, podemos nos conectar no tempo com nossos ancestrais pagãos.

Como sempre no mundo mágico, os diferentes caminhos da Bruxaria observam os Sabás de maneiras diferentes. Minha prática é baseada sobretudo nas tradições wiccanas ensinadas pela alta sacerdotisa com quem estudei e na maneira como nosso grupo celebrava. Contudo, há muitas outras opções, então, vale a pena explorar as alternativas se você tiver interesse em outras abordagens.

Você vai perceber que muitos desses feriados foram cooptados e adaptados pelo cristianismo, em parte, como um esforço para convencer os pagãos da época a seguir essa nova religião. Eles mantiveram muitos dos símbolos (a árvore de Yule tornou-se uma árvore de Natal, por exemplo, e os coelhos e ovos que representavam a fertilidade da primavera foram associados à Páscoa), por isso, você pode achá-los muito familiares. Se você compartilha sua vida com não Bruxas, pode encontrar maneiras de aproveitar ambos os aspectos do feriado e integrar a celebração pagã com o que todas as outras pessoas ao seu redor estão fazendo.

> Uma observação: as datas aqui listadas se referem ao Hemisfério Norte. O Hemisfério Sul tem períodos opostos, de modo que, quando é inverno no Norte, é verão no Sul, e vice-versa.

- *Imbolc – 1º ou 2 de fevereiro.* (Essa data acabou sendo reduzida ao atual Dia da Marmota, e há quem acredite que existe uma conexão entre Imbolc e a Festa da Candelária, um feriado cristão posterior, que cai na mesma data.) Está no meio do período entre o Solstício de Inverno, o dia mais escuro do ano, e o Equinócio de Primavera. Esse feriado, sagrado para a deusa celta Brigid, celebra os primeiros sinais da primavera. Mesmo que você more em uma área em que esse conceito seja apenas teórico, como é o meu caso, saiba que, bem no fundo do solo, as sementes estão começando a se mexer.

- Esse feriado celebra um festival do fogo que representa sobretudo a esperança e o renascimento. A palavra *Imbolc* (ou *Imbolg*) significa "na barriga"; é um termo que pode se referir tanto aos novos cordeiros ainda seguros dentro do ventre de suas mães quanto a energia da vida rejuvenescedora que é mantida no ventre da terra. Para aqueles que viviam da terra, o inverno podia ser uma época sombria de privação e fome. Quando as ovelhas começavam a dar leite nessa época, isso significava que as pessoas que cuidavam delas sobreviveriam até a primavera. Cordeiro, leite e queijo são alimentos associados a esse feriado. (Às vezes, fazemos um delicioso bolo de três leites, ou *cheesecake*, para nosso ritual e banquete do Círculo da Lua Azul.)

* Diz-se que, nas terras celtas, cobras e marmotas erguiam a cabeça para verificar o clima; essa pode muito bem ser a origem do nosso Dia da Marmota. Imbolc é um feriado tranquilo e introspectivo. É comemorado com velas acesas ou fogueiras para limpeza e purificação, adivinhação e expectativa para o próximo ano. Gosto de usar esse tempo para definir meus objetivos para o ano que se inicia a partir daí – tanto mágicos quanto mundanos – e começar a planejar como farei para alcançá-los. (O Círculo da Lua Azul, às vezes, criava "quadros de foco" para nossas metas do novo ano: grandes pedaços de papel cobertos com fotos, palavras e qualquer outra coisa que representasse nossas metas individuais. Era uma atividade divertida e engenhosa, que imbuíamos de magia, da maneira como deve ser feita.)

* A deusa está saindo de seu aspecto de anciã e se transformando em uma jovem donzela, e o jovem deus, renascido no Yule, pode ser visto como uma criança enérgica, apenas esticando seus membros. Imbolc é um festival de fogo; assim, você pode observar isso com a presença de alguma forma de chama, seja real ou com o fogo da criatividade – não importa como você manifeste isso, em homenagem a Brigid. Faça adivinhações com cartas de tarô ou runas para prever o que pode acontecer com você no próximo ano. Tome um banho de purificação com sal marinho e ervas secas, ou escreva suas metas para o ano e queime-as nas chamas, deixando a fumaça levar suas intenções para o Universo.

⬟ Equinócio de Primavera – Por volta de 21 de março no Hemisfério Norte e 21 de setembro no Hemisfério Sul.

Embora a data mude de ano para ano, verifique seu calendário. O Equinócio de Primavera, também conhecido como Ostara, é um dos dois únicos dias do ano em que a proporção de escuridão e luz são exatamente iguais. (O outro dia é no Equinócio de Outono.) Algumas pessoas acreditam que o nome Ostara vem de uma deusa germânica chamada Eostre, assim como a palavra para o feriado cristão da Páscoa, que adotou muitos aspectos das antigas celebrações do Equinócio Pagão. É uma ideia interessante, mas não há comprovação disso. O que está claro, no entanto, é que a Páscoa tem algumas raízes pagãs, não importa de onde tenha vindo seu nome.

* O Equinócio Vernal celebra o início oficial da primavera. É tudo sobre uma nova vida, novos começos e potencial. Se prestar atenção, conseguirá ouvir os pássaros adotando seus cantos de primavera, que diferem dos cantos entoados durante o inverno. O amor e a procriação estão no ar. Ovos, pintinhos e coelhos são símbolos tradicionais desse feriado, assim como as cores em tom pastel. (Sim, a Páscoa usa nossos símbolos de fertilidade. Acho isso bem engraçado. Não sei se eles pensaram nisso.) Como Bruxas, esse é o momento perfeito para colocar nossas metas para o ano em movimento, plantando as sementes para o crescimento na próxima estação.
* A deusa é recebida de volta em sua forma de bela e jovem donzela, como Perséfone, e o deus é um jovem viril. Sirva comidas festivas que celebrem a primavera, como ervas frescas, morangos e espinafre. (Eu gosto de fazer uma salada com os três ingredientes, dando um toque final com sementes de girassol. Você também pode adicionar ovos cozidos fatiados.) Faça rituais para novos começos e plante sementes de ervas mágicas

ou culinárias para simbolizar suas intenções. Você também pode fazer uma limpeza mágica de primavera em sua casa ou em sua vida. Acenda uma varinha de sálvia e percorra a casa ou seu apartamento soprando a fumaça em todos os espaços e visualize-a limpando toda negatividade ou energia improdutiva. Para um toque extra, polvilhe sal e água também. Tome um banho de primavera para lavar a estagnação do inverno. Use uma mistura de ervas curativas ou energizantes, ou algum óleo essencial que eleve seu ânimo. Toranja ou gerânio são duas de minhas escolhas favoritas. Se quiser tentar outras abordagens, falei sobre isso com mais detalhes em alguns de meus outros livros. Como alternativa, aproveite esse raro dia de equilíbrio natural para trabalhar o equilíbrio em sua própria vida. Se você tem filhos (ou é jovem de coração), pode decorar os ovos de Ostara com símbolos pagãos.

- **Beltane – 1º de maio.** Também escrito Beltain ou Bealtaine, é conhecido como o Primeiro de Maio. Algumas pessoas começam a comemorar esse feriado na véspera de maio, isto é, na noite anterior ao dia primeiro. Beltane vem de um antigo festival de fogo celta que marcava o início da estação de crescimento. (A palavra significa "fogo brilhante".) O fogo do feriado também representa o retorno do calor do Sol no Hemisfério Norte, bem como a paixão em todas as suas formas. É um feriado trimestral, que cai no meio do período entre o Equinócio de Primavera e o Solstício de Verão.

* Nos tempos antigos, Beltane celebrava o envio do gado para suas pastagens de verão. Eles eram conduzidos entre duas fogueiras para proteção, e a fumaça das fogueiras também conferia proteção para as pessoas. Algumas pessoas pulavam as fogueiras para dar sorte no próximo ano, uma tradição que foi

integrada (por sorte, com fogueiras menores) à prática moderna. Houve um ano em que meu grupo e eu fizemos um churrasco e usamos uma brasa da grelha para simbolizar o fogo. Em outros anos, pulamos nossa própria fogueira, depois de garantir que o fogo estava baixo e nossos vestidos devidamente erguidos. Nem pense em reproduzir o tempo das fogueiras ardentes em seu quintal!

* Outra das tradições era apagar todas as velas, as lanternas e as fogueiras da casa e reacendê-las, formando uma única fogueira principal que era compartilhada por todos. As pessoas também dançavam ao redor do mastro de maio ou decoravam os arbustos de maio. Se você tiver a chance de assistir ou, melhor ainda, participar de uma dança do mastro de maio, deve fazê-lo: é muito divertido. Em grupos pagãos maiores, é comum que os homens saiam para a floresta e cortem uma árvore, de preferência uma que já tenha morrido, mas ainda esteja forte, e a adornem, colocando-a no alto de um mastro, o qual carregam sobre os ombros para que seja levado até as mulheres, que, por sua vez, cavam um buraco fundo para enterrá-lo. (Sim, nós, Bruxas, sempre trabalhamos com simbologias sutis. SÓ QUE NÃO.) Uma coroa de flores com fitas penduradas é atada no topo e as pessoas dançam para dentro e para fora indo em direções opostas, tecendo as fitas ao redor do mastro. Há música e risos, e nunca as coisas funcionam com precisão, mas isso faz parte da diversão.

* Assim como no evento do mastro de maio, no Sabá há muito sobre sexualidade e sensualidade, embora você não precise se concentrar nesse aspecto do feriado se não quiser. A deusa e o deus estão no auge de sua juventude e de sua beleza e se unem em uma feliz relação, trazendo fertilidade e abundância ao mundo. Você pode comemorar com um indulgente piquenique ao ar livre, sob o sol do meio-dia, ou fazer rituais de proteção mais silenciosos, começando na noite anterior. Tente desligar todas as luzes de sua casa e,

em seguida, acender uma vela principal em seu altar e usá-la para acender várias velas menores em toda a sua casa. Acenda uma fogueira e dance em volta dela com exuberante alegria. Decore um arbusto de maio (ou uma planta de casa). Ou, se você tem a sorte de ter proximidade com a pessoa com quem mantém um relacionamento íntimo, pode reencenar o amor entre a deusa e o deus. Deixarei por sua conta os detalhes de como fazer isso.

Solstício de Verão – Por volta de 21 junho no Hemisfério Norte e 21 de dezembro no Hemisfério Sul. Também conhecido como *Midsummer*, Litha ou Solstício Estival. Esse é o dia mais longo do ano, quando há mais luz e menos escuridão, e é o primeiro dia do verão. Há registros de comemoração por inúmeras culturas ao longo da história e além. Dependendo de onde você está no mundo, esse feriado pode cair no início da temporada de verão real ou no meio (daí o Solstício de Verão). Seja como for, a terra está em plena floração nessa época e a energia do Sol está em pleno vigor. Quer melhor motivo para comemorar?

* O meio do verão é o momento perfeito para praticar magia a fim de obter abundância, fertilidade, prosperidade, crescimento e amor. A deusa e seu consorte, o deus, consumaram seu amor, e a deusa está gerando seu filho, que por sua vez se tornará o deus quando nascer no Yule. (Eu sei, isso é um pouco confuso, mas isso também é espiritualidade.)
* O Solstício de Verão é uma época popular para realizar uniões pagãs, sejam compromissos para durar um ano ou para toda a vida, ou mesmo casamentos legais reais.
* Considera-se também que o Solstício de Verão seja a época em que as fadas saem de casa (você se lembra da peça teatral *Sonho de uma noite de verão*, de William Shakespeare?), por isso, você pode deixar pequenas guloseimas para as criaturas mágicas.

As cinzas e o carvão das fogueiras do Solstício de Verão são poderosos e podem ser usados para aumentar a força do trabalho mágico feito depois. Também é tradicional jogar lavanda na fogueira como oferenda à deusa.

* Se possível, tente fazer as comemorações desse dia ao ar livre, sob o sol. Celebre o amor em todas as suas facetas, seja o amor romântico, o amor familiar, o amor entre amigos ou o amor pela divindade. Decore o altar com lindas flores, delicie-se com as frutas e os vegetais da estação disponíveis em sua região e aproveite a energia da abundância e do crescimento para ajudar você a seguir em frente de forma positiva. Se quiser, beba um copo de hidromel para celebrar as abelhas, que são um dos símbolos desse Sabá.

Lammas – 1º de agosto. Também conhecido como Lughnasadh, em homenagem a Lugh, o deus celta do Sol. Lammas é um feriado de trimestre que cai entre o Solstício de Verão e o Equinócio de Outono e é o primeiro dos três festivais da colheita do calendário pagão. Por tradição, essa era a época da colheita do trigo; portanto, esse Sabá é dedicado aos grãos de todos os tipos e ao pão em particular.

* Uma boa colheita era uma questão de vida ou morte para os antigos pagãos, e é por isso que existem três feriados diferentes para celebrar a estação de crescimento. Hoje, é possível ir ao mercado para comprar comida, contudo, há muitos tipos diferentes de colheitas, e é útil ter esse lembrete sobre tudo o que plantamos. Lammas é um bom momento para verificar as metas que você definiu no início do ano. Se você não alcançou o que esperava, tente aproveitar a energia natural para abundância e crescimento disponível para nós em Lammas. Mas não se esqueça de comemorar o que você conquistou!

* Em Lammas, é apropriado celebrar as deusas dos grãos e/ou as deusas mães, como Deméter, e invocar Lugh ou algum outro deus associado à colheita ou ao Sol. Em algumas tradições, o deus se sacrifica pelo bem da colheita e renasce no Yule. Em outras, isso não acontece até Mabon, festival da segunda colheita. Para simbolizar isso, você pode fazer um boneco de milho e jogá-lo em sua fogueira, se fizer uma.
* Você pode assar um pão ou comprar um bom pão integral em uma padaria ou num mercado local. Ao se sentar em um espaço sagrado, coma-o de modo consciente, agradecendo as colheitas de sua vida. Se puder passá-lo para um círculo de amigos ou familiares, melhor ainda. Se não puder compartilhar ou caso você não coma grãos, sinta-se à vontade para substituí-lo pela colheita sazonal de sua escolha.

Mabon – Por volta de 21 de setembro no Hemisfério Norte e 21 de março no Hemisfério Sul. Também conhecido como Equinócio de Outono ou Equinócio Outonal, esse é o segundo dia do ano em que o dia e a noite estão em equilíbrio, com quantidades iguais de luz e escuridão. É também o segundo festival da colheita no calendário pagão. Algumas Bruxas modernas o chamam de Dia de Ação de Graças das Bruxas, já que esse Sabá se concentra em agradecer a fartura da colheita e tudo o que colhemos em nossa vida até esse momento do ano.

* O Equinócio de Outono é meio agridoce. Por um lado, nossos armários são preenchidos com a abundância da terra no auge da estação da colheita: tigelas de maçãs, muitas abóboras e potes brilhantes de geleia de amora, entre outras coisas. Por outro lado, em muitos lugares, há um toque fresco no ar para sugerir que os dias mais frios estão por vir e que os campos estão quase vazios, enquanto as colheitas vão diminuindo aos poucos.

Celebramos esse dia do meio da colheita conscientes de que nada dura para sempre, mas agradecendo o que temos agora.

✳ O deus se sacrificou pelo bem da terra ou, então, ele se manifesta como o deus das feras, o chamado "deus chifrudo", que governa as florestas. A deusa está grávida, tão plena de abundância quanto a terra de que ela cuida.

✳ Comemore com uma festa que destaque as colheitas da região em que você mora. Faça um ritual de gratidão ou aproveite a energia de equilíbrio fornecida pelo equinócio. Se tiver comida extra, doe um pouco para uma despensa de alimentos local ou para alguém que você conheça que esteja precisando. Se quiser decorar um altar, tente usar algumas formas e cores interessantes de cabaças ou maçãs bem brilhantes. E não se esqueça de dizer "obrigada" à sua Mãe.

Samhain – 31 de outubro. Adaptado para o feriado cristão como o dia da Véspera de Todos os Santos, que, por sua vez, se tornou o *Halloween* (*Hallow E'en*, para a noite), que ainda carrega muitas marcas do feriado celta do qual se originou. Esse é outro feriado trimestral. Samhain é o terceiro e último festival da colheita. É a despedida dos últimos dias do outono, pois o inverno chegará em breve, quando, então, nos prepararemos para abraçar a crescente escuridão.

✳ Nesse dia, o véu entre os mundos dos vivos e dos mortos é mais tênue, o que, sem dúvida, leva à associação de fantasmas e *ghouls* com o *Halloween*, mais secular. Entretanto, para as Bruxas, isso não é uma coisa ruim ou assustadora. Em vez disso, nos dá a oportunidade de dizer adeus àqueles que perdemos durante o ano ou honrar nossos amados mortos com um altar ancestral. Algumas pessoas comemoram com o que é conhecido como "banquete mudo", em que um prato é colocado para aqueles que se foram e nenhuma palavra é dita durante toda a refeição. Uma vez, participei de um desses banquetes, e foi poderoso e comovente de um modo estranho, pois juro que é possível sentir a presença daqueles que se moveram para além do véu.

* Essa é uma noite boa para fazer uma fogueira ou, se você não puder fazer isso, use um prato ou uma xícara de chá à prova de fogo para acender as velas para alguma pessoa que você tenha perdido. (Sim, isso inclui animais de estimação. Claro que sim.) As luzes também simbolizam a esperança no meio da estação escura que se aproxima. Algumas Bruxas praticam a adivinhação, esperando receber conselhos provenientes além do véu.

* Muitas Bruxas modernas consideram o Samhain o Ano-Novo das Bruxas. Ele marca o fim do ano velho e o início do novo e, embora alguns aspectos de sua observação possam ser bastante solenes, não se esqueça de celebrar as possibilidades que estão por vir no próximo ano. Como esse é um festival da colheita, procure fazer um banquete que inclua alimentos sazonais, como maçãs, abóboras, cidra e similares. Pode ser divertido pegar pequenas abóboras e esvaziá-las, utilizando-as para servir como pratos de sopa, ou esculpir abóboras em pequenas lanternas para iluminar seu ritual.

* O deus está dormindo agora, esperando para renascer no Yule, e a deusa reina sozinha. Muitas pessoas invocam as deusas mais sombrias nessa ocasião, como Hécate, para quem essa noite é sagrada. Como ela é a deusa das encruzilhadas, esse Ano-Novo é o momento perfeito para chamá-la a fim de que ilumine o caminho atrás de você, para que você aprenda as lições que possa ter perdido e, então, ilumine os possíveis caminhos que estão por vir, para que você possa escolher o caminho mais benéfico.

⛤ Yule – Por volta de 21 de dezembro no Hemisfério Norte e 21 de junho no Hemisfério Sul. Também conhecida como Solstício de Inverno, essa é a noite mais longa do ano e o dia mais curto. É oficialmente o primeiro dia de inverno, embora em algumas regiões a neve já esteja cobrindo o chão há alguns meses. Comemoramos o retorno do Sol, pois todos os dias depois desse haverá um pouco mais de luz até voltarmos para a outra metade do ano no Solstício de Verão.

* Algumas tradições consideram que esse é o momento em que o Rei do Carvalho, que governa a metade clara do ano, vence sua batalha contra o Rei Azevinho, que governa a metade escura. O Rei Sagrado é quase sempre retratado como um homem grande com cabelos e barba brancos usando uma coroa de azevinho na cabeça. Trazemos vegetação como pinheiros e ramos de zimbro para celebrar a vida em meio à morte, já que a maioria das outras plantas está morta ou adormecida nessa época do ano, e acendemos velas para simbolizar o retorno da luz. Se algo disso está começando a soar um pouco familiar é porque grande parte do feriado cristão do Natal é baseado nas antigas tradições do Yule. Até mesmo as canções de Natal tiveram sua origem na prática do *wassailing*, ritual em que as pessoas iam de casa em casa cantando e bebendo. (O Yule já foi um feriado tão barulhento que foi banido!)
* A deusa deu à luz seu filho, o deus, e o mundo se alegra porque seu retorno anuncia o retorno da luz. As cores do Sabá são o vermelho e o verde, com as bagas vermelhas do azevinho, do visco e das sempre-vivas e coroas de flores que simbolizam a natureza circular do ano e a unidade que nos envolve. Se você quiser comemorar com os não pagãos, saiba que muitas pessoas fazem festas no Solstício de Inverno porque os temas da estação são muito familiares para muita gente.

* Em vez de comprar decorações nas lojas, por que não fazer a sua com elementos naturais, como pinhas, pipocas, frutas vermelhas secas e paus de canela? (Pense em como a casa ficará perfumada.) Ou crie um enfeite que seja decorativo e útil pegando uma grande pinha, enrolando-a em manteiga de amendoim e depois em alpiste para fazer um presente aos nossos amigos emplumados. Pendure-o em uma árvore ou em um alimentador de pássaros.
* Quer você organize uma reunião festiva para dezenas de amigos ou celebre de modo mais reservado, acendendo velas para dar as boas-vindas ao retorno do Sol, você pode se confortar sabendo que nossos ancestrais faziam o mesmo. A Roda do Ano girou naquele momento como gira agora e continuará a fazê-lo enquanto a Terra orbitar o Sol. Portanto, agradeça à deusa por seus presentes e acenda uma vela em seu altar em homenagem a ela. Em seguida, comemore da maneira que mais lhe agradar.

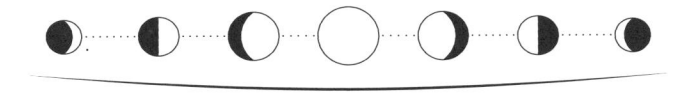

AS FASES DA LUA: CRESCENTE, CHEIA, MINGUANTE

Por mais importantes que sejam os Sabás para a prática da Bruxaria, há muitas Bruxas que não os observam, não fazem nada importante, enquanto há quem celebre alguns, mas não outros. Os Esbás, por outro lado, são intrínsecos à própria essência da Bruxa e, pelo que sabemos, sempre foram.

Esbás, que são outro termo para denominar as Luas Cheias, são os momentos em que até mesmo as Bruxas que não fazem muito mais em sua prática costumam fazer uma pausa para, pelo menos, acender uma vela e saudar a deusa. A adoração da deusa sempre esteve ligada à Lua, e os ciclos lunares são vistos como um reflexo da natureza mutável da deusa, da vida física das mulheres que a adoram e das diferentes maneiras como praticamos nossa magia.

Muitas deusas estão associadas à Lua, com destaque para Ártemis, Cerridwen, Diana, Inanna, Ísis, Luna, Rhiannon e Selene. A maioria dessas deusas é adorada sobretudo nos períodos de Lua Cheia, embora Hécate seja evocada durante a Lua Negra (a noite em que a Lua fica invisível). Mas você pode evocar qualquer deusa durante as observâncias lunares, mesmo que a deusa que você segue não seja uma deusa da Lua.

Embora existam alguns deuses da Lua, em geral, os deuses têm mais probabilidade de estar ligados ao Sol, e as deusas, à Lua. Isso pode ocorrer em virtude da natureza mutável da Lua, que apresenta as fases da deusa tríplice: donzela, mãe e anciã. A Lua começa pequena, se expande em tamanho na fase crescente e atinge a abundância redonda na Lua Cheia, quando, por fim, se encolhe de novo. As mudanças da Lua também estão ligadas às mudanças nos corpos das mulheres; algumas mulheres tendem, inclusive, a menstruar com o advento da Lua Cheia.

Assim como as mudanças de fases da Lua afetam as marés e o nosso humor, também afetam o modo como praticamos nossa magia. Embora você possa sempre fazer qualquer trabalho mágico que precisar em qualquer época do mês, muitas Bruxas acreditam que diferentes fases da Lua têm energias diferentes. Se puder aproveitar o poder que prevalece em determinado dia, será mais fácil atingir seu objetivo.

A Lua Negra, que às vezes também é chamada de Lua Nova, ocorre quando a Lua não pode ser vista (em teoria, esse é o dia da Lua Negra) ou quando pode ser vista apenas como um pequeno crescente (a Lua Nova). Algumas Bruxas tratam isso como se fosse a mesma coisa, outras diferenciam as duas fases. Há quem pense que esse tempo não deve ser usado para magia, mas, sim, como um momento de descanso. Outros o acham útil para fazer trabalhos de banimento que requeiram força extra, adivinhação ou viagem interior. Também é um período que pode ser usado para meditação ou limpeza espiritual.

A Lua Negra é seguida pelo estágio crescente, durante o qual a Lua cresce a cada noite. Por causa desse crescimento, esse tempo costuma ser usado para qualquer trabalho mágico que exija *crescimento*. Prosperidade, cura, feitiços para atrair o amor ou um ótimo novo emprego: qualquer coisa que exija mais ou traga algo novo para sua vida deve ser feito durante essas duas semanas.

A Lua continua a crescer até atingir, enfim, a fase da Lua Cheia. A maioria das Bruxas também considera o dia anterior e o dia seguinte à Lua Cheia para conter a mesma energia da Lua Cheia. (Atenção: ensinaram-me que os dois dias antes e depois dos Sabás e Esbás ainda têm a energia daqueles dias, por isso talvez você sinta a necessidade de esperar até o fim da semana para fazer um ritual, sobretudo se estiver se reunindo com outras pessoas. Não se preocupe muito, caso não consiga fazer o ritual na noite de Lua Cheia.) Esse é o momento mais poderoso para o trabalho mágico, por isso, muitas vezes, as Bruxas reservam, sempre que possível, seu trabalho mais vital para esses dias. Algumas Bruxas executam um ritual de Esbá real, sobretudo se pertencerem a um grupo, ou usam essa noite para focar na adoração da deusa. Há um ritual conhecido como "Desenhar a Lua" que é usado para canalizar a energia da deusa. Também é um bom momento para trabalhar no aprimoramento de suas habilidades de Bruxaria e intuição ou apenas para se abrir para a energia do ciclo lunar.

Depois da Lua Cheia, entramos na fase minguante, quando a Lua fica menor a cada noite que passa. Esse tempo é usado para *diminuir* ou para realizar qualquer trabalho mágico em que você esteja tentando se livrar de algo. Por exemplo, banir maus hábitos ou pessoas negativas, reduzir o *stress* ou livrar-se de doenças ou dívidas.

Talvez seja fácil ajustar seu trabalho mágico à fase da Lua. Por exemplo, se estiver lidando com um problema físico, você pode fazer feitiços para aumentar a saúde durante a Lua Crescente e, em seguida, diminuir doenças ou dores durante a Lua Minguante. Se precisa trabalhar em questões financeiras, faça feitiços para a prosperidade durante a Lua Crescente e, em seguida, feitiços para banir as dívidas durante a Lua Minguante. Você observa a questão e escolhe como encarar o problema. Invoque o amor ou expulse a solidão. E, claro, você pode guardar a Lua Cheia para seus assuntos mais importantes ou apenas conversar com a deusa de sua escolha.

Se você tem um altar, é bom acender uma vela na Lua Cheia, e se você conseguir alguns minutos para sair e ficar sob a luz brilhante da Lua, sentindo essa energia fluindo através de você, melhor ainda. (Entretanto, eu confesso que, quando há meio metro de neve no chão e as temperaturas estão abaixo de zero, às vezes, me contento em olhar a Lua pela janela!)

A Lua Cheia também é o momento perfeito para se conectar com a deusa, seja usando as sugestões do capítulo anterior ou da maneira que mais lhe agradar. Algumas Bruxas nunca fazem nada formal, mas apenas têm uma "conversa" com qualquer deusa com a qual se sintam mais à vontade, falando com o coração e depois ficando em silêncio para ver se há uma resposta.

Isso nem sempre vem na forma de visitas impactantes. É muito mais provável que sejam sinais sutis nas horas e nos dias que se seguem, ou talvez uma voz baixa e silenciosa no fundo de sua mente. Um dos trabalhos mais importantes da Bruxa é prestar atenção, para que essas mensagens cheguem. Você descobrirá, no entanto, que, quanto mais praticar, mais fácil será adquirir esses dons de sabedoria e orientação. Esse é um dos aspectos mais positivos da prática da Bruxaria, pelo menos para mim.

Para um ritual simples da Lua Cheia, encontre um lugar tranquilo onde possa montar uma pequena mesa ou fique diante de seu altar, se tiver um. Coloque sobre a mesa uma escultura de uma deusa ou qualquer outra coisa para representar a deusa em geral ou uma deusa em particular, junto com uma vela branca, uma pequena tigela de água e um bastão de incenso de sálvia branca (sálvia é usada para limpeza espiritual e ajuda a eliminar o stress e as preocupações de nossa vida cotidiana para que possamos nos concentrar melhor). Você pode adicionar qualquer outra decoração que desejar: flores como oferenda para a deusa, um cristal de quartzo ou pedra da lua, pequenas velas adicionais, e isso é o básico.

Se puder, passe alguns minutos contemplando a Lua Cheia antes de começar. Se você não conseguir enxergar de onde está, ou se o tempo não estiver cooperando, não se preocupe. A Lua ainda está lá em cima e, se você se concentrar, ainda será capaz de sentir sua energia. Se você puder ver a Lua do lugar onde seu altar está montado, será ótimo.

Acenda a varinha de sálvia e sopre a fumaça espalhando-a da cabeça aos pés, visualizando-a eliminando e limpando toda negatividade que você tenha adquirido ao longo do caminho. Em seguida, pode colocar a sálvia em um recipiente à prova de fogo para queimar aos poucos ou apagá-la. Mergulhe os dedos na água e diga: "Como a luz da Lua, esta água é clara e purificadora. Que ela lave todas as coisas que não funcionam mais para mim". Toque com leveza os dedos molhados no meio da testa, nos lábios, no coração e na barriga (seu centro ou núcleo). Visualize esses lugares começando a brilhar.

Acenda a vela e levante as mãos no ar, com as palmas para cima, a fim de mostrar sua abertura e sua receptividade. Diga: "Grande deusa" (ou o nome de qualquer deusa específica que você esteja invocando), "eu te chamo nesta noite de Lua Cheia. Eu, sua filha, peço que venha até mim e me abençoe com sua luz. Traga-me o presente de sua sabedoria, a chama de seu fogo criativo, a gentileza de seu amor. Encha-me com a energia de sua magia, para que eu possa carregá-la comigo nos dias e nas noites que virão. Venho até você com o coração aberto, as mãos abertas e a mente aberta, e peço suas bênçãos...". Sente-se ou fique em silêncio pelo tempo que se sentir confortável, depois diga "agradeço seus presentes e envio meu amor em troca" e apague a vela.

COMO OS CICLOS DE MUDANÇA DA NATUREZA REFLETEM AS MUDANÇAS NA VIDA DE UMA MULHER E ABRAÇAM QUEM VOCÊ É, COM PLENITUDE E ALEGRIA

A prática da Bruxaria não é de forma alguma limitada às mulheres. Muitos homens também são Bruxos. Mas para as mulheres há uma conexão particular entre os padrões das mudanças das estações e os ciclos da Lua, com os quais elas podem se relacionar de uma forma que os homens não conseguem.

Isso não significa que a prática feminina de Bruxaria ou qualquer forma de espiritualidade pagã seja de algum modo superior ou mais "correta" do que a de um homem. Significa apenas que abordamos isso de uma perspectiva um pouco diferente, assim como abordamos o restante da vida de uma perspectiva meio diferente.

Com exceção das pessoas com algumas condições médicas adversas ou pessoas trans ou de gênero fluido que se identificam como mulheres, mas podem não estar sujeitas à mesma experiência física, as mulheres em geral passam grande parte da vida entrincheiradas de um modo profundo em ciclos naturais tão poderosos e imutáveis quanto as estações do ano e as fases da Lua. Temos nossos próprios ciclos mensais, que permanecem conosco até as mudanças sísmicas que vêm com a menopausa. Nesse meio-tempo, algumas mulheres também experimentam o crescimento e as mudanças que acompanham a gravidez.

Como as estações do ano, esses padrões estão fora de nosso controle e são vivenciados de maneira diferente por todas nós. Como a Lua mutável, cada uma de nós passa por ciclos de crescimento, minguante e de plenitude. Se pensar bem, verá que todas as mulheres vivenciam os ciclos sazonais e lunares em seus corpos. Como não poderíamos, então, nos conectar com tudo isso em um nível profundamente pessoal e íntimo?

Ter uma divindade feminina nos devolve o poder de abraçar esses padrões de maneira positiva e, ao abraçar o divino feminino, podemos aprender a abraçar nossos próprios corpos, com todas as suas mudanças e fases, muitas vezes estranhas e dolorosas. Em vez de lutar contra elas, amaldiçoá-las ou sentir como se esses padrões não fossem naturais ou constituíssem um fardo, podemos nos olhar no espelho e ver a deusa refletida de volta.

E se você encontrar imperfeições naquele espelho, saiba que a deusa nos ama do jeito que somos. Lembre-se de que muitas deusas são retratadas com barrigas redondas e seios caídos. Existem deusas jovens e deusas anciãs e tudo mais. *Você* é o divino feminino.

Então, da próxima vez em que estiver sob a Lua Cheia, dê a si mesma um grande abraço, como se estivesse canalizando o carinho que a deusa sente por todas nós. Se houver partes de seu corpo ou de sua psique com as quais você não esteja feliz, abra-se para que a deusa a aceite do jeito que você é. E, se você estiver pronta para fazer mudanças, levante os braços e absorva a energia da Lua em toda a sua glória e carregue-a com você nos próximos dias para alimentar sua determinação. Sinta-se à vontade para uivar, se quiser!

MAGIA PRÁTICA:
FAÇA ALGO PARA SE CONECTAR COM O MUNDO NATURAL

Um dos benefícios propiciados pela Bruxaria é uma conexão renovada com o mundo natural, algo que é fácil perder de vista quando você está cercada(o) pela tecnologia e conduz sua vida de acordo com uma programação artificial planejada pelo homem. Mas isso não é algo que apenas acontece: você precisa se esforçar para estabelecer e aceitar essa conexão.

Isso não precisa ser complicado nem demorado. Sejamos realistas: a maioria de nós já está sobrecarregada com as demandas de nosso tempo e nossa atenção, e a ideia de acrescentar *mais uma coisa* pode parecer impossível. No entanto, para fazer algo que a(o) beneficie, algo que alimente sua alma e reabasteça seu poço criativo ou energético, vale a pena reservar alguns minutos em sua agenda. Dependendo de como você faz isso, pode ser tão simples quanto prestar mais atenção durante o seu dia normal ou integrar o trabalho mágico às suas atividades diárias, como cozinhar ou limpar. Você pode se surpreender com o quão poderosos esses pequenos momentos podem ser, dando-lhe mais energia, em vez de menos.

Você pode começar com pequenas ações, fazendo um breve ritual para cada um dos Sabás e Esbás. Estes podem ser tão complexos ou tão simples quanto você quiser. Por exemplo, você pode passar por todo um ritual formal, invocando os quatro quadrantes (norte, leste, sul e oeste, representando os elementos Terra, Ar, Fogo e Água), invocando a deusa (com ou sem o deus), lançando um círculo e assim por diante.[3] Ou você pode fazer qualquer coisa que pareça ser uma forma de celebrar o Sabá, como algum artesanato usando itens sazonais, ou cozinhar uma refeição especial ou fazer uma viagem para algum lugar próximo que envolva o mundo natural.

Passar um tempo ao ar livre em um ambiente natural é um modo simples de voltar a ter contato com a natureza, mas, dependendo de onde você mora, isso nem sempre é fácil. Se você mora em um ambiente mais urbano, tente procurar um parque próximo, um jardim botânico ou algum outro lugar reservado para plantas e outros seres vivos. (Até mesmo um cemitério tranquilo e agradável.)

Faça um passeio e preste atenção nos pássaros, nas flores e nas árvores. E não se esqueça do elemento Água. O oceano é o meu espaço de felicidade, então, eu tento chegar lá uma vez por ano, mesmo que seja apenas por um ou dois dias. Contudo, como eu não moro perto da praia, decidi comprar uma casa em frente a um riacho e construí um pequeno lago no meio do meu jardim. Tenho inclusive uma fonte solar no jardim da frente e posso ouvi-la quando a janela está aberta no verão. Se você não consegue chegar a algum lugar onde há natureza, pode recriá-la de várias maneiras diferentes.

Quer você more no campo, na cidade ou em algum lugar intermediário, a natureza está ao seu redor. Nós apenas temos de nos tornar mais conscientes e mais agradecidos: chuva, tempestades e neve; amanheceres e entardeceres; estrelas e arco-íris e os sons dos pássaros cantando. Tire alguns momentos para desligar a televisão e o telefone e apenas *seja*. Sinta-se repleta(o) de gratidão pelos presentes que o Universo lhe dá.

---

3. Instruções completas sobre lançamento de feitiços e rituais podem ser encontradas no final do livro.

Plante algo. Se você tiver espaço, monte um jardim com legumes ou flores, você decide. Mesmo que não tenha quintal, você pode plantar numa jardineira na janela ou cultivar algumas ervas em vasos. (Se você tem animais de estimação, certifique-se de que nenhuma das plantinhas que tenha cultivado seja tóxica.) O importante é pôr os dedos na terra e observar algo brotar e crescer porque você o alimentou. Claro, se você cultivar ervas, também poderá usá-las em tarefas culinárias e mágicas, e isso é um bônus!

Se não puder cultivar nada por sua conta, tente contribuir para uma organização como a Arbor Foundation, que plantará uma árvore em seu nome. A Mãe Terra agradecerá.

Quer você passeie pela floresta, caminhe na praia ou alimente os pássaros, o importante é se esforçar para se reconectar com o mundo natural. Afinal, somos parte da natureza e somos seres humanos mais fortes e saudáveis quando abraçamos essa porção de nosso eu essencial.

CAPÍTULO QUATRO

PALAVRAS EM AÇÃO
CRIANDO MUDANÇAS POSITIVAS TODOS OS DIAS

Algumas pessoas veem a Bruxaria Moderna como uma religião; outras a chamam de caminho espiritual. Eu considero os dois, mas gosto da ideia de um caminho espiritual porque a implicação é que você o *percorre*. Para mim, espiritualidade é uma jornada. A minha começou no dia em que entendi que eu deveria descobrir quem eu sempre fui de verdade, e isso se perpetuou por todos estes anos depois.

Ao longo do caminho, cresci e mudei, e minha prática de Bruxaria também mudou. Aprendi algumas coisas, mudei de ideia em relação a outras e percebi que alguns aspectos do que aprendi funcionaram melhor para mim do que outros. Houve momentos em que precisei caminhar sozinha e momentos em que quis caminhar com outras pessoas. Meu caminho pode ter se desviado um pouco, mas meus pés ainda estão firmes nele, e eu o percorro todos os dias de uma forma ou de outra.

Isso é o que importa quando estamos em um caminho espiritual. Na maior parte do tempo, é um esforço ativo. Até mesmo ficar parado é uma escolha que você faz ao longo do caminho. Falamos sobre pessoas "colocando suas palavras em prática". O que isso significa, em essência, é que você colocará suas crenças em ação.

Todos nós conhecemos pessoas que afirmam acreditar em um determinado dogma religioso (como "Faça aos outros o que você gostaria que fizessem a você!"); no entanto, é lógico que não o cumprem no dia a dia. E há pessoas que só vão à igreja no Natal e na Páscoa e que praticamente ignoram sua religião nos outros dias do ano. Se essa é a escolha delas, isso não é da minha conta. Mas não foi isso que escolhi em minha prática.

Para mim, ser pagã e ser uma Bruxa está relacionado menos aos feriados, ou menos às Luas Cheias, e se refere mais ao modo como eu me comunico com o divino todos os dias. Minhas crenças espirituais guiam minhas escolhas, me fortalecem e me inspiram, me ajudando a manter a minha fé em tempos difíceis. Posso não fazer um ritual toda vez que a Lua estiver Cheia, mas tento dar o meu melhor para garantir que minhas ações estejam de acordo com os princípios que sigo.

Aqui apresento uma visão geral do que são esses princípios e do modo como eles influenciam minha vida diária. Assim como acontece com tudo, ser Pagã/Wicca/Bruxa são aspectos que variam de pessoa para pessoa, e nem toda Bruxa está de acordo com cada um deles.

Outras pessoas também podem interpretá-los de uma maneira diferente da que eu vejo. Se algo não faz sentido para você, você pode ler mais a respeito, pois isso é apenas a ponta do *iceberg*. Se não ressoar com você, sinta-se à vontade para ignorar. A Bruxaria é um caminho muito individual, por isso só você pode decidir quais partes desse caminho funcionam para você.

NENHUM DANO

Wicca ou não, muitas Bruxas modernas seguem esta "regra", que é considerada por muitos como um dos princípios fundamentais da religião. Chama-se *Rede Wicca*. (*Rede* é um termo antigo do inglês médio que significa "lei".) Embora haja uma versão mais longa, a básica diz: "Oito palavras que a *Rede Wicca* cumpre – 'an it harm none, do as ye will'". Se você desconhece a linguagem meio arcaica muito usada quando a Wicca começou a florescer, tudo se resume a isto: contanto que não prejudique ninguém, você pode fazer o que quiser.

Isso soa como uma ótima regra, não é? Uau! Posso fazer o que eu quiser!

Não tão rápido. Vamos pensar nisso com mais afinco. Você pode fazer o que quiser desde que não prejudique ninguém. Isso significa que você deve prestar atenção em suas ações, suas palavras e até mesmo em seus pensamentos. Você precisa ser legal com os outros, mesmo quando não estiver com vontade. Em algumas circunstâncias, se você agir com egoísmo, terá de pensar duas vezes e refletir se o fato de se colocar em primeiro lugar poderá causar danos a outra pessoa. (Isso não significa que você não pode se colocar em primeiro lugar ou buscar um emprego que deseja porque, se você o conseguisse, tiraria a oportunidade de outra pessoa. Significa que você não pode conseguir esse emprego desmerecendo outro candidato em potencial, mas, sim, apenas sendo a melhor opção ou se dedicando mais.)

Para complicar as coisas, pode ser difícil prever o efeito que suas ações terão em algum momento. Se você disser a uma amiga que ela está se comportando mal, isso pode ferir os sentimentos dela, mas poderá salvá-la de um mal maior mais tarde. Ou não. E agora?

Então, fica ainda mais complicado... porque nenhum dano inclui *você*. A automutilação, embora seja algo óbvio (como usar drogas ou beber em excesso ou ter relacionamentos inseguros ou prejudiciais), ou algo mais sutil (por exemplo, comer mal, passar muito tempo jogando videogame, em vez de trabalhar ou dormir mais cedo, sempre colocar os outros em primeiro lugar e nunca atender às próprias necessidades), também é contra a regra da *Rede Wiccana*.

Você deve estar pensando "Essa regra é maluca! Ninguém poderia viver de acordo com isso!". Bem, não, claro que não podemos. Mas, como o princípio cristão "Faça aos outros...", podemos tentar fazer o nosso melhor. Eu uso esse princípio para guiar minhas intenções e para me ajudar a fazer escolhas. Se não tenho certeza de que devo seguir um determinado caminho ou tomar uma determinada atitude, posso me perguntar: "Isso é do interesse dos outros? É do meu interesse? Alguém – ou alguma coisa – será prejudicado se eu fizer isso?".

E daí eu tomo o sorvete de qualquer maneira. Bem, às vezes.

Observe que nem todo mundo segue a *Rede Wiccana*. Existem algumas Bruxas que acreditam que podem fazer o que quiserem com seu poder sem se preocupar com as consequências. (Claro, sempre há pessoas assim. Prova disso é nosso sistema político atual.) O que nos leva à próxima crença, à qual aderi.

A LEI TRÍPLICE

Também chamada de Lei do Retorno, a Lei Tríplice é uma versão do karma. O que se diz é que o que você fizer voltará para você... multiplicado por três. O que é ótimo, se você for amoroso e gentil. Se você amaldiçoar alguém com verrugas... bem, daí... (Essa é uma das razões pelas quais a ideia da Bruxa malvada não dá liga no caldeirão, com o perdão do trocadilho.) Repito: nem todo mundo acredita na Lei Tríplice. Algumas pessoas acreditam que toda ação é devolvida na mesma proporção do que é enviado. Outras apontam para o fato de que muitas pessoas boas sofrem com coisas terríveis que acontecem em suas vidas, enquanto pessoas más escapam sem punição e dizem que isso prova que não há relação entre suas ações e o que o Universo envia de volta.

Vou ter de discordar disso. Embora não tenha certeza de que as coisas voltam três vezes, já vi exemplos suficientes da Lei do Retorno para dizer que acredito totalmente nela. Não, não é um tipo de regra absoluta, obrigatória, *quid pro quo*. Poucas coisas na vida são aleatórias – exceto as leis da física e os quase cem por cento de chance de que, se um operador de *telemarketing* ligar, será quando você estiver comendo ou tirando uma soneca. No entanto, muitas vezes em que fiz algo bom apenas porque "sim", algo bom aconteceu comigo logo depois. E nas raras ocasiões em que fiz alguma coisa movida pelo egoísmo ou, de modo inconsequente, feri os sentimentos de alguém, quase sempre isso voltou para me corroer.

Sim, coisas ruins ainda acontecem com pessoas boas, e a vida nem sempre é justa, mas acho que, se o que colocamos no mundo for positivo, receberemos coisas positivas de volta. Isso também se aplica à fala e ao pensamento. Essa é uma área na qual estou trabalhando de modo constante, porque é muito fácil deixar a negatividade se infiltrar em sua mente, em especial no ambiente negativo que predomina hoje. (Pessoal, afaste-se da internet!)

Se me pego pensando algo como "Esta situação nunca vai melhorar!", substituo esse pensamento de modo consciente por algo mais positivo. "Existem muitas pessoas incríveis por aí lutando para mudar isso..." ou o ditado que aprendi com um amigo escritor: "Nada além de bons tempos pela frente!". Pensamentos positivos geram ações positivas, e ações positivas voltam para você de maneiras que você nem pode prever.

Portanto, tenha consciência do que está colocando no mundo e do que isso pode trazer de volta para você. Se o que você está oferecendo ao mundo não é algo que gostaria de recuperar três vezes, talvez deva reconsiderar.

AS PALAVRAS TÊM PODER

Não me refiro a palavras como "abracadabra" ou "shazam". Quando as Bruxas falam sobre o poder das palavras é outra faceta dessa ideia de que aquilo que você envia para o Universo é o que você recebe de volta. Por que recitamos nossos feitiços em voz alta? Porque dizer as palavras em voz alta adiciona poder à intenção que estamos transmitindo. Se você de fato deseja que algo tenha força extra, pode até dizer três vezes, para reforçar essa energia.

Então, o que acontece se você andar por aí dizendo "Nunca tenho dinheiro suficiente..." ou "Ninguém nunca vai me amar!"? Ah, ah... E se você disser isso várias vezes? Isso mesmo. Você acabou de enviar uma mensagem para o Universo e, como Bruxas, temos certeza de que alguém está ouvindo.

O que isso significa em nossa vida diária? Sugere que precisamos estar cientes do que estamos dizendo e até mesmo do que estamos pensando, sobretudo quando se refere às palavras que lançamos ao mundo repetidas vezes. Na verdade, estamos *mudando a realidade* com nossas escolhas de palavras. Talvez de pequenas maneiras, talvez apenas de maneiras que afetam nossa vida (embora eu pense no que poderia acontecer se um número suficiente de pessoas pudesse manter os mesmos pensamentos positivos ao mesmo tempo).

Essa é uma responsabilidade um pouco assustadora e uma possibilidade de criar mudanças positivas. E criar mudanças positivas é o objetivo da Bruxaria. Não, não vamos todos de repente começar a irradiar botões de rosa e arco-íris com todos os nossos pensamentos. Porém, ao elevar nossa consciência sobre o modo como usamos nossas palavras, podemos alterar padrões de negatividade que nem sabíamos que existiam.

Em vez de dizer "Nunca tenho dinheiro suficiente...", por exemplo, tente dizer "Seria ótimo se eu tivesse mais dinheiro!", ou ainda: "Tenho tudo de que preciso!". Em vez de reclamar do que você não tem, algo que todos nós fazemos sem pensar, tente agradecer o que você tem. Pouquíssimos de nós conseguem alcançar um estado em que cada palavra que dizemos é brilhante e positiva, porém, quanto mais atenção tivermos ao que estamos divulgando, maior será a probabilidade de mudarmos para melhor.

Não é difícil. Você consegue. Eu acredito em você. (Percebe o que eu fiz agora?)

RESPONSABILIDADE PESSOAL E LIVRE-ARBÍTRIO

Em algumas religiões, as pessoas culpam o diabo, o pecado original ou outros elementos que estão além de seu controle por suas ações. A Bruxaria, por outro lado, é, em sua essência, uma religião que acredita na responsabilidade pessoal. (Consulte a Lei do Retorno, já citada.) Acreditamos que cada um de nós é responsável pelas próprias ações e pelos resultados que delas decorrem. Isso não significa que coisas ruins não aconteçam a pessoas boas – infelizmente, elas acontecem –, mas significa que você tem pelo menos algum controle sobre seu destino.

Por exemplo, imagine que você perdeu seu emprego. Como Bruxa, você pode fazer um feitiço para se orientar e conseguir o melhor novo emprego possível ou abrir novas possibilidades. Assim, você dá continuidade a esse feitiço praticando uma ação no mundo real. A Deusa pode prover, mas ela também ajuda aqueles que se ajudam. Somos responsáveis pelo modo como respondemos às situações que o mundo nos apresenta.

Muitas pessoas também acreditam que a vida é repleta de lições, às quais, se prestarmos atenção, nos ajudam a crescer como seres humanos e nos tornar as melhores pessoas e Bruxas que podemos ser. Quantas vezes você olhou para o que parecia um desastre na época (aquele emprego perdido, o coração partido, a oportunidade perdida) e percebeu que tinha sido uma bênção disfarçada? Talvez perder o emprego de que você na verdade não gostava tenha aberto a porta para aceitar um trabalho de que você gosta. Talvez ser dispensado pelo Senhor Errado tenha deixado você disponível para o momento em que o Senhor Certo ou a Senhora Certa apareceu.

Responsabilidade pessoal significa que você reconhece que ninguém faz as escolhas em sua vida além de você. (Inclusive, se permitir que outra pessoa tenha controle sobre você, essa ainda será uma escolha sua.) Isso pode parecer opressor, mas também é libertador e fortalecedor.

Wiccanas e a maioria dos Bruxos (embora nem todos) também acreditam na importância do livre-arbítrio. Pense nisto: se você é responsável por fazer suas escolhas, todos os outros também são. Isso significa que *ninguém tem o direito de exercer o controle sobre o outro.* Quando você começa a trabalhar com magia e conjuração, isso se torna um conceito crucial.

Veja o tão popular feitiço de amor, por exemplo. Existe uma certa tentação (sobretudo entre as novas Bruxas, que ainda não aprenderam essas lições da maneira mais difícil) de lançar um feitiço para fazer alguém amar você. Afastem-se do caldeirão, senhoras. Essa é de fato uma *péssima* ideia. Sim, todos nós queremos amar e ser amados, mas essa não é a maneira de fazer isso.

Por um lado, você está interferindo no livre-arbítrio, e isso quase nunca termina bem. Suponha que você lance um feitiço de amor em alguém – vamos chamá-lo de Bob. Você tem certeza de que você e Bob estão destinados a ficar juntos, mas imagina que ele apenas ainda não recebeu a mensagem certa, então você acha que poderá facilitar as coisas. E viva! O feitiço funciona, e Bob diz que está loucamente apaixonado por você. Isso é ótimo, certo? Até você começar a se perguntar se ele só a ama porque você o fez se sentir assim. Ou você o conhece melhor e percebe, por exemplo, que o apego anormal que ele tem com relação à mãe não é tão cativante e, enfim, você quer mudar as coisas, pois percebe que não gosta tanto assim dele, como havia imaginado. Só que Bob ainda tem certeza de que a ama e não quer ir embora.

E talvez você tenha perdido a pessoa com quem deveria estar porque se envolveu com Bob (e com a mãe dele) durante um período em que deveria estar sozinha.

E o mais importante: como você se sentiria se soubesse que alguém lançou um feitiço para fazer *você* se apaixonar por uma pessoa e que essa pessoa interferiu no seu livre-arbítrio, privando você da chance de tomar a decisão por si mesma(o)? Pois bem, não é tão agradável quando você olha por essa perspectiva.

Isso não significa que você não possa lançar feitiços. Significa que você precisa ter cuidado para que o trabalho mágico que você faz afete apenas você, e mais ninguém. Quer amor? Faça um feitiço para se abrir para o amor ou para atrair o melhor companheiro possível, mas não aponte a magia para ninguém específico. A exceção a essa regra só deve ser aplicada se alguém lhe pedir ajuda. Você pode fazer um feitiço para outra pessoa com a permissão dela, mas não sem ela, mesmo que tenha certeza absoluta de que é do interesse dela. Você não pode tomar esse tipo de decisão por outras pessoas, apenas por você.

Afinal, a responsabilidade pessoal não se aplica apenas a você. Todos – amigos, família, políticos idiotas – podem fazer escolhas por si mesmos. Você não precisa concordar com essas escolhas, mas, se não ficar feliz em desistir de seu próprio livre-arbítrio ou transferir a responsabilidade por sua própria vida para outras pessoas, você deve se dispor a abrir mão dos dois lados.

Ei, ninguém disse que seria fácil. Não seria uma jornada espiritual se fosse assim.

Se você toma cuidado para não afetar o livre-arbítrio de outra pessoa ou causar danos sem intenção, pode acrescentar o seguinte no final de qualquer feitiço: "Para o bem de todos e de acordo com o livre-arbítrio de todos, que assim seja!"

A BRUXARIA É UMA RELIGIÃO BASEADA NA NATUREZA

Já mencionei isso antes, mas o que isso significa em termos práticos? É notório que seguimos os ciclos das estações e as fases da Lua. Com frequência, tentamos executar os rituais do lado de fora de casa e nos conectar com os vários elementos: Terra, Ar, Fogo e Água. Contudo, em termos mais amplos, isso também significa que não consideramos o mundo natural como algo seguro.

Muitas das religiões patriarcais tradicionais acreditam que a Terra e tudo que a habita foram criados por Deus e dados aos seres humanos para que usassem como quisessem. A *Bíblia King James* diz no Gênesis 1,

26: "Então Deus determinou: 'Façamos o ser humano à nossa imagem, de acordo com a nossa semelhança. Que dominem eles sobre os peixes do mar, sobre as aves do céu, sobre os grandes animais e todas as feras da Terra, e sobre todos os pequenos seres vivos que rastejam sobre o solo'".[4]

Como Bruxas, adotamos uma abordagem muito diferente. Acreditamos que o ser humano faz parte da natureza e que ela não nos pertence mais do que as estrelas no céu. Pelo contrário, como representantes da Deusa, temos a responsabilidade de nutrir e cuidar da Terra e de todas as suas criaturas.

Isso pode significar qualquer coisa, inclusive ser o mais eficiente possível em termos de energia, contribuir para organizações da natureza, entrar em contato com seus representantes e pedir-lhes que apoiem projetos de lei que protejam parques nacionais ou animais ameaçados de extinção. Você pode alimentar os pássaros ou ser voluntário num abrigo de animais ou recolher o lixo de um trecho da estrada perto de onde você mora. Significa reciclar e saber de onde vem sua comida. Usar sacolas reutilizáveis em vez de sacolas plásticas. Bruxas e pagãos de todos os tipos tentam andar o mais leve possível sobre a terra, agindo como guardiões, em vez de proprietários.

Claro, também acreditamos que a conexão com a natureza é uma parte importante do nosso caminho espiritual, mas isso vem com uma apreciação e um senso de responsabilidade para com todas as criaturas e os lugares maravilhosos com os quais compartilhamos o planeta.

A MAGIA É REAL

Uma das coisas que todos os Bruxos e wiccanos têm em comum, não importa o estilo ou a forma de sua prática, é a crença na magia. Não do tipo que você vê em *Harry Potter*, claro, em que é possível agitar uma varinha mágica, dizer algumas palavras especiais e coisas incríveis acontecem; mas, sim, acreditamos em um poder muito real.

---

4. Disponível em: https://biblehub.com/genesis/1-26.htm. Acesso em: jun. 2023.

Acreditamos que esse poder, que chamamos de mágica, existe e que pode ser usado para criar mudanças positivas em nós e no mundo em que vivemos. Às vezes, usamos palavras, símbolos e ferramentas para focar nossa atenção ou aumentar a energia universal natural que estamos tocando. Outras vezes, apenas buscamos dentro de nós a nossa magia pessoal para invocar. Na maioria das vezes, fazemos os dois.

Contudo, de qualquer forma, a crença na magia é intrínseca à prática da Bruxaria. Se você ama a natureza, mas não acredita em magia, com certeza é um pagão, mas não uma Bruxa. (E tudo bem. Nem todo mundo quer ser uma Bruxa.)

Aprender a se tornar mais proficiente no uso da magia faz parte da jornada espiritual da Bruxa. Como acontece com a maioria dos outros talentos, é preciso prática para aprimorar seu ofício. Talvez seja por isso que a Bruxaria, às vezes, é chamada de "O Ofício". É diferente de outros ofícios, como marcenaria, tricô ou pintura, nos quais você precisa acreditar nas ferramentas que está usando para que elas funcionem. Você também tem de aprender quando não deve usá-las.

Isso pode soar estranho – se você *pode* usar magia, por que não? Não facilita as coisas?

Bem, sim, às vezes, acontece. Outras vezes, o tempo, o esforço e o foco que você usaria para lançar um feitiço podem ser usados de maneiras mais mundanas de um modo bem melhor. Gosto de me referir à magia como a ferramenta de poder da Bruxa. Pode lhe dar mais força ao lidar com uma situação difícil, mas há momentos em que uma ferramenta elétrica não é a resposta. Se for pendurar um quadro, basta martelar um prego na parede. Você não precisa trazer a furadeira ou – Deus me perdoe – a motosserra.

Da mesma forma, há muitas situações na vida em que é mais rápido, fácil e eficaz apenas adotar uma abordagem mais pragmática. Se você está apenas começando a procurar emprego, por exemplo, e já tem alguns bons contatos, ou se você estiver lidando com algo pequeno e um tanto simples... (Também não recomendo o uso de magia para mudar o clima. Pode ser muito complicado e, mesmo que você tenha conseguido afastar a chuva do seu piquenique, com certeza, acabou de mandá-la desaguar no churrasco de outra pessoa, o que é não é muito legal.)

No entanto, se você esgotou todas as opções comuns e precisa de um impulso extra para atingir seus objetivos, é bom saber que pode recorrer à magia e pedir ajuda à Deusa.

NÓS SOMOS SERES DIVINOS

A maioria das Bruxas vê a Deusa (e o Deus) como um ser transcendente que existe em um plano além do mundo material e é imanente, o que significa que eles existem como parte do mundo material. Eles são, ao mesmo tempo, magníficos e estão além de nossa compreensão, mas também se encontram no menor inseto, por exemplo. Sua essência é espiritual e física. Você deve compreender o dito "Como acima, assim abaixo", usado em práticas mágicas. Isso reflete a crença de que o físico e o mundano podem espelhar ou representar o mais místico e esotérico.

Se acreditamos que a Deusa está em toda parte na natureza, então é lógico que ela também está em nós. Uma pequena parte de nós é divina. Somos a Deusa manifestada, caminhando na Terra como suas representantes, porque carregamos conosco as sementes da divindade dentro de nós.

Esse pequeno pedaço do divino está em todas as coisas vivas; portanto, estamos conectadas não apenas à Deusa, mas também às árvores, aos animais, ao céu, à terra e uns aos outros. Pense nisso por um instante. Estamos conectadas a *tudo*. Pode parecer assustador, mas também é uma grande bênção. Em nossa vida, muitas de nós nos sentimos sozinhas e desconectadas. A Bruxaria nos oferece uma forma de ir além de nós mesmas para abraçar o conceito de unidade em espírito.

Saber que a Deusa não está separada de nós também significa que cada uma de nós pode falar direto com a divindade. Não precisamos de alguém "oficial", como um padre ou um ministro, para fazer isso por nós. Somos todas sacerdotisas da Deusa. Ela ouve todas nós do mesmo modo, então, se você tem algo a dizer a ela, vá em frente e diga. Assim, não deixe de ouvir, caso ela tenha algo a dizer. (Isso pode vir como um sinal ou alguma outra resposta não verbal. Ou você pode de verdade ouvir uma voz que parece *quase*, mas não de maneira exata, com a sua imaginação. Nunca se sabe.)

Você carrega a centelha do divino dentro de si e a carrega sempre que sai para o mundo. Esse conceito traz consigo poder e a responsabilidade de usá-lo com sabedoria. Essa é a essência de ser uma Bruxa. A Deusa está separada de você e, ao mesmo tempo, em uma parte de você.

Da próxima vez que você se sentir inadequada, pouco atraente ou não amada, olhe no espelho e veja a beleza e o poder da Deusa olhando de volta e sinta-se um pouco mais empoderada.

Como eu integro essas crenças espirituais à minha vida cotidiana? Estou muito feliz que tenha perguntado.

Já falei sobre a Bruxaria como um caminho espiritual e sobre a importância de trilhar esse caminho todos os dias, mas você pode estar se perguntando como alguém faz isso. É simples: você apenas vive sua vida. Contudo, talvez você faça isso com um pouco mais de consciência, um pouco mais de propósito e um pouco mais de magia, é claro.

RITUAIS DE CINCO MINUTOS PARA SE CONECTAR COM O DIVINO FEMININO

Para a maioria de nós, o maior desafio quando resolvemos trilhar um caminho espiritual não tem nada a ver com o espírito, mas, sim, tudo a ver com os limites de nosso tempo e com a energia. Não sei quanto a você, mas já estou sobrecarregada cerca de vinte por cento além da minha carga teórica máxima de tarefas. Na maioria dos dias, é difícil conciliar trabalho, família, amigos, animais de estimação, casa, comunidade e todas as outras obrigações da vida sem tentar acrescentar algo mais. Sem falar na tentativa de ir para a academia. (Claro...)

Mas não se desespere, porque trilhar o caminho da Bruxa moderna não requer um ritual completo toda vez que você quiser entrar em contato com seu lado espiritual. Não me interpretem mal: rituais profundos são maravilhosos e, se você conseguir encontrar tempo de vez em quando para fazer um, sozinha ou com pessoas que pensam da mesma forma, suspeito que descobrirá que vale a pena o esforço. Eu sei que, sempre que me reúno com as senhoras do Círculo da Lua Azul, todas nós nos sentimos melhor ainda depois de alguns dias.

Contudo, na prática, a maioria de nós tem sorte de conseguir cinco minutos para nós mesmas durante um determinado dia. Cinco minutos podem ser bastante tempo para se conectar com o divino feminino de uma forma ou de outra. Veja algumas sugestões simples:

- Saúde o dia. Quer você invoque Eos, a deusa do amanhecer, ou simplesmente diga "Bom dia, deusa!", pode ser edificante começar o dia reconhecendo que a divindade tem um lugar em sua vida. (Se você tem sua deusa pessoal, cumprimente-a.) Você pode fazer isso ao sair da cama ou criar o hábito de olhar pela janela para ver como está o céu. Se você tem um altar, pode deixar um sino nele e tocá-lo todas as manhãs para saudar o dia.

- Peça força, boa sorte ou ajuda. Começo todas as manhãs saudando a Deusa (e o Deus) e pedindo-lhes para me proporcionar o melhor dia possível, além de força e energia para fazer o meu melhor por mim e para os outros. Também posso pedir orientação e ajuda para lidar com quaisquer desafios específicos que possam estar à frente. Eu me sinto um pouco mais confiante sabendo que não estou completamente só.

Se você está enfrentando problemas específicos, como lidar com doenças, vícios ou dificuldades no trabalho ou em seu relacionamento, convém começar o dia com uma oração rápida pedindo força e sabedoria. Se não estiver em condições de dizer em voz alta, você pode sussurrar baixinho, perguntar em silêncio ou esperar até que esteja no chuveiro. Você pode invocar uma deusa específica ou a Deusa de uma forma geral.

* Chuveiros e banheiras são bons lugares para rituais rápidos de cinco minutos. Afinal, a água é um dos quatro elementos e está repleta de poder. Se você tomar banho de manhã, visualize a água brilhando com energia que fortalece e cura. Imagine a formação de uma armadura invisível ao seu redor, que irá proteger e sustentar você durante todo o dia. Invoque Atena ou Ártemis, se quiser.

* Se você tomar banho à noite, use a água para lavar os resíduos de toda energia negativa que você possa ter adquirido em seu percurso, bem como o stress do dia que está terminando. Visualize a água como uma cachoeira ou uma tempestade, cada gota brilhando com a energia da Deusa. Você pode chamar Iduna ou Ísis para se sentir limpa e rejuvenescida.

* Afrodite ou Brigid são boas deusas para ser evocadas se você estiver tomando banho em uma banheira, e não no chuveiro. Para se sentir mais bonita e autoconfiante, chame Afrodite e espalhe pétalas de rosa ou sal marinho na água. Para mais criatividade e paixão, invoque Brigid e, quando sair da banheira, imagine-se saindo de seu caldeirão mágico para retornar ao universo mundano revigorada e energizada.

* Integre a magia à sua cozinha. Cozinhar é algo que nós Bruxas fazemos todos os dias de alguma maneira (ou quase todos os dias... não sei se existe uma deusa da comida para viagem, mas acho que deveria haver). Muitas das ervas que usamos para fins culinários também têm aspectos mágicos. Por exemplo, o alecrim é bom para qualquer coisa relacionada à mente, como estudar para uma prova ou escrever um livro. Também é usado para ativar as lembranças, caso você queira homenagear alguém

que não possa mais se juntar a você à mesa. O manjericão pode ser usado para o amor e para a prosperidade, assim como a canela e o endro.

✳ Você não precisa alterar suas receitas ou adicionar algo especial, a menos que queira. Basta adicionar os ingredientes com atenção e invocar seus dons inatos para adicionar algo extra à sua refeição. Existem muitos livros bons por aí que abordam com muito mais detalhes a culinária mágica. Meu favorito é *Cunningham's Encyclopedia of Wicca in the Kitchen* (*Enciclopédia de Wicca na Cozinha*), de Scott Cunningham. Para obter assistência divina extra, invoque Héstia ou Hera se estiver cozinhando para você mesma e para uma pessoa importante para você.

✳ Se você se exercita, sobretudo se faz caminhadas ou algo como ioga ou *tai chi chuan*, tente adicionar um elemento consciente ao que estiver fazendo. Conforme se move, você pode fazer uma afirmação ou uma oração, como as encontradas no Capítulo 7 deste livro. Ou trabalhe para aquietar sua mente, para que seu exercício seja de natureza mais meditativa. Tente canalizar a energia da Deusa através de você enquanto se move. Se fizer qualquer tipo de exercício de dança (tenho alguns vídeos divertidos de exercícios usando danças de Bollywood), peça a Hator para trazer alegria aos seus movimentos ou a Bast para pura folia. Se você pratica natação, pode canalizar uma das deusas associadas à água, como Afrodite ou Ísis.

✳ Não vamos nos esquecer do sexo. O sexo pode ser abordado de muitas maneiras diferentes, e se você se sente confortável ou não em integrar o trabalho espiritual ou mágico com sua atividade sexual, isso dependerá de diversos fatores. Entretanto, se parece que é algo que vai funcionar para você, existem muitas deusas associadas à paixão e/ou ao amor. Você pode invocar Afrodite ou Inanna para ajudá-la a se sentir bonita; Hera, para sexo que fortalece um casamento; Freya, para uma sensualidade poderosa ou, ainda, Hator, para entrega selvagem e alegre. Existem muitas outras deusas que são apropriadas, se estas não forem atraentes para você. As deusas são grandiosas em matéria de amor e sexo. (Uau!) A energia sexual pode ser muito poderosa se for canalizada de modo correto; assim, você pode tentar direcioná-la para o trabalho mágico. E não vamos nos esquecer de que você não precisa de um parceiro para criar essa energia sexual. Irmãs, vocês estão fazendo isso por si mesmas, compreendem?

✷ Você pode estar fazendo sexo ou não, mas, com certeza, deve executar tarefas domésticas. Algumas coisas são inevitáveis. No entanto, você pode aproveitar ao máximo seus esforços integrando o trabalho mágico em sua faxina com rituais rápidos para purificação, limpeza, banimento ou proteção.

✷ Tente adicionar algumas gotas de um óleo mágico pré-fabricado à água do esfregão. Melhor ainda, prepare o seu próprio óleo; é fácil, bastam alguns óleos essenciais e alguma intenção focada. (Óleos cítricos como os de limão ou laranja são bons para a limpeza, então, não é de admirar que usem esses aromas com tanta frequência em produtos de limpeza. Infelizmente, esses óleos de fragrâncias e produtos químicos não têm poder além de exalar um cheiro forte.) Ou concentre-se em seu corpo com a intenção de eliminar qualquer negatividade persistente enquanto você varre, tornando o movimento prático e espiritual. Você também pode adicionar um ritual de proteção simples ao seu dia traçando um pentagrama no vapor do espelho ou na janela do banheiro depois do banho e pedindo à Deusa que proteja sua casa e aqueles que vivem nela. Héstia, Hera e Kuan Yin são boas deusas a serem evocadas para a casa. Ísis e Diana são apropriadas em especial para a proteção.

✷ Você também pode fazer um simples ritual de velas à noite ou a qualquer hora do dia, quando puder tirar um tempo para si. Não é preciso aguardar um momento em que você possa passar uma hora ou mais deixando a vela queimar. Apenas acenda uma vela em seu altar – branco é sempre bom, ou você pode usar azul para cura, rosa para o amor, verde para prosperidade e assim por diante – e invoque a Deusa. Se estiver precisando de ajuda, pode chamá-la para algo específico ou usar o tempo para ficar na presença dela, absorvendo a força e a paz que vêm de saber que ela está lá. Depois de alguns minutos, ou quando achar conveniente, apague a vela. Ou você pode deixá-la queimando pelo tempo que estiver na sala.

Você nem precisa dizer nada, se não quiser, ou pode simplificar dizendo algo como: "Eu a saúdo, oh, Deusa, e agradeço sua presença em minha vida!". Na verdade, nunca é demais dizer "obrigada(o)", então, você pode criar o hábito de terminar o dia agradecendo à Deusa por todos os presentes em sua vida. Faço isso todas as noites, antes de fechar os olhos. (Descobri que ficaria sem tempo e energia para acender velas todas as noites, mas foi fácil adicionar esse hábito ao meu ritual noturno depois de ler meu livro e apagar a luz.) Agradeço à Deusa pelos amigos, pela família e pelos gatos, e pela força para enfrentar o dia. Em seguida, costumo acrescentar alguns agradecimentos específicos por pessoas ou incidentes que foram especiais naquele dia em particular.

Há muitas outras maneiras de adicionar pequenos fragmentos de magia ou espiritualidade à sua vida. É fácil adicionar trabalho de proteção ao reparo (quando as primeiras Bruxas teciam as roupas que suas famílias usavam, elas adicionavam proteção com sua fiação e com a tecelagem). Se você faz jardinagem, converse com as plantas. Há muitos livros sobre o uso de ervas na magia para ser feito tanto na cozinha quanto em sua casa (creme facial mágico, alguém conhece?), ou sobre como tornar sua casa mágica de várias maneiras. Não se preocupe: acrescentarei algumas sugestões de leitura recomendadas no final deste livro. Além disso, é claro, cada pessoa encontra suas próprias maneiras de se conectar com a Deusa, com base nas necessidades e nos estilos de vida diferentes. Não tenha medo de explorar as possibilidades.

Não sofra, caso não consiga fazer algo todos os dias. Não há regras sobre a melhor maneira de fazer a adoração à Deusa funcionar para você, e ninguém (nem mesmo a Deusa) estará olhando por cima do ombro e a(o) julgando, caso você só consiga se concentrar em seu caminho espiritual uma vez por semana ou uma vez por mês. É mais sobre como você vive sua vida como um todo do que sobre qualquer atividade individual. Apenas siga seu caminho e veja para onde ele a(o) levará.

SUGESTÕES PRÁTICAS PARA CRIAR MUDANÇAS POSITIVAS

Para mim, um dos aspectos mais importantes da adoração à Deusa e da prática da Bruxaria Moderna é seu foco no crescimento pessoal e no avanço. Antes de encontrar meu caminho para a Wicca, passei muitos anos estudando o budismo e o taoismo. Gostei da maneira como essas religiões se concentram no objetivo de autoaperfeiçoamento e mudança positiva. Ambas tratam de se esforçar para se tornar o melhor ser humano que você poderia ser, visando alcançar o seu melhor eu.

A Bruxaria Moderna tem muito do mesmo foco, embora não seja a primeira coisa que atrai as pessoas para seguir seu caminho. Contudo, se você ler muitos dos livros-chaves escritos por aqueles que moldaram o neopaganismo, como *The Spiral Circle*, de Starhawk, e *Positive Magic*, de Marion Weinstein, verá que é de fato uma das forças motrizes por trás desse percurso espiritual. A magia é útil para nos ajudar a atingir nossos objetivos, mas, muitas vezes, esses objetivos se concentram em melhorar nossas vidas e a nós mesmos.

Mas nem sempre é fácil saber por onde começar ou como usar a Bruxaria para mais do que o básico e simples, direcionado a aumentar a prosperidade ou trazer amor. Como ficar do lado de fora sob a Lua Cheia pode nos ajudar a nos tornar uma pessoa melhor?

Criar mudanças positivas em nossa vida começa com o óbvio – *desejar* criar mudanças positivas. A esperança: essa é uma das coisas que atraiu você para a prática da Bruxaria e/ou para a adoração à Deusa em primeiro lugar. Na magia, chamamos esse desejo de "intenção". Mas a intenção por si só não é suficiente. Você tem de segui-la com ação, a fim de realizar seus objetivos.

Aqui estão algumas sugestões simples de como usar esse percurso espiritual em que você está para criar uma mudança positiva em sua vida e em você. Muito disso parecerá bem básico, e é. Isso não torna essa mudança menos verdadeira. Você também pode usar meditações, afirmações e feitiços do Capítulo 7 para dar um impulso mágico aos seus esforços.

- **Seja mais consciente e mais presente.** É fácil andar pelo mundo envolto numa névoa. Muitas vezes, nos envolvemos em nossas preocupações, nos ocupamos demais, nos sobrecarregamos ou focamos a próxima coisa que precisamos fazer e, por isso, não prestamos atenção no mundo natural, nas outras pessoas ou nas nossas necessidades. Fazemos várias tarefas em vez de nos concentrarmos em uma coisa de cada vez. Desligue o celular, afaste-se da internet e tente ficar presente de verdade em sua própria vida. O budismo fala sobre estar atento. A Bruxaria encoraja a mesma coisa. Pergunte a si mesma(o) se você está dando toda a atenção às coisas e às pessoas importantes em sua vida. Se não estiver, respire fundo e experimente. A mudança positiva começa com a consciência de quem você é e do que está acontecendo dentro de você e em sua vida.

- **Abra sua mente e seu coração.** Muitas vezes, é mais fácil nos fecharmos do que nos abrirmos e arriscar a possibilidade de nos ferirmos ou sofrer desapontamentos. Vivemos em um mundo cínico, em que a fé e a crença são menosprezadas com frequência. Não permita que o medo ou as opiniões dos outros a(o) impeçam de seguir qualquer caminho que pareça certo para você. Seja em sua vida espiritual, em algo que se relacione a quem você deseja amar ou a uma nova carreira, você precisa ouvir aquela vozinha no fundo de sua mente que diz "Esta é a coisa certa para mim!". Muitas vezes, é a Deusa falando com você, mas você precisa abrir seu coração e sua mente e dispor-se a ouvir o que ela tem a dizer.

- **Lance um feitiço.** Como o trabalho mágico leva a mudanças positivas? Bem, você tem de começar por algum lugar, não é? E lançar um feitiço é uma forma de colocar sua intenção no Universo. Se você lançar um feitiço para a prosperidade, por exemplo, estará dizendo à Deusa que deseja melhorar sua situação financeira. Então, você precisará tomar decisões concretas para acompanhar seu feitiço, como procurar um emprego melhor ou mudar seus hábitos de consumo. Mas tudo começa com o reconhecimento de que você deseja criar uma mudança positiva nessa área (ou em qualquer área para a qual fizer um feitiço), pedindo ajuda ao Universo para atingir esse objetivo. Dizer algo em voz alta torna tudo mais real.

Siga o fluxo. Isso parece não levar a uma mudança positiva, não é? A maioria de nós está acostumada a lutar pelo que deseja ou necessita, aconteça o que acontecer. No entanto, se pensar bem, verá que gastamos muita *energia* dessa maneira. Se descobrir uma maneira de seguir o fluxo de um modo que funcione para você, talvez possa transformar essa energia em algo positivo. Como? Pare de lutar. Já vi relacionamentos em que duas pessoas gastavam uma quantidade incrível de energia lutando por poder ou controle. Quando eles, enfim, concordaram em se comprometer e conversaram sobre os problemas, conseguiram descobrir uma forma de trabalhar juntos para tornar o relacionamento uma parceria equilibrada (isso nem sempre funciona com todo mundo). Se há coisas em sua vida que você não pode mudar, tente pedir à Deusa para ajudar você a fazer as pazes com elas.

Tenha fé. Isso é muito mais difícil do que parece. Pelo menos, isso aconteceu comigo. Fui criada para acreditar no que via e no que podia ser comprovado pela ciência. Um dos maiores desafios para mim ao trilhar meu caminho como Bruxa foi abraçar a ideia de fé. Para confiar em uma Deusa e em um Deus, eu só podia perceber com meu coração e meu espírito (bem, e por meio daqueles sinais gigantes que eles me enviaram, mas eu precisava estar disposta a acreditar que era isso). Quanto mais difíceis as coisas ficam, mais difícil é manter a fé, e é nesse momento que mais precisamos fazer exatamente isso. Contudo, ter fé, de fato, muda as coisas. Pode dar-lhe força e coragem quando não sabe como continuar e dará consolo quando sentir a solidão. Não se culpe se a fé for algo com o que você luta: ela não vem de uma vez, pelo menos não para a maioria de nós. Mas continue tentando e saiba que os deuses acreditam em você, mesmo quando você não tem certeza de que acredita neles.

⛤ **Pense positivo.** Lembre-se do que eu disse antes sobre o poder das palavras e sobre como aquilo que você coloca no Universo faz a diferença. Pode ser difícil conservar o otimismo em meio às adversidades, mas é importante manter os pensamentos o mais positivo possível. A conversa interna negativa ou aquela voz que dá um nó em sua cabeça e com frequência a(o) põe para baixo pode prejudicar sua saúde, aumentar o stress e a depressão, a(o) impedindo de seguir em frente. Você vê o copo meio cheio ou meio vazio? Se você é uma daquelas pessoas do tipo "Droga! Quem roubou meu copo?", não se preocupe – você também pode mudar isso. Como eu sei disso? É porque eu costumava ser essa pessoa.

Felizmente, tive um grande conselheiro que me ensinou que era possível mudar aquela conversa interior em minha cabeça – de negativa para positiva. Na verdade, é bem simples, embora exija um pouco de prática para aperfeiçoar-se, e ainda é um ponto ao qual às vezes retrocedo e o qual tenho de revisitar. Primeiro, preste atenção no que você está pensando. Se você reconhecer um pensamento negativo (como "Nunca vou conseguir fazer isso!"), substitua-o por um pensamento positivo ("Eu consigo. Vou continuar tentando!"). No início, dá muito trabalho, mas, com a prática, se torna um hábito. Então, agora, quando chove por muitos dias, eu apenas digo: "Pelo menos não preciso regar o jardim ou lavar o carro!". Se você luta contra isso, peça ajuda à Deusa. Ela pode enviar pequenos lembretes para apontar os pensamentos negativos quando você os tiver ou recompensar você quando conseguir dar um toque positivo às coisas. E dizer "Eu posso fazer isso!" a(o) ajudará a conseguir o que almeja.

⬟ Trabalhe nisso. Ok, eu sei que isso soa como se eu estivesse afirmando o óbvio. Se você deseja criar uma mudança positiva em sua vida e em si mesma(o), precisa trabalhar para isso. Bem, parece muito bobo e evidente. Exceto pelo fato de que, na verdade, às vezes, nos esquecemos de que a mudança não acontece sozinha. Podemos desejar algumas coisas (ter mais coragem, tornar-nos mais sábios, encontrar o amor, tornar-nos mais espiritualizados, perder nove quilos... o que for) e ficar frustrados quando isso não acontece. Mas será que estamos trabalhando duro de fato e tentando criar essa mudança? O quanto investimos em fazer isso acontecer? O que estamos dispostos a sacrificar, a comprometer ou no que estamos dispostos a empenhar mais esforços para trazer essa mudança? Orações e feitiços são muito bons, mas, parafraseando um ditado comum, a Deusa ajuda aqueles que se ajudam. Pedir ajuda à divindade é um bom começo, assim como definir suas intenções e focar o que você quer, precisa ou deseja. Entretanto, a maioria das coisas importantes da vida também exige muito trabalho.

Ninguém vai aparecer e criar uma mudança positiva para você. Claro, você pode ganhar na loteria, mas as chances são pequenas e, mesmo que o fizesse, você ainda teria de procurar gastar esse dinheiro com sabedoria. Se você quer ser mais sábia(o), leia livros ou converse com pessoas que alcançaram a sabedoria. Se você quer ter mais coragem, tente ser corajosa(o). Você pode dar pequenos passos, pode pedir a alguém para segurar sua mão, mas, se não tentar enfrentar algo que a(o) amedronte, nunca sentirá de fato que sua coragem se desenvolveu. (Sério, você deveria ter me visto na primeira vez que entrei em um avião. É sério...)

Com certeza, você pode pedir ajuda à Deusa, mas precisará dispor-se a dedicar-se ao trabalho. É um pouco mais fácil saber que você tem uma deusa ao seu lado, torcendo por você e, talvez, enviando-lhe um pequeno impulso mágico quando você mais precisar.

MAGIA PRÁTICA:
FAÇA UM MOVIMENTO

Se você pretende fazer mudanças positivas em sua vida, deve saber quais mudanças deseja fazer. Em vez de se frustrar com as coisas que não estão funcionando, tente fazer uma lista do que deseja. O que você gostaria que fosse diferente? Quais são seus objetivos? Como pode alcançá-los? Quais partes de sua lista podem receber ajuda se você fizer um trabalho mágico e quais requerem ação concreta?

Se você não sabe quais são as respostas, tente pedir orientação à Deusa. Se você sabe o que quer, mas não sabe como conseguir, peça ajuda com isso também. Faça uma lista e coloque-a em seu altar, se tiver um, e acenda uma vela e leia a lista em voz alta todas as noites, de Lua Cheia a Lua Cheia, e veja o que acontece.

O problema de tentar fazer mudanças é que, com pouquíssimas exceções, essas mudanças não acontecem da noite para o dia. Mesmo que você faça algo drástico, como sair de um relacionamento abusivo, por exemplo, a cura leva tempo. É importante ter expectativas razoáveis para as transições, esteja você lançando feitiços, realizando ações práticas ou ambos.

Você pode pedir ajuda à Deusa, mas não fique com raiva dela se as coisas não acontecerem tão rápido quanto você esperava ou do modo exato que você imaginou. Apenas continue trabalhando nisso (e talvez proferindo o feitiço de vez em quando).

# CAPÍTULO CINCO

BRUXA SOLITÁRIA, BRUXA DE GRUPO, BRUXA FAMILIAR OU HEREDITÁRIA

Não existe uma maneira certa de praticar a Bruxaria. Algumas Bruxas são solitárias, que é outro termo para definir Bruxas que praticam por conta própria. Às vezes, isso ocorre por escolha pessoal e, outras vezes, porque elas não conseguem encontrar outras pessoas com quem compartilhar a prática ou não conseguem encontrar as pessoas certas. (Esse último motivo é muito importante e mais complicado do que você imagina.)

Outras são Bruxas que trabalham em grupo e pertencem a *covens* ou círculos, ou que se reúnem de um modo informal em grupos que não têm nenhuma denominação específica. Minha primeira alta sacerdotisa chamou o nosso grupo de "grupo de estudo", em vez de *coven*; em parte, para indicar que era aberto a qualquer pessoa que estivesse interessada em aprender com mais seriedade.

Meu próprio grupo, o Círculo da Lua Azul (*Blue Moon Circle*), tende a usar o termo círculo em vez de *coven*, embora a diferença seja de fato discutível. (*Coven* tem algumas conotações negativas remanescentes que deixaram alguns de nossos membros desconfortáveis; além disso, muitas vezes, são grupos bem pequenos, então parece um pouco estranho chamar três mulheres de *coven*. Somos apenas nós, e cada grupo pode fazer a escolha que desejar.)

Às vezes, quem lidera o grupo decide como chamá-lo. Ou, como no caso de um grupo de amigas que costuma praticar apenas entre duas pessoas, elas optaram por se chamar somente de "Bruxas".

Mesmo as Bruxas solitárias, em algumas ocasiões, vão a eventos públicos maiores, quando há algum perto delas, em especial nas grandes celebrações. E quase todas as Bruxas que fazem parte de algum tipo de grupo também realizam alguma prática mágica por conta própria. Eu com certeza faço isso.

Então, como descobrir qual é o caminho certo para você?

Pode-se pensar que essa é uma pergunta fácil de responder com base em sua personalidade e em suas preferências gerais, mas isso nem sempre é verdade. Sou, por natureza, uma pessoa solitária. Eu moro sozinha (se é que você considera estar sozinha viver em uma casa cheia de gatos). Faço grande parte do meu trabalho quando estou sozinha, embora eu também interaja com pessoas com bastante regularidade. Apesar de eu ter sorte por ter alguns amigos realmente incríveis, muitas das minhas atividades diárias são, por natureza, solitárias – sou escritora, joalheira, jardineira... todas as coisas que você faz, em geral, de forma solitária, em um canto.

E ainda, para meu total espanto, quando descobri a Bruxaria, também descobri que, apesar de ser uma pessoa solitária, prefiro ser uma Bruxa de grupo. Vai entender... Passei cerca de cinco anos e meio com meu primeiro *coven*/grupo de estudo; depois, houve um intervalo de cerca de nove meses até que comecei a desenvolver meu próprio grupo, em 2004. O Círculo da Lua Azul tem sido uma parte importante da minha vida desde então. Claro que faço muitos trabalhos mágicos sozinha e até dou algumas aulas *on-line*, porém, para mim, o centro do meu universo mágico é aquele grupo de mulheres, as quais se tornaram tão próximas quanto uma família.

Você nunca sabe o que a Deusa reserva para você, por isso, acho que a lição aqui é manter a mente aberta!

Há diferentes desafios, não importa o caminho que você seguir. De certa forma, é mais simples praticar sozinha(o). Veremos aqui algumas das vantagens e das desvantagens da Bruxaria solitária e em grupo. Você terá de decidir por si qual é o caminho mais adequado para você.

Prós para a prática solitária:

- Você nunca precisa se preocupar com horários. Basta fazer o que quiser sempre que for conveniente.
- Não há conflitos de personalidade. Você é sua própria alta sacerdotisa, e não há ninguém com quem discutir o que você está fazendo ou quais deveriam ser as regras. (Exceto o gato, é claro.)
- Você pode trabalhar em qualquer questão que seja sua principal prioridade no momento. Não precisa tentar descobrir o que é melhor para um monte de gente.
- Você pode invocar qualquer deusa que seguir ou sentir que seja adequada para o trabalho em questão.
- Você é responsável por seu percurso espiritual, sem depender da contribuição de outras pessoas.

Contras do trabalho solitário:

- Sem horários definidos para o encontro, é fácil adiar seu trabalho mágico para outro momento e nunca mais chegar a ele. Quase todas as Bruxas solitárias que conheço se debatem com essa questão.
- Você não tem apoio dos outros. (Se você tem outras amigas Bruxas, isso pode não ser verdade. E existe a internet.) Algumas pessoas não desejam receber apoio em sua vida espiritual.

Mas, se você é alguém que gostaria de receber um suporte, isso pode ser um golpe.

✳ Se você não tem facilidade para escrever feitiços ou rituais, ser sua própria alta sacerdotisa pode ser um desafio. Às vezes, é mais fácil deixar alguém liderar. Felizmente, há muitos livros que podem ajudar a preencher as lacunas.

✳ Você é responsável por seu percurso espiritual sem a contribuição de outras pessoas. Não há ninguém com quem compartilhar a experiência. Para algumas pessoas, isso não é um golpe, mas, para outras, é.

✪ Vantagens do trabalho em grupo:

✳ Um grupo que trabalha bem em conjunto pode gerar mais energia do que uma pessoa trabalhando sozinha. Eu participei até mesmo de pequenos rituais em grupo que foram muito poderosos, e de alguns grandes que foram de tirar o fôlego, tamanha a sua intensidade. Pode ser uma experiência notável e capaz de "abalar o mundo".

✳ *Covens* podem se tornar uma família estendida. Para aqueles que talvez não consigam tudo de que precisam (ou nada disso) das famílias em que nasceram, um *coven* pode se tornar uma família escolhida. O Círculo da Lua Azul mudou muito ao longo dos muitos anos de sua existência, e as pessoas vêm e vão, mas os quatro membros principais que o iniciaram (dos quais eu faço parte) formaram algo como uma família, a ponto de, inclusive, tirarmos férias juntos. Pode ser uma fonte de estabilidade e conforto em um mundo instável. As mulheres do Círculo da Lua Azul apoiaram umas às outras através de muitas mudanças. Cheguei a oficiar o casamento de uma integrante e da filha de outra, além de estar presente no nascimento dos filhos de duas dessas mulheres. A maior parte da minha família "real" mora do outro lado do país; então, essas mulheres se tornaram a família que está disponível para mim no dia a dia.

- ✹ Se o grupo definir uma hora e uma data para se reunir, é mais provável que você coloque em sua agenda e de fato cumpra.
- ✹ Compartilhar sua prática com outras pessoas pode significar se abrir para diferentes pontos de vista, ideias nas quais você pode não ter pensado, e aprender uns com os outros. Em alguns grupos, as pessoas se revezam na liderança dos rituais; portanto, você pode inspirar-se ou iluminar-se por meio da abordagem da magia, da feitiçaria e da espiritualidade de outra pessoa.
- ✹ Se você é um(a) líder natural, pode encontrar satisfação em ser uma alta sacerdotisa, por exemplo, e liderar rituais. Se não se sente confortável em escrever feitiços ou rituais, haverá, com certeza, alguém disposto a fazer isso e manter as coisas organizadas e funcionando sem problemas.
- ✹ Você não sente solidão em sua jornada espiritual. Há outras pessoas com quem discutir as coisas quando você está sentindo insegurança ou com as quais comemorar quando as coisas vão bem.
- ✹ As festas. Não que você não possa preparar um banquete para você se for uma pessoa solitária, mas pode ser muito divertido se reunir com outras pessoas e compartilhar uma refeição comemorativa.

Desvantagens do trabalho em grupo:

- ✹ Como em qualquer outro empreendimento que envolve outras pessoas, algumas podem não funcionar tão bem com as demais. Outras podem estar atrasadas ou não seguir as regras. Pode haver conflitos entre duas ou mais pessoas, e isso pode gerar tensão ou até separar um grupo. Por mais maravilhoso que seja formar laços profundos com outras Bruxas, de fato é doloroso quando as coisas dão errado. Conheço um grupo que era liderado por um casal que atuava como alta sacerdotisa e sumo sacerdote. Quando esse relacionamento entrava em crise, os dois sempre fraturavam o grupo e quase sempre o fragmentavam ou o destruíam enquanto os outros membros tomavam partido.

✳ A pessoa que lidera o grupo pode ser desorganizada ou apenas não ser boa em realizar rituais, ou, ainda, pode ser alguém muito controlador, que exige que todos façam as coisas de seu jeito. Existem até líderes que se aproveitam de seu poder, embora isso não aconteça com frequência. Cuidado com qualquer líder de grupo que insista em receber dinheiro (além de um pedido razoável para contribuir com suprimentos como velas e outros) ou favores sexuais. Se isso acontecer, corra, saia em direção à saída mais próxima. Qualquer comportamento que dispare o alarme deve ser um sinal para ir para outro lugar.

✳ Às vezes, a energia apenas não combina bem com a sua. Pode ser complicado fazer com que várias pessoas trabalhem bem em conjunto, não importa qual seja a situação; adicionar mágica à mistura não torna as coisas mais fáceis. Algumas pessoas são como água e óleo, não importa o quanto suas intenções sejam boas.

✳ Talvez haja pessoas no grupo que não levem o trabalho a sério, que não consigam se concentrar ou mesmo não se concentrem, ou, ainda, que estejam ali apenas por curiosidade. É bom ter pessoas interessadas participando (todos nós temos de começar em algum lugar; e como você pode saber se a Bruxaria e a adoração à Deusa são para você se você nunca consegue ir ao seu primeiro ritual?), mas, com toda a certeza, é melhor ter uma iniciação em rituais menos intensos. Muitas vezes, convidamos pessoas interessadas para participar de nossos rituais do Solstício de Verão, que são mais comemorativos e descontraídos do que, digamos, Samhain.

✳ A falta de foco ou o fato de não levar o trabalho a sério, porém, são questões mais difíceis de resolver. Uma pessoa pode desviar o foco de todo o grupo. Fui como convidada a reuniões de outro grupo local algumas vezes e, embora seus membros fossem pessoas muito adoráveis, seus rituais eram... decepcionantes. As duas mulheres que dirigiam o grupo eram desorganizadas ao extremo, as pessoas circulavam drogadas ou bêbadas (o que não apenas atrapalha a capacidade de concentração como também é um insulto à Deusa; então, prefiro deixar qualquer experiência desse tipo para depois, porque isso faz com que o ritual acabe, a menos que seja, de alguma forma, parte do trabalho), e algumas pessoas ficavam conversando durante o ritual. Nenhum poder foi elevado porque as pessoas não estavam trabalhando juntas e não havia unidade de foco ou intenção. Eram reuniões divertidas, com um banquete no final, mas não era nada mágico ou espiritual.

* Às vezes, um grupo não consegue chegar a um acordo sobre pontos comuns importantes – como qual deusa ou quais deusas invocar, que abordagem adotar para o trabalho mágico, se deve ou não permitir que novos membros se juntem, com que frequência se reunir, se as crianças são bem-vindas, quais são as regras e quais são as penalidades por quebrá-las. Quando isso acontece, essas questões podem ser resolvidas por meio de discussão e comprometimento; mas, se um grupo adotar práticas ou regras que não funcionem para você, talvez seja melhor se afastar. Por exemplo, se um *coven* pratica o *skyclad* (nudez) e isso a(o) faz se sentir desconfortável, ou se inclui crianças e você prefere não lidar com isso. Lembre-se também de que nem todas as pessoas são boas em guardar segredos; certifique-se de que as pessoas com quem você pratica estão dispostas a fazê-lo. A regra geral é que o que acontece no círculo permanece no círculo, e você deve ser capaz de falar sobre quaisquer questões que sejam importantes para você sem se preocupar com o retorno de alguém que não esteja em seu grupo.

* Talvez fazer parte de um grupo apenas não seja uma boa opção para você. Pelas razões listadas acima e várias outras, você pode

não se sentir confortável ou pode sentir que não está obtendo o que precisa desse grupo. Embora eu nunca tenha experimentado isso, já ouvi falar de pessoas que vão a um *coven* que é novo para elas e sentem que algo está de fato errado. Nesse caso, corra, saia rápido, fuja!

Como pode perceber, há muitas vantagens e desvantagens para ambos os tipos de prática. Você pode querer experimentar um grupo para ver se gosta: com certeza, eu nunca teria descoberto que sou uma Bruxa de grupo (ou uma Bruxa) se não tivesse, enfim, cedido e aceitado o convite da mulher que acabou sendo minha primeira alta sacerdotisa e me ensinou muito do que sei sobre a prática da Bruxaria.

É claro que nem todo mundo tem escolha. Pode ser difícil encontrar um *coven* perto de você, sobretudo se, como eu, você mora em uma área rural. Muitos dos meus leitores me escrevem e me dizem que vivem no Cinturão da Bíblia e que não há outras Bruxas por perto. (É provável que existam, mas elas não têm como se encontrar.)

Ou existem *covens*, mas estão fechados. Isso significa que eles, em geral, não aceitam novos membros. Há várias razões para isso. Eles podem sentir que estão no limite da capacidade. Não, os *covens* não precisam ter treze membros – o Círculo da Lua Azul começou com três, chegou a ter onze e voltou a ser bem pequeno de novo. No entanto, quanto maior o grupo, mais difícil pode ser gerenciar e organizar, e, às vezes, eles apenas decidem que são tão grandes quanto é viável e ainda funcionam bem. Alguns, como o meu, encontraram um bom equilíbrio depois de muitos anos e hesitam em deixar que o barco naufrague, ou tentaram adicionar novas pessoas, mas não funcionou para eles.

Às vezes, um *coven* estabelecido há muito tempo aceita apenas Bruxas experientes, porque elas não querem voltar à prática básica que seria necessária para atualizar as Bruxas novatas. Ou as pessoas acham que uma pessoa em particular pode não ser uma boa opção. Isso não deve ser levado para o lado pessoal. O Círculo da Lua Azul quase nunca aceita alguém novo porque nós aprendemos com a experiência que, não importa o quanto gostamos de alguém, essa pessoa pode estar em um estágio muito diferente de sua vida ou de sua prática, ou talvez tenha objetivos diferentes que, apenas, não funciona dentro do grupo.

Embora eu ofereça alguns ensinamentos por conta própria, aprendemos da maneira mais difícil que não temos nenhum interesse real em ser um *coven* de ensino e começar com o básico toda vez que adicionamos uma nova Bruxa que estava apenas começando. Mas outras pessoas, como minha primeira alta sacerdotisa, adoram liderar um grupo de ensino. Pessoas diferentes, grupos diferentes, vibrações muito diferentes.

Se você deseja de fato fazer parte de um grupo, mas não consegue encontrar um do qual queira participar, tente criar um grupo de sua preferência. Foi o que fiz depois que saí do meu primeiro grupo. Fiz minha iniciação como alta sacerdotisa e então... esperei. Quando encontrei algumas pessoas (nenhuma das quais eu conhecia bem na época) das quais gostei e para as quais me senti atraída, perguntei-lhes se queriam tentar executar uma prática simples comigo. Nada formal na época. Ambas haviam sido solitárias por muitos anos, tanto por uma tendência natural quanto pelo fato de nenhuma delas ter encontrado um grupo que considerassem conveniente.

Nós nos reunimos no Equinócio da Primavera, junto a alguns outros amigos, e nós três estamos juntas desde então. Se eu acredito que a Deusa nos uniu uma à outra? Caramba! Tenho certeza disso. Mas eu tinha de prestar atenção naquela vozinha que dizia que elas eram as pessoas certas e que eu deveria estar disposta a sair da minha zona de conforto. Foi assustador me expor assim, e nem sempre sou boa com pessoas que não conheço, embora tenha melhorado depois de todos esses anos. Eu também precisei ter paciência para esperar que as pessoas certas aparecessem e para ouvir aquela voz que dizia "Ainda não!", por mais que eu estivesse sentindo falta de fazer parte de uma prática em grupo.

Portanto, se você acha que isso é algo que deseja tentar fazer, coloque a intenção no Universo e veja o que acontece. Lembre-se de que, embora os *covens* sejam, por tradição, liderados por uma alta sacerdotisa, um sumo sacerdote ou ambos, é bem possível ter um grupo sem um líder, desde que todos os envolvidos se sintam à vontade para se revezar em um ritual ou organizar a festa, ou exercer quaisquer papéis com que todos concordem.

Mesmo que você seja ainda um(a) iniciante, saiba que há vários livros bons sobre como iniciar e administrar um *coven*. (Confira meu primeiro livro, *Circle, Coven & Grove*, para um ano de Lua Nova, Lua Cheia e rituais do Sabá, além de alguns conselhos gerais.) Listarei alguns deles na seção "Leitura Sugerida". Se todos no grupo forem inexperientes, talvez vocês tenham de encontrar o caminho juntos. Isso não é uma coisa ruim, contanto que você tenha expectativas razoáveis e bastante paciência.

Se estiver procurando um *coven* perto de você ou pessoas que pensem como você, fique de olho nos quadros de avisos nas lojas locais de Nova Era (se você tiver a sorte de encontrar uma), ou mesmo nas lojas de produtos naturais ou em outros lugares frequentados por pessoas de mente aberta. Se você se sentir confortável fazendo isso, pode usar um colar de pentagrama e ver se alguém aparece e diz: "Feliz encontro!" ou *"Merry Meet"* (que é uma saudação tradicional das Bruxas). Existem também alguns grandes eventos, como Feiras da Renascença, feiras psíquicas e aquelas organizadas pela Sociedade de Anacronismo Criativo, que tendem a atrair pagãos.

Se houver uma igreja da congregação Unitária Universalista em sua cidade, saiba que, às vezes, eles têm uma seção chamada Coven dos Pagãos Unitários Universalistas (*CUUPS – Covenant of Unitarian Universalist Pagans*, confira em: https://www.cuups.org).

Se você não encontrar ninguém com quem praticar em sua região, saiba que também há grupos *on-line*. Há dezenas de grupos de Bruxaria no Facebook e, se você fizer uma pesquisa na internet procurando por *"covens de Bruxaria on-line"*, obterá mais resultados do que imagina. O problema com essa abundância de opções, é claro, é como saber qual escolher.

Para ser sincera, não posso responder a essa pergunta, pois nunca explorei essa opção em particular. Claro, se você conhece alguém que já está em um grupo *on-line* e pode recomendar um deles, isso facilita sua vida. Caso contrário, você terá de fazer sua pesquisa, ver se consegue encontrar algum lugar que seja confortável para você e realizar as práticas *on-line* usuais mais seguras. Não forneça informações pessoais para pessoas que você não conhece bem, por exemplo. Não envie dinheiro para ninguém, e lembre-se de que, se algo parece bom demais para ser verdade, é bem provável que seja uma cilada. Basta aplicar as mesmas regras que aplicaria a um grupo que frequentasse de modo presencial; se algo parecer errado, é provável que seja mesmo, então, você deve ir para outro lugar. (E lembre-se de que há *muita* loucura na internet. Grupos pagãos parecem ser um ímã para quem não é convencional, o que pode ser bom e ruim. Portanto, meu conselho é mergulhar os pés na água bem devagar e ver como fica.)

Mesmo que você não consiga encontrar um *coven* do qual possa participar, saiba que existem várias fontes para aprofundar sua educação em Bruxaria, além do meu conselho usual de ler, ler, ler e depois ler um pouco mais. Se você encontrar um(a) autor(a) favorito(a) de Bruxaria, veja se essa pessoa oferece aulas *on-line* ou se tem um blog que você possa seguir. Autores, entre eles Tess Whitehurst, publicam vídeos gratuitos de meditações e instruções mágicas. Outros, como Christopher Penczak, têm organizações formais, nas quais você pode se matricular em aulas de Bruxaria. Algumas dessas pessoas cobram pelas aulas, o que é honesto. Eles são especialistas em suas áreas, e o ensino exige muito tempo e muita energia. Basta fazer sua pesquisa primeiro para garantir que a pessoa ou a organização seja legítima.

Como em tudo na vida, só você pode decidir qual é o melhor caminho a seguir. Você pode ser muito feliz como uma Bruxa solitária sob a Lua Cheia por conta própria (muitas pessoas são). Você pode encontrar um *coven* que lhe agrade logo de cara ou praticar de forma solitária até que o *coven* certo apareça. O importante é que você tenha uma conexão com a Deusa e esteja trilhando seu percurso todos os dias – isso é tudo o que realmente importa.

COMPARTILHANDO O CAMINHO COM SEUS FILHOS

Para muitos de nós, a religião era um assunto de família. Pelo menos era, se seus pais estivessem de acordo, qualquer que fosse essa religião. Para mim, foi o judaísmo. Meus pais foram criados como judeus, seus pais foram criados como judeus e assim por diante, de volta ao deserto de onde todos viemos. Íamos ao templo em família e celebrávamos juntos os feriados judaicos.

Acontece que meus pais não eram pessoas espiritualizadas, algo que só descobri quando fiquei mais velha. Mas era importante para eles passar a herança religiosa e secular do judaísmo para os filhos. Nem sempre foi fácil, pois isso foi antes dos dias em que as crianças celebravam o Hanukkah na escola junto com o Natal, mas em nossa casa observávamos os oito dias de nossa própria celebração religiosa. Mais Purim, Páscoa, os outros feriados sazonais e, claro, o Sabá e todas as sextas-feiras à noite.

Para as Bruxas, pode não ser tão simples. Por um lado, Paganismo e Wicca nem sempre são aceitos como religiões "legítimas". Na verdade, ambos podem não ser aceitos. Ser aberto sobre suas práticas de Bruxaria com seus filhos pode significar pedir-lhes que guardem segredo de seus amigos e professores, o que pode ser difícil (dependendo de suas idades, é pedir demais).

Se assim for, o modo como você aborda a questão pode fazer toda a diferença. Certifique-se de que eles saibam que você não está se escondendo porque se envergonha, sente constrangimento ou se importa com o que as outras pessoas pensam; isso acontece apenas para evitar que suas práticas espirituais não sejam mal interpretadas por aqueles que não as conhecem melhor; além disso, sua prática religiosa não deve interessar a mais ninguém além de você.

Por outro lado, você pode ter saído do armário das vassouras e não se preocupar com o fato de outras pessoas saberem. Se você tiver a sorte de morar em um lugar onde há total aceitação, isso é ótimo.

Outra complicação possível no caso de compartilhar seu caminho de Bruxaria com seus filhos pode ocorrer se seu(sua) parceiro(a) não for pagão e tiver um problema com isso. Muitos casais hoje em dia seguem religiões diferentes um do outro e, às vezes, podem concordar em deixar as crianças serem expostas a ambos os conjuntos de crenças espirituais para que, em algum momento, eles mesmos possam fazer a escolha de qual caminho escolherão seguir. Quando me casei (muitos, muitos anos atrás, antes de eu ser pagã), meu marido montou uma árvore de Natal e eu montei a Menorá, e compartilhamos tanto seu cristianismo quanto o meu judaísmo com minha jovem enteada. Se o(a) seu(sua) parceiro(a) não se importa que você seja uma Bruxa, ele ou ela deve abrir-se para que você compartilhe suas crenças com seus filhos. (Caso contrário, você pode ter grandes problemas. Isso é apenas um alerta.)

O quanto você compartilha e o modo como faz isso é uma questão muito individual. Quando descobri a Wicca, minha enteada estava no início da adolescência. Eu contei a ela tudo sobre a minha nova religião e expliquei como eram as minhas crenças, mas não a levei aos rituais naquele momento. Eu queria ter certeza de que ela faria suas próprias escolhas, sem ser influenciada por mim.

Ironicamente, quando adulta, ela se tornou um membro ativo do Círculo da Lua Azul e continua pagã desde então. Hoje, ela mora do outro lado do país e tem seus próprios amigos, com quem pratica. Eu aceitaria sua decisão, qualquer que fosse, mas tenho de admitir: é adorável poder compartilhar essa parte importante da minha vida com ela. Também é bom saber que ela decidiu isso por vontade própria e não porque tenha sido obrigada.

Uma das mulheres do Círculo da Lua Azul tinha filhos adolescentes quando começamos o grupo. Embora, às vezes, eles viessem ao nosso grande jantar de Natal, na maioria das vezes, ela mantinha sua prática separada do resto de sua vida familiar. Uma das outras participantes incluiu seus filhos desde a época em que estavam em seu ventre. Antes disso, até, pois oficiei em seu casamento e estive presente quando seus dois filhos nasceram. Eu os chamo de meus filhos-deuses, e eles são minha família estendida, e todos no Círculo ficaram muito felizes em vê-los crescer.

O marido dessa mulher é o que eu gosto de chamar de "amigo dos pagãos". Ele não pratica sozinho, mas é muito aberto às crenças e práticas da Bruxaria e frequentou muitos dos Sabás. (Sempre mantivemos as Luas Cheias só para nós, senhoras. Nunca nos propusemos a ter um grupo só de mulheres, mas, como acabou ficando assim, percebemos que gostávamos dessa característica.)

Os filhos dela vieram para o Círculo desde que nasceram. Quando bebês, eles eram passados de pessoa para pessoa, para que ela pudesse ter as mãos livres e participar do ritual. Ela amamentou no Círculo. Nem todo grupo ficaria confortável com isso, e tudo bem, mas, para nós, nunca nos ocorreu excluí-los. Mesmo depois que eles cresceram o suficiente para ser deixados em casa com o pai durante os Esbás, eles ainda vinham aos Sabás e comemoravam conosco.

Claro que isso exigia alguma adaptação às limitações das crianças. Por alguns anos, até que eles ficassem um pouco mais velhos, deixamos de acender as grandes fogueiras para não termos de nos preocupar que eles pudessem se queimar. Escrevi rituais para crianças – ainda poderosos, ainda cheios de espírito, mas guardamos o trabalho mágico pesado para as Luas Cheias, quando elas não estavam lá. Você pode pensar que desistimos de algo, mas é surpreendente a alegria natural e a sabedoria que as crianças podem trazer para um Círculo.

Jamais me esquecerei de quando sua filhinha tomou a iniciativa de telefonar sozinha para o Círculo (por motivação própria), quando ela tinha 4 anos. Ela fez um trabalho tão bom quanto qualquer adulto. Isso ocorreu, pelo menos em parte, porque sua mãe também compartilhava a prática com as crianças em casa. Eles saíam e conversavam com a Lua, cultivavam jardins e celebravam o Yule e o Natal. Para essa pessoa do grupo era tão importante passar seu caminho espiritual para os filhos quanto era para meus pais passarem o deles para mim e para minhas irmãs.

Hoje, eles moram um pouco mais longe, então, só podemos compartilhar o ritual algumas vezes por ano. Só o tempo dirá se esse é ou não o caminho que seus filhos escolherão para si mesmos, mas ela ficará bem de qualquer maneira. Contudo, tem sido um grande trabalho observá-los, bem como a outras crianças que conheço, crescendo pagãos e apreciando a natureza e cultuando a Deusa, assim como o Deus. Também posso dizer que todas as crianças que conheci que foram criadas como pagãs se tornaram adultos muito incríveis.

Se você decidir que deseja compartilhar seu caminho espiritual com seus filhos, saiba que há várias maneiras de fazer isso e algumas escolhas a serem feitas. Aqui estão alguns exemplos, embora você possa escolher outras vias, conforme suas circunstâncias pessoais.

⛤ **É um segredo ou não? E, se for um segredo, você pode confiar em seu filho para mantê-lo assim?** Se não for segredo, você pode pensar em conversar com os professores e/ou os pais dos amigos mais próximos de seus filhos, para que as pessoas não sejam pegas de surpresa e para que os professores possam fazer adaptações, se assim desejarem.

⛤ **Você os faz participar mesmo que não estejam interessados?** Quando eu era criança, ir ao templo nunca foi uma questão de escolha. Nem a escola dominical, embora meus pais me permitissem decidir por mim mesma se eu iria ou não para a escola hebraica, para me preparar para um *bat mitzvah* (caso você não conheça o judaísmo, os meninos têm um *bar mitzvah* para comemorar a idade adulta, e a versão feminina é o *bat mitzvah*). As férias eram celebradas por todos. (Lembre-se, eu achava que esses rituais eram divertidos, e a comida sempre foi muito boa.) No entanto, com a Wicca, nem sempre é tão direto, sobretudo se seu(sua) parceiro(a) segue uma religião diferente. Portanto, você terá de decidir se vai criar seus filhos como pagãos, mesmo que eles não pareçam entusiasmados com isso. Veja bem, nunca conheci uma criança que não fosse, mas isso pode dizer mais sobre a atitude dos pais pagãos que conheço do que sobre o interesse geral da infância. Não posso dizer com certeza.

✦ Você pode incluir tanto meninos quanto meninas? Não há nada no Paganismo ou na Bruxaria que exclua os homens. Na verdade, os praticantes modernos de Bruxaria são divididos de modo bastante igual entre os gêneros, embora haja um pouco mais de mulheres. (Na minha área, há mais mulheres do que homens, mas, nas grandes reuniões a que vou, isso não é uma regra.) Há muitos Bruxos, e com certeza você também pode criar um. No entanto, se você seguiu um percurso centrado na Deusa e não deseja compartilhá-lo com nenhum homem, incluindo o seu parceiro, isso é com você.

✦ A quanta magia você os expõe enquanto são jovens? Uma coisa é educar uma criança com a consciência de que a magia é real e que pode ser usada para criar mudanças positivas. Outra coisa é esperar que um jovem seja capaz de usar o poder com sabedoria. Os filhos dessa nossa amiga do grupo vinham circular conosco quando eram bebês, mas, quando eles tinham idade suficiente para de fato compreender o que estávamos fazendo, ela parou de trazê-los para a Lua Cheia. O trabalho mágico que fazíamos nas férias era bem inócuo (embora nem por isso fosse menos poderoso).

Por exemplo, podemos plantar sementes no Equinócio de Primavera e falar sobre o que esperamos cultivar no próximo ano. A mãe ajudava as crianças a descobrir quais eram as respostas, embora, muitas vezes, elas inventassem as coisas por conta própria (às vezes, coisas muito inteligentes e criativas). O Solstício de Verão tendia a ser em grande parte comemorativo e alegre, e os festivais da colheita eram fáceis. Quando eles atingiram uma certa idade, porém, o marido dela passou a ficar na minha casa com as crianças no Samhain, quando fazíamos um ritual mais intenso sozinhas. Assim, eles se juntavam a nós apenas para o banquete.

Você pode querer compartilhar os fundamentos da adoração à Deusa (ou da adoração a um deus *e às* deusas) e das celebrações com seus filhos quando eles forem pequenos e guardar o trabalho mágico sério para quando eles tiverem idade suficiente para entender a responsabilidade pessoal e as consequências de suas ações. Só você pode decidir qual é a idade ideal de seus filhos, e com certeza isso irá variar, dependendo da criança. (Conheço alguns adultos que nunca dominaram esse conceito e algumas crianças que o aprenderam muito cedo.)

Que grau de aprofundamento você deseja atingir ao discutir a natureza espiritual e prática da Bruxaria? As crianças tendem a responder muito bem ao aspecto de conexão com a natureza do Paganismo, afinal, na maior parte do tempo, elas fazem isso sozinhas, se lhes for permitido. Algumas podem estar interessadas em estudar as várias deusas e as culturas de onde vieram, as origens dos feriados e a história da Bruxaria antiga e moderna. Não há escola dominical para crianças Bruxas; você terá de decidir por si o quanto deseja educar suas crianças. Há mais livros para crianças pagãs do que costumava haver, então, esse pode ser um bom lugar para começar, assim como histórias da mitologia de várias culturas.

Contudo, estou fazendo parecer mais complicado do que é. Como acontece com qualquer outra coisa em sua vida que você considere importante, é possível decidir o quão pouco ou quanto deseja compartilhar com seus filhos. Há alguns bons livros sobre como criar filhos pagãos. Em particular, gosto de *Circle Round: Raising Children in Goddess Traditions*, de Starhawk, Diane Baker e Anne Hill (Bantam, 2000), e *Raising Witches:*

Teaching the Wiccan Faith to Children, de Ashleen O'Gaea (New Page Books, 2002). Também há fontes de suporte *on-line*, incluindo blogs e grupos pagãos sobre criação de filhos no Facebook.

Se você quer que sua fé seja um assunto de família, vá em frente. E se seu(sua) parceiro(a) segue uma religião diferente, em especial, se for alguma forma de prática cristã, lembre-se de que é possível combinar a prática atual, digamos, do Natal, com as práticas antigas do Yule, pois elas têm muito em comum.

DEZ MANEIRAS SIMPLES DE COMPARTILHAR SEU CAMINHO ESPIRITUAL COM AQUELES QUE NÃO O SEGUEM

Falamos sobre compartilhar o caminho espiritual com os filhos, mas e quanto às outras pessoas? Se você é como muitas Bruxas, a maioria das pessoas em sua vida, com quase toda a certeza, não é pagã. (Espero que haja alguns pagãos por perto para lhe fazer companhia, mas algumas pessoas nem isso têm.)

Crescer como judia em uma área em que havia pouquíssimos judeus significa que eu sei como é se sentir isolada por uma prática religiosa diferente da seguida pela maioria das pessoas ao seu redor. Por sorte, há muitas maneiras de compartilhar nossas crenças com outras pessoas de modo divertido e sem nenhum tipo de ameaça, mesmo com aquelas que podem não entender direito o caminho da Bruxaria Moderna.

Saiba que as Bruxas não praticam o proselitismo, ou seja, ao contrário do que ocorre em algumas religiões que buscam com veemência converter outras pessoas, as Bruxas, em geral, acreditam que as pessoas recebem um chamado e decidem se devem acreditar ou não. Quem considerar que este é o caminho correto o encontrará quando estiver pronto, na hora certa. De fato, em algumas tradições, quem se interessava por ingressar em um *coven* tinha de pedir três vezes, para provar a seriedade de sua intenção.

A mulher que foi minha alta sacerdotisa me convidou para ir a suas reuniões, mas ela nunca me pressionou a fazer isso nem tentou me dizer que era algo que eu *de fato deveria fazer*. Acho que ela percebeu que esse era o meu caminho, mas ela apenas abriu a porta para mim e esperou que eu estivesse pronta para entrar.

Por isso, não importa o quanto você sente entusiasmo com sua prática; por favor, não saia por aí dizendo a todos que você reconhece que a Bruxaria é o caminho perfeito e que você tem certeza de que é o certo para todos. De qualquer maneira, fale sobre a experiência com aqueles que você acha que pode atrair, mas deixe que as pessoas façam a própria escolha. Se elas pedirem para dar um passo adiante e ser incluídas em atividades mais formais, convide-as, se achar apropriado fazê-lo.

Assim, não há razão para não compartilhar alguns aspectos de uma prática de Bruxaria com quem é próximo a você, mas não crie a expectativa de que a pessoa vá seguir esse caminho como se fosse o ideal para ela. Quando criança, conheci algumas formas diferentes de adoração com meus amigos para ter uma ideia de como os outros praticavam suas religiões. Pode ser educativo e esclarecedor, e é sempre bom que mais pessoas entendam que nós, Bruxas, somos como todas as outras pessoas e que não há nada a temer. Você não vai querer fazer rituais mágicos profundos e sérios, é claro, mas há muitos aspectos do Paganismo e da Bruxaria Moderna com os quais aqueles que não os praticam ainda poderão se conectar e dos quais poderão desfrutar. Veremos a seguir algumas sugestões simples, mas sinta-se à vontade para criar outras opções por conta própria.

Celebrações de feriados. Já mencionei que existem muitos feriados cristãos ou seculares que têm suas raízes nas antigas observâncias pagãs. Faça uma festa ou uma reunião que celebre o moderno e o tradicional e divirta-se combinando os dois. Os exemplos mais óbvios são Yule/Natal ou Ostara/Páscoa, mas, no âmbito virtual, qualquer Sabá pagão se presta a isso. Você pode distribuir cartões impressos com exemplos das origens dos feriados e mostrar como eles estão conectados às formas de celebração de hoje (ou use pergaminhos, se você quiser dar um toque mais exótico; apenas escreva as informações e imprima em papel-pergaminho, enrole-os e amarre-os com fitas). Adicione algumas atividades divertidas que permitam que as pessoas sintam as antigas tradições, como enfeitar uma árvore natalina com decorações caseiras centradas no paganismo, todas feitas com ingredientes naturais (pipoca e fios de frutas vermelhas, pinhas, frutas secas e até homenzinhos feitos de gengibre pendurados com um pedaço de fio), ou tingir ovos Ostara com corante natural (experimente usar cascas de cebola roxa, suco de uva, açafrão, chá preto, beterraba e muito mais). Você pode até fazer uma festa do Dia da Marmota e apresentar às pessoas alguns dos elementos mais básicos do Imbolc.

Faça uma festa do Solstício de Inverno ou um piquenique do Solstício de Verão. Na verdade, conheço algumas pessoas que não são pagãs nem Bruxas que fazem esse tipo de comemoração com seus amigos todos os anos. Como os solstícios fazem parte da maioria das culturas ao longo da história, eles são um conceito com o qual as pessoas estão familiarizadas, se sentem confortáveis e pelo qual se interessam. Você pode encontrar maneiras discretas de compartilhar e explicar as formas tradicionais de observação, como acender a fogueira do Solstício de Verão ao entardecer, ou criar e queimar um tronco de Yule para o Solstício de Inverno. (Há também um bolo de toras de Yule, se você quiser fazer de chocolate, hummmm...) Caso você tenha filhos – ou conheça adultos entusiasmados –, vocês podem encenar a batalha do Rei do Carvalho e do Rei do Azevinho no Solstício de Inverno. Se você estiver comemorando o Solstício de Verão e tiver espaço em seu quintal, pode montar uma miniatura de Stonehenge ou um labirinto de pedra para as pessoas caminharem.

⛤ **Use a criatividade.** Se você tem amigos habilidosos, reúna alguns para fazer artesanato com temas pagãos. Não há limites para as possibilidades. Já mencionei algumas ideias para Ostara ou Yule. Você também pode fazer suas próprias pedras rúnicas usando argila seca e colocando-as no forno, ou pedras que você pinte com os símbolos rúnicos. Se fizer isso, poderá falar um pouco sobre as origens das pedras e como os pagãos (e outros) costumam usá-las para obter *insights*. É fácil fazer velas mágicas, começando do zero com cera, corantes e óleos essenciais, ou pegar velas já prontas e gravar nelas símbolos mágicos, ungindo-as com óleos ou enrolando-as em ervas maceradas. Faça sachês mágicos recheados com ervas para prosperidade, cura, amor ou proteção. Não importa o que você faça, o artesanato é uma maneira divertida e não ameaçadora de "brincar" enquanto também compartilha informações.

⛤ **Faça uma reunião na Lua Cheia.** Quase todo mundo sente a atração da Lua Cheia, mesmo quem não é Bruxa ou pagão. Acho que sua magia está gravada na alma humana. Se você e seus amigos puderem ficar ao ar livre, do lado de fora de casa, será ótimo, é claro, e vocês podem se sentar juntos sob a luz da Lua ou talvez se reunir em torno de uma pequena fogueira. Procure cantar ou cantar e bater um tambor. Se for possível, converse sobre como a Lua representa a Deusa em suas formas mutáveis e, portanto, como ela tem uma conexão especial com as mulheres. Ou apenas beba um copo de vinho e aproveite a noite. Não se esqueça de olhar também para as estrelas. Peça a todos que acendam uma vela e façam um pedido à primeira estrela que virem.

Mergulhe na natureza. Isso pode ser tão simples quanto uma caminhada na floresta ou navegar pelo oceano. Se você não está perto do mar, um lago ou um riacho servem. Apenas encontre um lugar onde o mundo natural envolva tanto você como as pessoas com quem você está compartilhando a experiência, um espaço natural em que o mundo artificial fique para trás, ao menos por um tempo. Troquem ideias sobre a importância da natureza na prática da Bruxaria e como todas as culturas começaram como religiões baseadas na natureza, antes de a "civilização" tomar conta. Deleite-se com a beleza simples ao seu redor e incentive a discussão sobre a importância de preservar e proteger a Terra. Você pode inclusive reunir algumas pessoas e escolher um trecho de estrada ou de um rio para limpar em nome da deusa.

⛤ **Organize uma festa.** Muitas celebrações pagãs envolvem comida, seja antes, durante ou depois do trabalho mais sério do dia. (Às vezes, os três.) E quem não gosta de um bom banquete? Isso é apropriado, em especial, na época da colheita ou perto do Solstício de Inverno, mas não há tempo ruim para se reunir com amigos queridos e desfrutar de boa comida. Se puder fazer seu banquete na época de um dos Sabás, use alimentos tradicionais para essa época do ano e decorações que representem as raízes pagãs da celebração. De qualquer forma, você pode adicionar alguma música que remeta à Bruxaria, acender algumas velas e agradecer à deusa antes de comer.

⛤ **Use elementos místicos.** Há muitos aspectos da prática da Bruxaria que refletem nossa conexão com o invisível e o misterioso. Muitas Bruxas praticam alguma forma de adivinhação, como a leitura de cartas de tarô ou de pedras rúnicas. Se você se sentir confortável com isso, pode tentar compartilhar algo assim com seus amigos. Ou convide as pessoas para uma noite de meditação guiada com cânticos ou percussão. (Se puder fazer isso ao ar livre, sob a Lua Cheia, ótimo, mas você também pode acender velas em recipientes à prova de fogo ou até mesmo usar velas movidas a bateria que piscam como as reais e criam o mesmo ambiente de mistério.) Se você não tem um *coven* com o qual celebrar o Samhain, tente combinar o feriado com uma festa de Halloween, porém mais séria do que o normal, e convidar amigos que você acha que apreciarão as raízes pagãs dessa noite agora secular. Em vez de se vestir como personagens bobos, todos vocês podem usar preto ou algum tipo de roupa de Bruxa, mas que seja caprichada. Explique as origens do feriado e sugira que as pessoas tragam fotos de entes queridos para colocar em um altar, onde você pode se revezar acendendo velas em sua homenagem. Faça um banquete de colheita de Halloween e sirva sopa de abóbora em pequenas cascas de abóbora ocas. Ou faça uma ceia comum sem dizer nada e peça a todos que tragam fotos daqueles que perderam. Há muitas opções místicas que podem ser compartilhadas. Basta escolher algumas pessoas que você acha que serão mais acessíveis e agradáveis e que se darão bem com as outras pessoas que deseja convidar.

⬟ **Promova uma noite de cinema com tema de Bruxa.** Se você tem alguns filmes favoritos com Bruxas, convide alguns amigos para pipoca, vinho e a versão de Hollywood da Bruxaria. Enquanto se diverte, você pode aproveitar para apontar as imprecisões (sempre há algumas, às vezes, muito divertidas) e falar sobre o modo como as coisas de fato funcionam. Ou você pode pedir às pessoas que tragam seus próprios filmes favoritos e, então, fazer a mesma coisa.

⬟ **Promova uma noite de religião comparativa.** Se você conhece várias pessoas que seguem diferentes caminhos espirituais, convide-as para compartilhar suas crenças e tradições umas com as outras enquanto você compartilha as suas. Pode até ser um evento bem formal, com apostilas e leituras sugeridas, ou apenas um encontro para as pessoas se sentarem e conversarem, com petiscos e lanches. A ideia não é converter as pessoas a adotar uma religião diferente, mas, sim, apenas compartilhar essa parte de suas vidas que, para algumas, é um aspecto importante de quem são ou de sua origem. Pode ser fascinante ouvir histórias sobre outros sistemas de crenças, mesmo que você não compactue com eles. Se quiser fazer um banquete enquanto organiza as coisas, veja se os envolvidos gostariam de levar um prato especial que, de alguma forma, represente sua cultura ou religião. (Um judeu pode levar *latkes*, por exemplo.) Vocês podem se revezar proferindo uma oração de sua tradição particular ou falar sobre como cada um enxerga a divindade. Procurem se concentrar mais nas coisas que vocês têm em comum do que nas questões em que vocês diferem; o mais importante é reconhecer que todos têm direito a cultuar as próprias crenças.

Faça um pouco de mágica. Se você estiver fazendo um trabalho mágico com não Bruxos, é melhor se reunir com um pequeno grupo ou apenas com outra pessoa. Isso não é algo que eu sugeriria que você fizesse de forma leviana. Para começar, procure saber se todas as pessoas que estão presentes são capazes de participar e se estão dispostas a fazer isso de maneira respeitosa e focada. Escolha uma magia simples e fácil de fazer. Se você conhece uma pessoa ou algumas pessoas que estão bastante interessadas em saber como a magia é feita, pode conduzi-las por meio de um ritual básico. Se alguém veio lhe pedir ajuda – um amigo que não se vincula à Bruxaria e que precisa de cura, por exemplo –, você deve executar a magia enquanto ele permanece sentado assistindo ao ritual, ou faça uma ou duas coisas fáceis, como acender a luz de uma vela ou ungir-se com um óleo sagrado. De qualquer forma, é recomendável explicar o que você fará e o significado de cada parte do trabalho mágico. Compartilhar sua magia com outras pessoas pode ser um presente real, que traz compreensão e aceitação, se for oferecido com reverência. Mas faça isso pelos motivos certos, e não apenas para se exibir ou parecer bacana. A magia é uma das ferramentas sagradas da Bruxa, por isso, só deve ser compartilhada com quem pode apreciá-la de verdade.

MAGIA PRÁTICA:
CELEBRE SUA BRUXA INTERIOR

Algumas pessoas acreditam que têm de passar por certos tipos de treinamento e só então ser consagradas, de modo formal, por um sumo sacerdote ou uma sacerdotisa antes de se tornar uma Bruxa "real". Outras pensam que é preciso ter um histórico familiar que nos leve a ser uma Bruxa (ou um Bruxo) por hereditariedade. Ambas ideias são antiquadas e carregam, hoje, menos peso do que costumavam carregar; entretanto, conheço mulheres que ainda se questionam se são ou não Bruxas de verdade quando não se encaixam em nenhuma dessas categorias.

Pura tolice.

Você acredita que é uma Bruxa? Você sente que é uma Bruxa? Você pratica Bruxaria (mesmo como iniciante ou ainda que esteja aprendendo)? Então, você é uma Bruxa.

Se você é Solitária ou trabalha com um grupo, se todas as mulheres da sua família foram Bruxas ou se você é a primeira, se você teve treinamento formal com uma Bruxa mais experiente ou está apenas encontrando seu caminho da melhor maneira possível, você é uma Bruxa se afirmar que é.

Atenção: a palavra deve ter significado para você. Entretanto, se você seguir os princípios básicos e as práticas da Bruxaria Moderna, a Deusa reconhecerá você do jeito que você é e pelo que você é e lhe dará as boas-vindas ao lar.

Portanto, sinta-se à vontade para fazer o que achar melhor para celebrar sua Bruxa interior. Se isso significa ficar do lado de fora de casa na noite de Lua Cheia (uivar é opcional), montar um altar para a deusa de sua escolha, lançar feitiços, abençoar as ervas que você usa em sua cozinha ou qualquer um dos inúmeros outros aspectos de ser uma Bruxa – mesmo que seja apenas para se sentir mais forte e corajosa porque você sabe que tem uma deusa ao seu lado –, abrace essa parte de você com alegria.

Celebre a deusa interior. Ela arrasa. E você também.

CAPÍTULO SEIS

SOBREVIVA E PROSPERE EM MEIO A TEMPOS DESAFIADORES

São tempos difíceis para as mulheres, mas já passamos por coisas piores e saímos do outro lado mais fortes, mais sábias e determinadas do que nunca. Tenho plena fé de que isso também pode ser aplicado nestes dias difíceis.

Enquanto isso, porém, muitas de nós lutamos para lidar com nossa raiva, nossa frustração, nossos sentimentos de desamparo e, às vezes, nossa desesperança. Algumas mulheres acham difícil não culpar todos os homens pela crueldade e pela presunção de uma minoria (reconhecida como poderosa). Temenos por nossos direitos e pelos direitos de nossas filhas, e tememos perder o progresso pelo qual lutamos tanto e com tanta garra para conquistar.

Eu não tenho nenhuma fórmula fácil, infelizmente. Eu luto contra todas essas coisas também. Alguns dias, eu acordo, assisto ao noticiário e penso: "Mas o que *aconteceu*? Como chegamos a isto?". Estou tão assustada e frustrada quanto todo mundo. Sem falar que estou muito, muito chateada.

Apesar disso, encontro forças em muitos lugares. Nos semblantes das mulheres que estão ao meu lado enquanto marchamos unidas de uma forma que não estávamos havia muito tempo. Nas ações daquelas que defendem o que é certo, custe o que custar, como Malala Yousafzai, que foi a mais jovem ganhadora do Prêmio Nobel da Paz, em consequência de sua luta para levar educação a todas as meninas, e Tarana Burke, que fundou o movimento *Me Too*, que deu a milhares de mulheres a coragem de expressar sua dor em voz alta.

> Conheça mais mulheres inspiradoras que lutam pelo bem, conferindo estes artigos *on-line*:
>
> "23 Inspiring Women Fighting for Women" ("23 mulheres inspiradoras lutando por mulheres"). Disponível em: https://charterforcompassion.org/women-justice-and-compassion/23-inspiring-women-fighting-for-women.
>
> "11 Women's Rights Activists You Should Know" ("11 ativistas dos direitos das mulheres que você deveria conhecer"). Disponível em: https://www.msnbc.com/msnbc/11-womens-rights-activists-you-should-know-msna562511.

Eu encontro força nas mulheres com quem compartilho minha vida, tanto amigas quanto familiares. No entanto, acima de tudo, sou fortalecida pelas mulheres do meu Círculo, que me ajudam a alimentar meu espírito quando as exigências da vida cotidiana o esgotam até o fim, e por minha crença em uma deusa vibrante, poderosa e nutridora.

Hoje, mais do que em qualquer outro momento da minha vida, descobri que tanto a adoração à Deusa como uma espiritualidade centrada na mulher podem ajudar as mulheres não apenas a sobreviver, mas a prosperar, não importam os desafios que enfrentem. Vou compartilhar algumas sugestões sobre como fazer isso, mas vamos começar com algumas coisas que você *não deve* fazer.

Lembre-se de que, como sempre, estas são apenas minhas opiniões (com base em anos de estudo e experiência, e é por isso que você está lendo este livro, eu imagino, mas, ainda assim, é apenas a opinião de uma mulher). Você deve decidir de que modo vai abordar as dificuldades que todas as mulheres enfrentam. Enquanto isso, porém, aqui está o que você poderia chamar de "Minha lista pessoal de Bruxa: coisas que você não deve fazer".

Sem feitiço. Ah, eu sei. Eu sou uma grande estraga-prazeres. Qual é o sentido de ser uma Bruxa e ter uma certa quantidade de poder se você não pode enfeitiçar as pessoas que a ferem ou que ameaçam tudo o que você ama? Além disso, você pode encontrar muitas Bruxas e livros escritos por Bruxas que dizem que você pode fazer isso. Esse é um daqueles pontos com os quais nem todas as Bruxas concordam. (E, acredite em mim, há muitos deles.) Algumas pessoas dirão que não há problema em enfeitiçar aqueles que você considera maus ou malignos. Não é bem assim. A princípio, você quer mesmo descer ao nível daqueles que fazem coisas desagradáveis aos outros? Eu não! Não importa o quanto eu seja provocada, prefiro seguir o exemplo de Michelle Obama, que disse: "Quando eles descem, nós subimos!".
Sem mencionar que o feitiço, por mais bem intencionado que seja, vai contra o princípio da Rede Wiccana, que nos recomenda não prejudicar ninguém. Causar danos a alguém de propósito vai contra tudo em que acredito como Bruxa. Além disso, há toda aquela coisa incômoda da "Lei do Retorno". Ao enfeitiçar alguém, você corre o risco de ter tudo o que você enviou de volta para você. (Não, não há nada na Lei do Retorno que afirme que não conta se alguém machucar você primeiro. É um pouco como se você socasse seu irmão porque ele lhe deu um soco primeiro. Sua mãe ainda vai gritar com você. Para ela, não importa saber

quem começou.) Portanto, por mais tentador que seja, eu nunca faço feitiços sobre os outros para influenciá-los. Na verdade, nunca causei dano a alguém de modo intencional, não importa o quão provocativas fossem as circunstâncias. Então, tente fazer um trabalho de proteção, pois isso afeta você, e não outra pessoa.

⭐ **Não perca a fé.** Às vezes, quando coisas ruins acontecem a pessoas boas, ou quando olhamos em volta para um mundo que parece cheio de injustiças, fica difícil manter a fé. Acredite em mim, eu te entendo. Não consigo explicar por que, algumas vezes, as melhores pessoas são tiradas de nós tão cedo, ou por que pessoas horríveis são capazes de fazer o que quiserem e prejudicar outras pessoas sem ser punidas. Não sei por que os deuses estão permitindo que as coisas fiquem tão feias como estão agora. Talvez seja apenas o ciclo natural das coisas. Talvez a Deusa esteja esperando para ver se nos levantaremos e criaremos uma mudança positiva se ela nos der a chance de fazê-lo.

Posso dizer que, nos últimos dois anos, coisas terríveis aconteceram com pessoas que amo. Perdi uma das mulheres mais brilhantes que conheço para o câncer, um dia antes de seu trigésimo quarto aniversário. O filho de uma amiga, com apenas 10 anos, se suicidou. Perdi minha amada gata Magic e seu irmão Mystic com uma diferença de oito dias entre um acontecimento e outro. (Depois de longas e boas vidas e duras lutas contra o câncer, mas, sério, oito dias depois? Vamos lá. Isso é muito cruel.) E esses são apenas os eventos dramáticos. Houve muitos outros desafios diários. Foram anos difíceis.

Não posso afirmar que consigo ver algum tipo de grande plano em nada disso. O que posso dizer é que consigo ver a luz no meio da escuridão, as bênçãos no meio da dor. Bethany lutou muito e muito contra um câncer que deveria tê-la matado em seis meses. Em vez disso, ela resistiu por três anos e morreu com seu adorável marido ao seu lado, e amigos de longe conseguiram chegar ao hospital antes que ela falecesse. Ela usou o tempo que tinha para causar impacto no mundo e o deixou um lugar melhor do que quando chegou aqui. A amiga que perdeu o filho recebeu apoio e força por parte da comunidade de uma forma que ela nunca teria imaginado. E meus gatos maravilhosos tiveram mais tempo do que o esperado – um bom tempo sem dor –, e Magic, em particular, teve de partir quando estava pronta, no comando de seu mundo até o fim. Os presentes que todos esses entes queridos deixaram para trás permanecem muito tempo depois que sua presença física desapareceu. Eu posso ver a mão da Deusa em tudo isso.

Não estou dizendo que é fácil manter a fé em tempos difíceis. Só quero dizer que você ainda está melhor com a fé do que sem ela, mesmo que seja difícil entender por que uma deusa amorosa permite que a crueldade e a dor existam. Às vezes, a vida é apenas injusta. Isso não significa que a Deusa não exista ou que ela não nos ame. Às vezes, a vida é apenas a vida. Aprenda o que puder com as duras lições e aguente firme.

Não ceda ao ódio. Essa é uma questão difícil. Pode ser complicado enfrentar um mundo que parece tão cheio de ódio sem odiar de volta. O problema do ódio é que ele diminui você. Isso faz com que você não seja a deusa brilhante e fabulosa que você é; além disso, a pessoa em quem você está mirando seu ódio não se sente nem um pouquinho incomodada. Na verdade, muitas dessas pessoas más *gostariam* que você as odiasse. Isso significa que elas estão atingindo você de algum modo, que elas estão vencendo e te arrastando para o nível delas. Não as deixe vencer. Martin Luther King Junior disse: "As trevas não podem expulsar as trevas; só a luz pode fazer isso. O ódio não pode expulsar o ódio; só o amor pode fazer isso!".[5] Portanto, não importa o quão difícil

---

5. Disponível em: https://www.brainyquote.com/quotes/martin_luther_king_jr_101472. Acesso em: jun. 2023.

pareça, esforce-se para devolver amor a todos aqueles que seria mais fácil odiar. Pense no quanto isso vai irritá-los. (ha ha ha!)

⛤ **Não ceda ao medo.** Esse tema é difícil. Como não ter medo em meio a um mundo de trevas? Bem, sejamos realistas – haverá momentos em que o medo vencerá. Todos nós sentimos medo. O truque é superar esse sentimento e seguir em frente de algum modo. E, ao seguir em frente, você prova a si mesma que o medo não pode a derrotar nem a privar de seu poder. As pessoas que procuram nos derrubar *gostariam* que sentíssemos medo. Então, levantem-se, minhas irmãs, ergam o dedo do meio forte e digam ao medo que ele pode explodir e encontrar outra pessoa com quem mexer.

Agora que falamos sobre o que *não* fazer, vejamos algumas maneiras pelas quais a prática da Bruxaria e a adoração à Deusa podem ajudar a tornar a sua vida melhor, mesmo em tempos difíceis. Estes são os aspectos do meu caminho espiritual que me elevaram e me deram força nos últimos anos. Tenho certeza de que você pode pensar em outros que são específicos para qualquer caminho que você escolher, mas estas orientações pelo menos lhe darão um ponto de partida.

⛤ **Lembre-se de que você não está sozinha. Existem outras Bruxas.** Podemos travar algumas batalhas difíceis agora, mas, se você é uma Bruxa, não está sozinha. Há outras Bruxas ao seu lado – no âmbito figurativo ou literal –, e isso pode ser muito fortalecedor. Se você não faz parte de um grupo ou não consegue encontrar um, ou nem mesmo Bruxas que morem em regiões próximas a você, tente entrar em contato com algumas delas *on-line*. Se houver uma autora cujo trabalho inspire você em especial, sinta-se à vontade para enviar-lhe um recado. A maioria de nós é bastante amigável, embora, em geral, não tenhamos tempo para conversas prolongadas.

Lembre-se de que deixar um bilhete para alguém não é o mesmo que esperar que essa pessoa se torne sua/seu melhor amiga/amigo. A maioria dos escritores é muito ocupada. Ficamos felizes em ouvir nossos leitores, e, de minha parte, posso dizer que reservo um tempo para responder a todos os e-mails ou às mensagens e perguntas *on-line*; no entanto, embora ame meus leitores, não consigo criar relacionamentos duradouros em particular da maneira como eu gostaria. Isso também vale para outros autores. Portanto, sinta-se à vontade para entrar em contato, mas tenha expectativas razoáveis se o fizer.

Algumas escritoras (estou pensando em Tess Whitehurst em particular) têm blogs ou sites onde publicam meditações e conselhos de graça. Outras, como eu, têm a plataforma *on-line* Patreon, que dá às pessoas que as seguem um pouco mais de acesso do que aquilo que todos recebem, em geral, a partir de uma pequena contribuição mensal de apoio. Também há algumas que ministram aulas *on-line* ou presenciais. Mesmo que você não possa ou não queira se aproximar de outras pessoas (nem todo mundo é livre para sair do armário de vassouras ou é do tipo que gosta de socializar), só o fato de saber que existem mulheres por aí que acreditam no que você acredita e de sentir o que você sente pode ser muito edificante.

A Deusa ama você. Mesmo quando outras pessoas a decepcionam, a Deusa a aceita do jeito que você é. Ela não se importa que você não seja perfeita (embora, como qualquer boa mãe, ela espera que você se esforce para se tornar o melhor de si). Ela não se importa com a sua cor, com seu tamanho ou sua idade, se você é homossexual ou heterossexual, bi ou assexual. Não importa em que gênero você nasceu, se você se considera uma mulher, ela também a considera. Ela não se importa com a quantidade de dinheiro que você ganha nem se interessa em saber se você pode comprar os maiores e mais brilhantes cristais ou se tem de se contentar com aquela pedra legal que encontrou na praia. A Deusa é a essência do amor. Quando se sentir só, abra o seu coração e aí você vai descobri-la.

✸ **A Bruxaria é empoderadora.** Um dos aspectos da crise que enfrentamos em nosso mundo hoje é a existência de muitas forças que tentam nos fazer sentir e nos convencer de que não há o que possamos fazer: mulheres, pessoas negras, qualquer uma que não se encaixe na ideia de "certo e adequado". Bem, eles estão errados. É claro que podemos caminhar juntos(as) para expressar nossa força e nossa recusa em desistir ou ceder. Podemos assinar petições, reunir nossos representantes e executar todas as demais tarefas práticas do dia a dia. Podemos votar e fazer nossas vozes serem ouvidas. (Afinal, as mulheres constituem mais da metade da população.)

Contudo, como Bruxas, temos algumas ferramentas extras em nosso arsenal. Se você está se sentindo impotente e sem esperança, lance um feitiço. Faça isso em voz alta e com paixão e envie essa energia para o mundo. Os resultados podem nem sempre ser imediatos e óbvios, mas pense no que poderíamos alcançar se todas nós proferíssemos feitiços para efetuar uma mudança positiva ao mesmo tempo...

Lance feitiços para gerar mudanças em sua vida e no mundo ao seu redor. Trabalhe por um bem maior. Temos o poder de fazer mudanças positivas. Diga comigo, pessoal: *temos o poder de fazer mudanças positivas*. E saber disso pode nos ajudar a nos sentir menos vulneráveis e desamparadas. Deixe sua raiva energizá-la para agir, em vez de permitir que ela se enterre em você, transformando-se em depressão. Conecte-se com as deusas iradas e canalize sua ira para fazer algo produtivo. Arrase!

✸ **A oração é uma forma de magia.** Sei que essa é uma afirmação à qual muitas pessoas podem se opor, mas eu a mantenho mesmo assim. Afinal, lançar um feitiço e fazer uma oração são ações que têm muito em comum. Você envia seus desejos e suas intenções para o Universo, invocando alguma deusa ou algum deus ao fazê-lo. Você concentra sua vontade de forma direcionada, seja orando pela paz ou fazendo um feitiço para a prosperidade. Algumas Bruxas consideram de verdade que lançar feitiços e fazer uma oração são ações que evocam o mesmo tipo de energia, apenas com uma abordagem um pouco diferente.

Isso significa que você pode fazer magia a qualquer hora em qualquer lugar. Você pode aproveitar o poder de sua vontade e de sua intenção e invocar a Deusa, mesmo que não tenha um altar, ou pode escrever um feitiço ou fazer um ritual. Mesmo que você tenha de manter suas crenças espirituais em segredo em virtude do lugar em que mora ou por causa de alguém que mora com você, ainda assim, você pode orar. O feitiço não precisa ser dito em voz alta, nem rimar, nem ter nenhuma organização formal. Pode ser tão simples quanto dizer "Deusa, por favor, ajude-me a ser forte!".

A natureza cura e fortalece. Em alguns dos meus momentos mais difíceis, encontrei força e paz terapêutica no mundo natural. Para mim, esse é um dos grandes benefícios de seguir uma religião baseada na natureza. Não preciso ir a uma igreja para estar em um espaço sagrado; eu preciso apenas encontrar uma árvore ou uma forma de água, ou observar um pássaro pela janela enquanto ele voa alto no céu. Quando meu coração está dilacerado, o som do oceano ou de uma fonte pode me acalmar. Quando me sinto sozinha, posso olhar para a Lua e sentir a presença da Deusa. E, quando me sinto impotente, frustrada ou com raiva, posso ouvir a chuva e o vento e me lembrar que no menor elemento pode ser encontrado o potencial para um poder incrível. Afinal, uma gota de chuva parece inócua até se tornar uma inundação, e uma brisa suave pode se transformar em um tornado que varre tudo em seu caminho. Podemos parecer tão pequenas quanto uma única gota de chuva, mas, juntas, podemos mover montanhas.

Encontro força na longevidade e na resistência da natureza. Todos os meus problemas parecem muito grandes e importantes, mas significam muito pouco no imenso escopo da história. Às vezes, isso me dá a capacidade de parar e dar um passo para trás, olhar para as coisas com uma perspectiva diferente e dizer a mim mesma: "Isso também passará!". Quando tudo ao meu redor está avassalador e fora de controle, posso me firmar no poder da terra sob meus pés.

Se você não pode estar junto à natureza real, pode trazê-la para sua casa na forma de pedras e cristais, em fontes de água de mesa, por meio das ervas e das plantas domésticas, das esculturas de madeira e, claro, de nossos companheiros peludos. Tenho conchas e pedras das praias que visito que me ajudam a entrar em contato com a energia do mar, mesmo quando não posso ir ao mar. Também uso música meditativa com sons da natureza ao fundo e até uma máquina de ruído branco, que pode reproduzir os sons do oceano, da floresta tropical, da chuva, das tempestades e de outras coisas desse tipo. Essa é a grande vantagem da natureza: ela está em toda parte e é acessível, não importa onde você more. Na verdade, é fácil esquecer o quão onipresente e poderosa ela é. Mas, como Bruxa, o mundo natural é um de seus aliados mais poderosos e uma das ferramentas mais eficazes; tente aproveitar isso.

✪ Não há nada mais fortalecedor do que fazer o que você diz.

Isso não diz respeito apenas à Bruxaria ou à adoração a deusas, é claro, mas, se essas coisas fazem parte de quem você é, aceite-as de todo o coração e com entusiasmo. Mesmo que não possa falar de suas crenças de modo aberto, como gostaria (algumas pessoas, como eu, têm a sorte de poder usar o rótulo de Bruxa com orgulho, mas nem todos estão em posição de fazê-lo – sem julgamento aqui), você ainda pode se manifestar do modo como você é em momentos privados. Seu espírito é seu; portanto, ninguém pode controlar suas crenças. E você ainda pode efetuar ações que respaldem essas crenças, mesmo que ninguém além de você saiba por que está fazendo isso.

Há força em assumir o seu eu mais autêntico. Pense na linhagem de mulheres fortes que extraíram seu poder dos poderosos dons da natureza, protegeram a si mesmas e a suas famílias com magia e adoraram uma divindade que usava um rosto e uma forma como os delas. Você é uma dessas mulheres agora. Você é um poder elemental, uma adoradora da deusa a ser considerada – nunca se esqueça disso. Siga seu caminho de cabeça erguida e chame-se de Bruxa com orgulho, mesmo que você só possa fazê-lo em um sussurro quando ninguém, exceto você e a deusa, estiver ouvindo.

Ou, você sabe, pendure um pentagrama no pescoço e conte a todos. Isso também funciona.

ENCONTRANDO FORÇA E CANALIZANDO SUA GUERREIRA INTERIOR

Nem todo mundo tem a força física e o vigor de uma amazona, mas cada uma de nós tem uma guerreira interior. Essa mulher guerreira assume diferentes formas para cada uma de nós, mas você pode pensar nela como a guardiã de seus fogos sagrados internos.

Eu visualizo minha guardiã como uma mulher alta, musculosa e selvagem, vestindo uma armadura de couro e carregando uma lança ou, às vezes, um arco e uma flecha, ou um forte bastão de madeira. Pense em um cruzamento entre Mulher Maravilha e Xena, a princesa guerreira, com um pouco de Bruxa selvagem – essa é ela. Queimando com uma fúria justa, ela é serena diante de seus inimigos e assustaria a maioria dos homens. Eu não sou como ela, infelizmente, mas ela é uma parte de mim, vive bem no fundo de quem eu realmente sou.

Vou propor um exercício a você. Não se preocupe, não são abdominais. É mais um exercício mental e espiritual. Quero que você descubra como é a sua guerreira interior. Ela pode não ter nenhuma semelhança com a minha (eu assisti muita televisão entre os anos 1970 e 1990). Ela pode não parecer uma guerreira. Inferno, pode não ser ela. Sua guerreira interior pode ser uma pantera ou uma árvore alta. Essa guardiã interna é uma parte de você. Cada uma de nós tem uma imagem diferente para representar a sua.

Se a imagem não chegar até você de imediato, não se preocupe. Dedique o tempo necessário – de uma vez ou ao longo de alguns dias – tentando obter uma imagem clara dela. Talvez ela se pareça com sua bibliotecária favorita (essas pessoas arrasam!) ou tenha uma imagem de uma história em quadrinhos que lhe marcou: a *Tempestade*, de X-Men, talvez? Ou pode se parecer com uma personagem de um livro ou um programa de tevê. Talvez ela se pareça com sua avó quando era jovem. Ou pode se parecer com uma mulher famosa da história, como Joana d'Arc. Talvez a sua guerreira interior seja massai ou apache ou até mesmo uma viking (há evidências de que alguns guerreiros *vikings* eram, na verdade, mulheres).[6]

Quando, enfim, você formar uma imagem clara em sua mente, veja se há semelhança com a descrição de alguma deusa que você conheça. Para mim, tenho quase certeza que seria Atena, ou talvez Ártemis ou Hécate em seu aspecto de não anciã. Essa deusa pode estar associada à guerra e à batalha, ou seus pontos fortes podem vir de outros atributos. Se você não conseguir encontrar a deusa "certa" específica, não se preocupe – você sempre poderá evocar a Deusa de uma forma geral.

Na próxima Lua Cheia, ou quando puder reservar alguns minutos (o que acontecer primeiro), acenda uma vela e visualize essa guerreira interior. Observe o rosto dela, seus cabelos e suas roupas. Imagine as armas que ela carrega, se houver. Se não for uma mulher, imagine quem ou o que quer que seja. Fixe essa imagem em sua mente e, então, evoque a Deusa. Em quaisquer palavras que vierem a você, peça à Deusa para ajudar a apoiar e fortalecer

---

6. Disponível em: https://www.history.com/news/dna-proves-viking-women-were-powerful-warriors. Acesso em: jun. 2023.

sua guerreira interior e ajudá-la a se conectar com sua guardiã interna para que você possa recorrer à força quando precisar.

Em seguida, agradeça a ambas e visualize essa mulher guerreira parada à sua frente e, depois, caminhando, até que vocês se fundam e virem uma só pessoa. Ela pode não ser visível para o mundo exterior, mas nunca se esqueça de que ela está dentro de você, pronta a lhe apoiar, encorajar ou chutar seu traseiro quando necessário. Agradeça e apague a vela. Quando as coisas ficarem difíceis, procure visualizá-la em sua cabeça, olhando com seus olhos para quaisquer desafios que estejam diante de você.

MAGIA PRÁTICA:
RITUAIS DIÁRIOS SIMPLES PARA NUTRIR E FORTALECER O ESPÍRITO

Visualizar sua guerreira interior é apenas uma maneira de fortalecer seu espírito. Você pode tentar usar algumas ou todas as meditações, as afirmações e os feitiços apresentados no próximo capítulo. Alguns deles são mais apropriados do que outros para situações específicas, é claro, mas muitos podem ser usados em ocasiões diversas.

Existem também alguns rituais simples que você pode fazer todos os dias, ou quase todos os dias, para nutrir e fortalecer seu espírito, seja diante das adversidades ou para ajudá-la a lidar com os desafios regulares da vida cotidiana.

Cumprimente o dia com uma afirmação positiva. Pode ser uma coisa simples, como "Hoje vai ser um grande dia!" ou "Sou forte e capaz!", ou ainda "O que quer que esteja por vir, poderei lidar com isso!". Você pode dizer isso em seu altar, ou olhando no espelho, ou assim que abrir os olhos. Caramba! Se tiver um gato por perto, diga ao gato. Se lhe der um petisco, tenho certeza de que ele vai concordar com você, não importa o que diga.

⛤ **Coloque sua armadura.** Para mim, na maioria dos dias, isso assume o modo de usar um colar de pentagrama. (Sou joalheira; então, tenho vários colares diferentes, todos com pedras em cores diferentes. Para os dias de fato difíceis, tenho um colar com um pingente em forma de espada em miniatura. "Tome isso, mundo!") Você pode fazer isso de maneira metafórica, visualizando-se cercada por uma luz brilhante e protetora antes de sair pela porta. Você pode fazer como um amigo meu e enfiar um monte de pedras preciosas jogadas nos bolsos. Ou você pode ser bem discreta e lançar um feitiço de proteção em sua roupa íntima! O que for preciso para fazer você se sentir um pouco mais forte quando sair para o mundo.

⛤ **Trabalhe com alguma alquimia na cozinha.** Todos nós precisamos comer, e a Bruxaria na cozinha tem sido usada pelas Bruxas ao longo da história como uma forma de integrar a magia à vida cotidiana. (*Dica*: essa é uma boa maneira de fazer magia sutil, caso você ainda não tenha saído do armário de vassouras e more com outras pessoas. Você pode concentrar sua vontade e sua intenção em adicionar ingredientes com propósito sem nunca dizer uma palavra em voz alta.) Começo meu dia fazendo café com magia. Eu combino todos os ingredientes em uma máquina de chocolate quente pensando em suas propriedades esotéricas. Ao leite e ao café, adiciono açúcar para que meu dia seja doce, canela para amor e prosperidade, uma pitada de pimenta caiena para energia e criatividade e um pouco de gengibre para cura. Além, é claro, de um cacau muito bom, que é mágico por si só, mas também bom para o amor e a prosperidade. (Todos esses ingredientes também têm outras propriedades mágicas – os que mencionei são apenas os que estou evocando.) A cafeína no café me dá um impulso físico, mas também estou colocando intenções para o meu dia no café da manhã. Você pode fazer isso com qualquer refeição do dia e com qualquer parte de seus alimentos e de suas bebidas que funcionem para você.

✦ **Use o poder da água.** Se você tomar um banho para começar o dia, tente visualizar a água carregando tudo o que você precisa para enfrentar o que está por vir – energia, força, proteção, carisma, criatividade – e sinta seus poros absorvendo tudo isso. Se você tomar banho à noite, visualize a água lavando as partes ruins do dia, para que você possa sair revigorada e limpa. Outro ritual simples é colocar uma tigela com água na porta pela qual você entra quando volta para casa. Não precisa ser nada especial, embora você possa adicionar uma pitada de sal marinho (se nenhum gato for beber dela quando você não estiver olhando) e, se quiser, pode usar uma tigela decorativa. Assim que você entrar, mergulhe os dedos na água e descarregue qualquer negatividade, ou sentimento ruim, do seu dia na tigela, a fim de não a arrastar e perturbar a paz de sua casa. Não se surpreenda se a água ficar muito feia e precisar ser trocada depois de um tempo. Eu tinha uma amiga que fazia isso, e ela disse que a água acabou ficando muito escura!

✦ **Entre em contato com a Deusa.** Isso não precisa ser complicado nem levar mais de um ou dois minutos, mas, se puder, reserve um pouco mais de tempo para esse contato. Pode ser tão simples quanto acender uma vela todas as manhãs ou noites, ou acompanhar a fase da Lua. Costumo cumprimentá-la pela manhã e agradecer à noite. Pode parecer muito, mas, uma vez que se torna parte de sua rotina diária, não exige mais esforço do que escovar os dentes. Você pode reservar um minuto todos os dias para fechar os olhos, respirar fundo e encontrar a energia da Deusa que reside dentro de você. Qualquer que seja o modo que funcione melhor para você, pode ser fortalecedor e reconfortante estender a mão para a deusa e senti-la retribuindo.

⭐ **Vamos em frente, se a Deusa quiser.** Não sei muito sobre a prática do cristianismo, mas tenho amigos devotos que me dizem que, quando as coisas ficam difíceis, eles dizem: "Seja feita a vontade de Deus!". Em essência, isso significa que eles entregam suas preocupações a um poder superior e que acreditam que ele cuidará disso. Ou seja, você para de lutar e passa a acreditar que tudo vai dar certo. Isso também funciona para aqueles que adoram uma deusa. Se você está batendo a cabeça contra a parede com frequência por causa de um problema persistente, ou se tem problemas que estão fora de seu controle, tente apenas respirar fundo e deixá-los ir. Peça à Deusa para consertar as coisas ou peça que ela envie as ferramentas necessárias para que você mesma(o) possa fazer isso. Depois, é só ter fé que vai dar tudo certo.

CAPÍTULO SETE

MEDITAÇÕES, AFIRMAÇÕES E FEITIÇOS

Como Bruxa, você tem muitas ferramentas à sua disposição para lhe ajudar a criar mudanças positivas em sua vida. Se você estiver almejando empoderamento, prosperidade, cura, amor, proteção, paz ou qualquer outra coisa, poderá aproveitar a energia da Deusa para lhe dar um impulso. Você também pode usar afirmações, meditações e feitiços para ser orientado em direção a seus objetivos.

Tenho certeza de que a maioria de minhas leitoras e de meus leitores está familiarizada com essas três ações, mas, caso você não esteja, aqui estão algumas definições básicas.

Uma *afirmação*, como o próprio nome sugere, é uma declaração afirmativa ou positiva que reforça uma ideia ou uma intenção. Por exemplo, "Sou bonita e me sinto segura!". O objetivo das afirmações é criar uma mentalidade positiva e, ao fazê-lo, mudar a maneira como nos vemos e como vemos o mundo.

Exponho mais detalhes sobre as afirmações no final deste capítulo, quando eu explico como você deve criar as suas afirmações, mas o principal é lembrar-se de que elas são breves e devem sempre ser ditas no tempo presente, como se o que você está tentando produzir já fosse uma realidade. Não importa se neste exato momento você não se sente uma pessoa bonita e segura de si. Estamos criando uma nova realidade na qual você já é assim: bonita e segura.

As afirmações podem ser ditas todos os dias ou conforme a necessidade e, às vezes, são repetidas mais de uma vez, como uma espécie de mantra. Isso é útil sobretudo se você estiver tentando eliminar maus hábitos ou fazer mudanças substanciais. O cérebro pode ser reprogramado de uma maneira de pensar para outra, mas é preciso um esforço concentrado. As afirmações podem ser muito úteis nesse exercício. Você pode repetir uma e outra vez enquanto caminha ou se exercita, ou pode dizê-la enquanto acende uma vela, ou apenas murmurá-la baixinho quando perceber que está pensando em algo menos positivo.

A *meditação* é uma espécie de jornada guiada, mais longa que a afirmação, mas ainda bem simples. Por exemplo, se você deseja trabalhar a paz, pode fazer uma meditação em que visualiza estar na praia ou numa floresta, onde quer que prevaleça a sensação de calma e segurança. Ambos os exercícios podem ser feitos de maneiras diferentes. Você pode ler para si em silêncio ou em voz alta, mergulhando nessa experiência com a maior profundidade possível, ou pode gravar sua voz e ouvir mais tarde, com os olhos fechados. Você também pode ler e guiar-se ao longo da jornada, mesmo que não se lembre de todas as palavras. Além disso, é claro, você pode encontrar outras meditações além das contidas neste livro e lê-las ou ouvi-las.

Se você faz parte de um grupo, uma pessoa pode conduzir a meditação e as outras podem ouvir, que é o que costumamos fazer no Círculo da Lua Azul. (As meditações são mais eficazes quando as ouvimos com os olhos fechados, mas, se não puder fazer isso, tudo bem! Você pode apenas lê-las.) O importante é que você esteja se concentrando com a maior profundidade possível.

Feitiços são trabalhos mágicos, em geral, baseados nas palavras escritas ou faladas do próprio feitiço. Isso pode ser tão básico quanto dizer algumas palavras em voz alta ou envolvendo mais ferramentas destinadas a lhe ajudar a focar sua intenção e sua vontade ao enviar o feitiço para o Universo. Os feitiços podem ser dirigidos à Deusa (ou ao Deus e à Deusa), a uma deusa em particular que seja adequada à situação ou com quem você tenha uma conexão, ou apenas recitados sem ser direcionados a nenhuma divindade em particular.

Se faz pouco tempo que você ingressou na Bruxaria, pode considerar útil usar algumas ervas, pedras, velas e coisas do gênero para lhe ajudar a aumentar seu poder. Quem já pratica há algum tempo (ou quem não tem acesso a essas coisas) pode apenas dizer o feitiço, sem usar outros acessórios. Há feitiços que não precisam de nada além de ser ditos com o coração. Você deve decidir o que deseja adicionar ou não; entretanto, eu listei alguns elementos extras opcionais, caso você queira usá-los. Em geral, quaisquer pedras ou ervas podem ser colocadas em seu altar ou em sua mesa. Você pode querer segurá-las ou oferecê-las à Deusa como um presente.

Os exemplos a seguir são apenas a ponta do *iceberg*. Há livros inteiros cheios de feitiços (eu mesma escrevi um), e você pode encontrar muitas afirmações e meditações tanto em livros quanto *on-line*. Você também pode escrever o seu próprio feitiço para atender às suas necessidades específicas, se não conseguir encontrar o que procura em outro lugar. Para começar, porém, eu listei alguns feitiços que abrangem as áreas gerais em que a maioria de nós trabalha em um momento ou outro.

FORTALECIMENTO

Use-o quando precisar de força ou para sentir que é capaz de enfrentar quaisquer desafios que estejam diante de você.

AFIRMAÇÕES

Sou forte e competente.

Não há nada que eu não possa fazer.

Estou repleta de poder.

A energia da Deusa está dentro de mim.

Eu venho da terra e das estrelas.

Estou repleta de poder elemental.

MEDITAÇÃO

Imagine-se em pé em um campo bem iluminado. Você está trajando uma roupa com a qual se sente poderosa, seja uma armadura ou um vestido sensual. Em sua mão direita há uma espada. Em sua mão esquerda há uma caneta. Esses objetos representam a força do seu corpo e do seu intelecto. Se esses símbolos não combinam com você, substitua-os por quaisquer ferramentas que façam você se sentir mais empoderada. A seus pés, há um animal que representa poder para você – talvez um leão, uma pantera, um cachorro grande ou até mesmo um dragão. Saiba que ele está lá como seu companheiro e seu protetor – embora esteja separado de você, constitui uma parte sua. Sinta o calor do Sol enquanto os raios brilham, permeando cada célula do seu corpo com energia e poder. Ouça o ruído do trovão e levante os braços em direção ao céu. No alto, um raio ilumina o céu, mas não vai ferir você. Estenda a mão e dê as boas-vindas ao poder dos deuses enquanto eles a preenchem de poder e coragem. Você pode fazer qualquer coisa. Sinta a verdade disso em sua alma. Você pode fazer qualquer coisa.

FEITIÇO

Ferramentas opcionais de empoderamento – Laranja, vermelho ou branco são as cores usuais. A cornalina é uma boa pedra para a coragem; outras pedras associadas ao empoderamento são o cristal de quartzo, a ametista (essas duas são boas para quase tudo, assim como a turquesa) e o olho de tigre. Quanto às ervas, experimente alguns ramos de tomilho fresco ou um pouco de mil-folhas frescas ou secas, ou use gengibre. Use uma vela branca ou laranja.

Este feitiço pode ser feito na noite de Lua Cheia ou sempre que você precisar. Acenda a vela e olhe para ela por alguns minutos. Veja como ela brilha e imagine-se brilhando por dentro para combinar com ela. Diga: "Grande Ártemis, deusa da caça e da Lua, empreste-me seu poder e sua força. Faça de mim uma guerreira, corajosa e decidida, para que eu possa travar as batalhas que são mais importantes para mim. Encha-me de coragem e ajude-me a permanecer forte diante de quaisquer desafios que a vida me apresente. Ajude-me a encontrar meu poder interior. Que assim seja.

CURA

Há muitas formas diferentes de cura, incluindo a física, a emocional e a espiritual. Podemos precisar nos curar de uma lesão ou de uma doença prolongada, ou restaurar um coração partido pela rejeição ou pela tristeza. Também podemos desejar curar em nome de outras pessoas (só faça isso com a permissão delas – lembre-se da regra sobre o livre-arbítrio) ou em nome do nosso planeta. Às vezes, queremos apenas receber um impulso; outras vezes, estamos pedindo um milagre. Apenas lembre-se de que, na maioria das vezes, a cura é um processo que leva tempo; então, tente não ficar frustrada(o) se não observar resultados imediatos.

AFIRMAÇÕES

Eu sou forte e saudável. Meu corpo está equilibrado e funcionando com perfeição.

Posso sentir a energia de cura da Deusa fluindo dentro de mim. Estou curada(o). Estou bem.

Eu envio energia de cura para a terra e recebo sua energia em troca.

Estou curada(o) no corpo, na mente e no espírito. O que foi quebrado é consertado.

MEDITAÇÃO

Veja diante de você uma bela lagoa no meio de uma clareira pacífica. O céu é amplo e azul, há pássaros cantando e uma brisa suave afasta as preocupações do dia, deixando você pronta(o) para se concentrar na tarefa que tem em mãos. A água é transparente e límpida e brilha com vitalidade. Dê um passo à frente e alcance a lagoa com seus pés, então você pode sentir a suavidade da água em sua pele. Caminhe devagar até que todo o seu corpo esteja imerso. Você pode flutuar na superfície, se quiser, ou afundar. Não se preocupe, você pode cuidar da respiração debaixo da água. Sinta a água tocando cada parte de você, lavando todas as coisas que não funcionam mais para seu benefício, penetrando em suas células para preenchê-las com cura e vitalidade. Fique na água pelo tempo que se sentir confortável e, em seguida, caminhe para fora da lagoa bem devagar, sentindo-se reenergizada(o) e curada(o) e levando esse sentimento com você de volta ao universo mundano.

FEITIÇO

Ferramentas opcionais para cura – Azul é a cor, em geral, associada à cura, embora o roxo possa ser usado para cura espiritual ou psicológica, ou o preto, para banir doenças. Pedras para cura incluem turquesa, lápis-lazúli, sodalita, pedra de sangue, ametista e cristal de quartzo. Quaisquer ervas usadas para cura medicinal também têm essa propriedade mágica. Gosto, em especial, de calêndula, erva-cidreira, alecrim, lavanda e eucalipto. Use uma vela azul, cor de lavanda ou preta, dependendo do que você pretenda curar. Por exemplo, o azul é bom para curar doenças físicas, enquanto a lavanda é mais usada para curas emocionais, e o preto pode ser usado se você precisar banir qualquer forma de doença mental, física ou espiritual. O branco é sempre um bom substituto se você não tiver a cor que deseja.

Se quiser melhorar a saúde, tente fazer este feitiço quando a Lua estiver crescendo (Crescente). Para eliminar a doença ou a tristeza, faça-o quando a Lua estiver minguando. Se a situação for terrível ou persistir por muito tempo, talvez você queira repetir o feitiço todos os dias por algumas semanas ou até durante um mês, caso você comece na noite de Lua Cheia.

Acenda sua vela, levante as mãos com as palmas voltadas para o céu e diga: "Ísis, eu a invoco para que faça brilhar seus poderes de cura sobre mim. Ajude-me a deixar de lado a doença e a dor, a tristeza e o mal-estar. Como as águas do Nilo lavam o velho e transformam a terra, ajude-me a deixar de lado tudo o que me causa mal e me ajude a avançar para uma nova temporada saudável, produtiva e feliz em minha vida. Ísis, abençoe-me com o dom da cura e com o poder do seu amor e de sua magia. Entrego-me a curar e a ser curado, hoje e nos dias que virão!".

PROSPERIDADE

Quem não poderia usar um pouco mais de dinheiro? No entanto a prosperidade chega a nós de muitas formas que não podem ser resumidas apenas a um saldo bancário. A prosperidade pode ser uma abundância de tudo o que você mais valoriza. (Eu sou muito rica em livros, por exemplo.) Pode ser uma oportunidade inesperada ou uma forma de evitar gastar um dinheiro que você não possa usar ou um presente que vem quando você mais precisa.

Para a magia da prosperidade, sempre recomendo deixar algum espaço para o Universo atender às suas necessidades de formas que você pode não ter imaginado – você poderá se surpreender com a frequência com que isso acontece quando estiver aberta(o) a isso.

AFIRMAÇÕES

Tenho tudo de que preciso e a maior parte do que eu quero. O Universo me abençoa com prosperidade.

Minha vida é repleta de abundância e prosperidade.

Estou aberta(o) à prosperidade em toda e qualquer forma positiva.

Pense no ditado "Cuidado com o que você pede!". Você sempre deve ter cuidado ao pedir prosperidade, porque, com certeza, não vai querer herdar dinheiro porque alguém que você amava morreu ou receber dinheiro de um processo porque algo horrível aconteceu com você. Quase sempre adiciono algo sobre "formas positivas" ou termino um feitiço de prosperidade dizendo "para o bem de todos e de acordo com o livre-arbítrio de todos" apenas para garantir.

MEDITAÇÃO

Imagine-se em um castelo. Pode ser qualquer tipo de castelo de que você goste: claro e arejado, se pertencer à rainha das fadas, ou escuro e luxuoso, repleto de tecidos suntuosos e acessórios reluzentes. Enquanto você caminha devagar de cômodo em cômodo, abra os armários, as gavetas e os gabinetes para encontrar tudo o que você sempre quis. Talvez encontre moedas de ouro e pedras preciosas. Talvez haja uma biblioteca que contenha todos os livros que você gostaria de ler, ou uma sala de artes repleta de suprimentos para criar qualquer coisa que seu coração desejar. Roupas bonitas, móveis confortáveis, talvez aquele utensílio de cozinha bacana que você gostaria de poder comprar. O que quer que você tenha desejado, todas as coisas da sua lista de desejos estão nesse castelo. Aos poucos, você percebe, enquanto caminha, que tudo nesse castelo pertence a você. Tudo o que você sempre quis está ao seu alcance. Sinta o contentamento de saber que não há nada que você não possa ter e, em seguida, abra as portas e convide alguma pessoa com quem você gostaria de compartilhar tudo isso. Se você preferir apenas se aconchegar junto à lareira com um bom livro e se divertir sozinha, faça isso. Absorva a sensação de saber que você tem tudo de que precisa e o que deseja e traga essa sensação de volta com você ao retornar ao mundo real, abrindo-se para a possibilidade de ter tudo.

FEITIÇO

Ferramentas opcionais para a prosperidade – Verde é a cor mais comum para o trabalho de prosperidade, embora, às vezes, também sejam usados os tons de ouro ou marrom. Qualquer pedra verde é boa, mas gosto, em especial, de aventurina, jade, malaquita e pedra de sangue. A pedra olho de tigre, a turquesa e as pérolas também estão associadas ao trabalho com dinheiro. As ervas usadas para a magia da prosperidade incluem manjericão e hortelã-pimenta, e também podem ser usados o cravo-da-índia, a canela e o gengibre.

> *Nota:* Quando as Bruxas usam o termo "erva", incluem não apenas ervas verdadeiras como hortelã-pimenta, mas também especiarias, frutas, árvores... ou seja, qualquer coisa que cresça na natureza.

Eu gosto de pegar uma vela verde e esculpir vários símbolos, como os sinais rúnicos *gifu* (presente) e *uraz* (força e riqueza), minhas iniciais, cifrões representando o dinheiro e qualquer outra coisa que pareça apropriada para o que eu estiver almejando no momento. Em seguida, posso untá-la com um pouco de óleo essencial feito de uma das ervas que mencionei. Eu também preparo meu óleo mágico de prosperidade usando óleos essenciais misturados e depois abençoados e consagrados para uso positivo.

Você pode fazer um trabalho mágico para aumentar a prosperidade durante a Lua Crescente e trabalhar para diminuir a dívida durante a Lua Minguante, embora, na verdade, eu sempre o faça quando sinto necessidade.

Coloque suas ferramentas no altar se as estiver usando. Também gosto de adicionar alguma forma de dinheiro "sofisticado", como uma moeda legal de um dólar ou uma pilha de moedas brilhantes e novinhas em folha, para simbolizar a prosperidade que estou pedindo. Se você deseja esculpir símbolos em sua vela, pode fazê-lo antes de começar ou como parte do ritual, para que consiga fazer tudo devagar e com atenção.

Pense no que você de fato precisa. É dinheiro mesmo? Um trabalho melhor? Menos pressão financeira? Seja qual for o seu objetivo, fixe-o com firmeza em sua mente. Em seguida, acenda uma vela verde ou dourada e diga: "Lakshmi, como a senhora concede riqueza e prosperidade, abro meus braços para receber seus presentes. Deméter, deusa da abundância, abençoe-me com sua generosidade transbordante para que eu possa ter tudo de que preciso para satisfazer às necessidades do meu corpo e do meu espírito. Peço que me enviem prosperidade de forma positiva, para o bem de todos e de acordo com o livre-arbítrio de todos, e prometo que a usarei com sabedoria e a compartilharei com aqueles cuja necessidade é maior que a minha. Agradeço, Lakshmi. Agradeço, Deméter. Agradeço desde já os presentes que virão!".

AMOR

Quando as pessoas falam sobre amor, muitas vezes pensam sobretudo em termos de amor romântico. No entanto, o amor se revela em muitas formas. Há o amor entre pais e filhos, o amor entre bons amigos, o amor de uma Bruxa por sua deusa e vice-versa. Sem falar no nosso amor pelos nossos companheiros peludos (e por alguns que não têm pelos, mas talvez escamas ou qualquer outra coisa equivalente). As possibilidades de amor são ilimitadas, e às vezes necessitamos de diferentes aspectos dele em diversos momentos de nossa vida. Não pense que um feitiço de amor deve ser limitado a um romance ou a relacionamentos.

Não sou fã dos tipos tradicionais de feitiços de amor, embora sejam bastante populares. Eu não gosto de nenhum feitiço de amor direcionado a uma pessoa específica, por alguns motivos. Por um lado, você corre o risco de interferir no livre-arbítrio alheio. Pense nisto: de fato, você quer se relacionar com alguém que teve de forçar a amar você, lançando-lhe um feitiço? (*Dica*: a resposta deve ser não. O amor verdadeiro nunca é forçado.) Há também a possibilidade de você ficar com alguém que não é a pessoa certa para você. Eu mesma fiz isso. Foi uma vez, em meus primeiros anos de prática. Dizer que aprendi minha lição da maneira mais difícil seria um eufemismo enorme. Pessoal, aprenda com meus erros. Não lance um feitiço de amor em alguém só porque tem *certeza* de que essa pessoa deveria estar com você. Se estiver errada(o), esses tipos de feitiços podem ser muito difíceis de quebrar, e talvez você tenha dificuldade para se livrar da pessoa depois de descobrir que ela não é a pessoa certa. (Sobretudo se os deuses decidirem usar isso como uma oportunidade de aprendizado para você. O que eles provavelmente farão. Só estou dizendo.)

Suas outras opções são fazer um feitiço de amor geral, pedindo aos deuses que lhe enviem a pessoa certa e deixando essa escolha para eles, ou fazer um feitiço que a(o) abra para o amor. Esse é, na realidade, o tipo que eu prefiro. Na maioria das vezes, nosso inconsciente nos impede de encontrar o amor. Talvez, no fundo, não nos sintamos dignas/dignos de ser amados. Talvez não acreditemos de verdade no amor com base em experiências passadas ou no que aprendemos enquanto crescíamos. Talvez sejamos muito exigentes e estejamos em busca de alguém muito perfeito.

Fazer um feitiço para se abrir para o amor nos ajuda a nos livrarmos de alguns dos obstáculos que colocamos em nosso caminho e envia a mensagem ao Universo de que estamos prontos para qualquer tipo de amor que mais nos beneficie em determinado momento. Também pode ser menos específico, de modo que, se o que de fato precisamos é de uma nova amiga ou de um amigo ou de um relacionamento melhor com a família, assim, também deixamos a porta aberta para essa possibilidade.

No entanto, se você deseja um amor romântico de verdade e tem certeza do que está procurando, pode pedir à Deusa que o envie. Há *muitas* deusas especializadas em amor romântico. Escolha aquela que mais combina com você e peça ajuda a ela.

AFIRMAÇÕES

Sou filha(o) da Deusa, feita à sua imagem,
e sou digna de amor.

Dou e recebo amor de coração aberto.

O amor é meu, hoje e sempre.

MEDITAÇÃO

Visualize-se sentada(o) em um belo campo. É um dia quente e ensolarado, e você sente o calor do Sol brilhando sobre você. Concentre-se no chakra do coração, localizado no meio do peito. Sinta-o como uma pedra preciosa meio brilhante – rosa ou uma mistura de rosa e verde, se preferir. Nessa visão (e na realidade, se você quiser), coloque as duas mãos sobre esse ponto e envie a si mesma(o) o amor incondicional. Pense em você como se fosse uma criança pequena, inocente e vulnerável, e junte todo o amor que você daria a essa criança e envie-o para dentro de si. Sua pedra de chakra ficará mais brilhante conforme você fizer isso. Quando estiver pronta(o), veja um pássaro colorido – qualquer tipo de que você goste – voar em sua direção e pousar aos seus pés. Em seu bico há uma bola brilhante de energia, um presente da Deusa que ama a todos nós. Estenda as mãos e aceite esse presente; depois, coloque-o sobre o peito para que possa ser absorvido pelo chakra do coração. Veja o brilho dessa pedra preciosa de chakra ficar ainda mais brilhante. Agora, veja a forma de uma pessoa se aproximando. A luz do Sol está sobre seus olhos, então, você não consegue distinguir nada, exceto uma forma vaga, mas saiba que, seja quem for, essa pessoa carrega consigo um amor que é destinado apenas a você. Estenda suas mãos e aceite-o; então, coloque-o em seu chakra como você faz com os outros dons. Veja aquela parte de você crescendo de um modo tão brilhante que rivaliza com o Sol e carregue essa sensação de calor e amor de volta ao mundo. Quando precisar de um impulso, feche os olhos e coloque as mãos nesse ponto do peito, lembrando-se de todo o amor que já existe e do potencial do amor que está por vir.

FEITIÇO

Ferramentas opcionais para o amor – Rosa é a cor mais associada ao amor romântico ou ao amor entre amigos. O vermelho é para o amor apaixonado e a sexualidade. As pedras usadas no trabalho mágico para o amor são ametista, quartzo rosa, pedra da lua, turquesa e granada. As ervas e outras plantas que gosto de usar são as rosas (as pétalas de rosas frescas inteiras são boas, mas você pode usar as flores secas, se for o que você tem), lavanda, limão, cravo e canela. Se você não sabe com certeza que tipo de amor está procurando, pode usar uma vela branca, com ou sem uma fita rosa amarrada em volta.

Decore seu altar com uma ou mais rosas frescas ou coisas que, para você, simbolizem o amor. Tenha algumas pedras em forma de coração que possa usar, por exemplo, ou pode encher uma taça com vinho, hidromel ou suco de romã para representar a doçura do amor. Se você está procurando um(a) parceiro(a) romântico(a), pode escrever uma lista dos atributos que procura em um(a) companheiro(a) e colocá-la no altar também. Apenas tome cuidado para não especificar demais (você não vai querer tornar a tarefa impossível se aquele bilionário bonito, loiro e de um metro e oitenta de altura não estiver disponível) nem deixar muito vago. (O que significa ser "legal"? Tente dizer algo como "que seja generoso(a) comigo e me trate bem", por exemplo.)

Sente-se e permaneça assim por alguns instantes pensando sobre o que você quer. Se você está sozinha(o), talvez seja indiferente encontrar um amor ou uma amizade. Você só precisa de algum tipo de amor que a Deusa considere ideal para resolver esse problema. Se estiver procurando o amor romântico, você quer que seja em curto ou longo prazo, com paixão ou delicadeza, ou quer deixar essa decisão para o Universo?

Acenda sua vela e diga: "Afrodite, rainha do amor, ouça meu apelo. Ajude-me a abrir-me ao amor sem medo nem hesitação. Deixe-me dar e aceitar amor com liberdade da melhor e mais saudável maneira possível e lembre-me de que sou digna(o) de dar e receber amor. Envie-me o amor que estiver destinado a mim, para que, como a rosa, eu possa florescer e crescer. Afrodite, envie-me amor. Assim seja!".

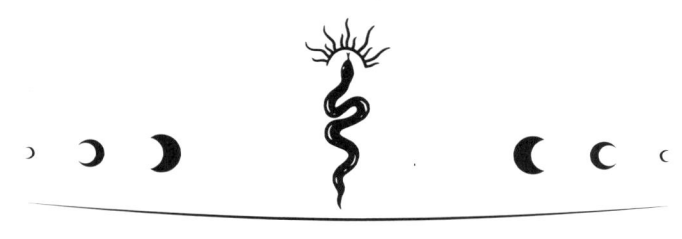

PROTEÇÃO

Vivemos em um mundo traiçoeiro. Às vezes, parece que o perigo está ao nosso redor. Todos os dias, as notícias estão repletas de histórias sobre coisas terríveis que acontecem com pessoas inocentes; então, pode ser fácil ficar dominado(a) pelo medo ou pelo pavor. Mas essa não é uma boa maneira de viver. Você não pode deixar o medo dominar sua vida, ou ele tornará seu mundo um lugar muito menor e mais sombrio do que realmente é.

Sim, acidentes podem acontecer, mesmo se tomarmos todos os cuidados, e há pessoas por aí mal-intencionadas; além disso, doenças podem acometer qualquer um. Claro, queremos tomar todas as precauções razoáveis que pudermos para manter a nós e nossos entes queridos em segurança. No entanto, depois de efetuar as coisas práticas, adicionar afirmações, meditações ou fazer um feitiço de proteção, talvez você se sinta menos vulnerável, com a mente aliviada, para que possa se concentrar nos aspectos positivos e menos assustadores do mundo.

AFIRMAÇÕES

A Deusa é meu escudo e minha armadura.
Ela me mantém a salvo de danos.
Estou segura(o) e protegida(o).
Uma luz brilhante e positiva de proteção me envolve.
Estou segura(o) e protegida(o).
Sou forte e capaz de me defender,
aconteça o que acontecer.

MEDITAÇÃO

Visualize-se parada(o) em um espaço escuro. Aos poucos, uma luz brilhante aparece diante de você. É uma armadura. Isso pode assumir a forma de uma armadura de guerreiro à moda antiga, de um colete e um capacete à prova de balas modernos ou até mesmo de uma fantasia de super-herói... enfim, deve ser o que representar proteção para você. Quando você fica diante dela, ela brilha e desaparece, e depois reaparece em seu corpo. Você pode verificar sua armadura peça por peça, para se certificar de que você está coberta(o) da cabeça aos pés. Se algumas partes de seu corpo ainda estiverem vestindo roupas comuns, você pode imaginá-las brilhando com uma energia sobrenatural. Estenda seu braço esquerdo, e um escudo aparecerá em sua mão. Saiba que esse escudo pode desviar qualquer dano ou negatividade para longe de você. Estenda seu braço direito e veja-se segurando qualquer arma que você sinta que poderia usar para se defender melhor, se fosse necessário. Pode ser uma espada flamejante, uma lança mágica ou algo mais realista, se você se sentir confortável com isso. (Sinta-se à vontade para inverter os braços se você for canhoto, de modo que o escudo fique em seu braço não dominante.) Sinta a força da terra sob você e puxe-a para o seu núcleo. Conecte-se com o poder do céu acima e saiba que a Deusa está cuidando de você. Permaneça nesse espaço o tempo que quiser e depois leve essa sensação de segurança, proteção e poder de volta ao mundo cotidiano.

FEITIÇO

Ferramentas opcionais para proteção – As pessoas quase sempre usam a cor preta para o trabalho de proteção, embora o branco também seja adequado. Pedras associadas à proteção englobam pedras negras, como ônix negro e turmalina-negra, jaspe vermelho, ágata, cristal quartzo, granada, âmbar (sobretudo se for combinado com azeviche, pois as duas substâncias juntas são consideradas pedras de Bruxa... são, na verdade, formas de resina natural, e não pedras preciosas), olho de tigre, ametista e turquesa.

Algumas das ervas usadas para proteção incluem alho (não é usado apenas para vampiros), alecrim (que era, de modo tradicional, plantado na porta da frente da casa para proteção), sálvia, manjericão, endro e zimbro. O sal, sobretudo o sal marinho, também é considerado protetor.

Eu faço um feitiço de proteção em minha casa todos os anos, em geral, no outono, como parte de meus preparativos para o próximo inverno. Esse é um ritual simples, mas que me traz conforto e sensação de segurança. Eu misturo algumas ervas secas – alecrim, sálvia, manjericão e alho – com um pouco de sal marinho em um recipiente. Você pode adicionar uma ágata no fundo, só para dar um toque extra. Eu abençoo e consagro essa mistura em meu altar para o trabalho de proteção e, em seguida, ando pelo lado de fora de minha casa e pelos limites de minha propriedade borrifando-a pelo caminho.

Costumo repetir uma oração bastante básica aos deuses enquanto caminho, algo como: "Que esta casa seja protegida. Que esta terra seja protegida. Que todos os que aqui vivem sejam protegidos de danos, tanto maliciosos quanto acidentais. Que esta casa seja protegida. Que este lugar seja protegido!".

Perceba que é bem simples. Eu faço isso todos os anos, e acredito que ajuda a manter a mim e aos meus entes queridos seguros. (Ao que parece, não faz efeito no vazamento intermitente do telhado, mas isso é mais um aborrecimento do que uma ameaça.) Guardo uma pequena quantidade da mistura e a uso para iniciar o lote do próximo ano, para manter a proteção ininterrupta.

Você pode fazer qualquer variação que funcione para você. Se não pode fazer isso do lado de fora porque mora em um edifício de apartamentos, por exemplo, leve o alho e polvilhe a mistura por dentro e aspire em um ou dois dias. Você também pode colocar um pouco dessa mistura em uma bolsa de pano e criar uma bolsa charmosa, que você pode pendurar na entrada principal do apartamento.

Quando uma amiga e eu participamos de uma grande convenção pagã num lugar em que tivemos problemas com energia intrusiva em anos anteriores, borrifamos um pouco de mistura de proteção nos cantos de nosso quarto de hotel e em cima das cabeceiras de nossas camas. (Deus sabe o que a camareira pensou depois disso, mas, na manhã seguinte, nós nos limpamos da melhor forma que pudemos.)

Para atrair um pouco de poder extra, você pode abençoar e consagrar sua mistura de ervas ou um saco de amuletos. Para fazer isso, coloque a mistura de ervas em seu altar ou sua mesa e polvilhe com sal e água (para representar a terra e a água); então, passe uma varinha de sálvia sobre ela (para representar o ar e o fogo, e também para purificá-la). Na sequência, diga: "Grande Inanna, poderosa deusa, abençoe e consagre estas ervas sagradas para que possam proteger minha casa e todos os que vivem dentro dela. Que assim seja!".

PAZ E CALMA

Vivemos em um mundo turbulento, repleto de barulho e stress, e (sobretudo nos dias de hoje) mergulhados em um redemoinho de emoções. Não é fácil manter a serenidade nessas circunstâncias, e a maioria de nós luta para não se sobrecarregar com todas as demandas de nosso tempo, de nossa energia e psique. É possível fazer algumas atividades que nos ajudem a manter o equilíbrio. Medite, faça yoga ou *tai chi chuan* ou caminhe, ou pratique alguma outra forma de exercício que permita que você sinta tranquilidade e permaneça equilibrada(o), em conexão com o mundo natural (a água, em especial, pode ser calmante), acaricie um gato ou um cachorro, passe tempo com pessoas que você ama, leia um livro e, de vez em quando, desligue a televisão e o celular para poder ouvir seus pensamentos. Se puder, tome um longo banho de banheira.

Embora possa ser difícil, considerando todas as demandas que a maioria de nós tem em relação ao nosso tempo e à nossa energia, tente abrir espaço para sua prática espiritual. Assim como a yoga ou a meditação, o foco no espírito – quer isso signifique oração, trabalho mágico ou apenas uma conversa com a Deusa – pode nos ajudar a manter os pés no chão, centrados e mais capazes de manter a calma em meio aos altos e baixos da vida.

AFIRMAÇÕES

Sinto calma e estou em paz.

Minha mente e meu espírito estão em paz.

Estou equilibrada(o) e serena(o).

A Deusa é minha rocha e minha estrela brilhante.

Ela me traz paz.

MEDITAÇÃO

Imagine-se em pé em uma bela praia. A areia está fresca e macia sob seus pés descalços, e uma brisa suave transporta o cheiro de sal da maresia. A praia está calma e vazia. Há apenas você, o mar e o canto distante dos pássaros. Você se senta na beira do mar e ouve o som das ondas batendo contra a costa. Dentro e fora, seguindo o ritmo do batimento cardíaco do mundo, sibilando e deslizando contra a areia. Seu coração começa a bater no ritmo das ondas conforme elas vêm e vão, lentas, constantes e tranquilas. As ondas lavam seus pés como se fossem uma seda, incluindo você em sua dança primitiva. Você pode sentir o calor do Sol acima, a força fresca da areia logo abaixo, e você é um ser único com a terra, o mar e o céu. Você sente serenidade e paz. Você pode ficar nesse lugar o tempo que precisar e voltar quando quiser. Ele está sempre aqui e sempre estará aqui. Fique em paz.

FEITIÇO

Ferramentas opcionais para a paz – O branco é, por tradição, a cor usada para acalmar, mas o azul-claro é outra opção, assim como o rosa-claro. Pedras populares como ametista, aventurina, cornalina, rodocrosita (que é um tom de rosa empoeirado), sodalita, turmalina azul e quartzo rosa podem ser usadas. A lavanda é com certeza a melhor erva a ser usada para a paz, mas as Bruxas também usam maracujá, gardênia, verbena e violeta, entre outras. A rosa é outra planta que pode ser usada para diminuir o stress. Você pode jogar algumas pétalas de rosa no banho depois de um dia difícil.

Se você precisa de paz e serenidade, pode não ter o foco necessário para fazer um ritual complicado, então, vamos simplificar isso. Coloque um pouco de lavanda (fresca ou seca, o que você tiver à mão) em um pequeno prato em seu altar ou sua mesa, junto a uma ametista ou um quartzo rosa. Coloque uma vela branca diante de você. Se quiser, pode passar um pouco de óleo essencial de lavanda ou de rosa na vela também. Se tiver uma boa música relaxante ou um CD com sons do oceano ou uma batida silenciosa, coloque-o em segundo plano. (Algumas máquinas de ruído branco têm uma opção para sons do oceano ou da chuva.)

Acenda a vela e passe os dedos pela lavanda para liberar seu aroma tranquilizador. Faça algumas respirações lentas e profundas e diga: "Kuan Yin, mãe da compaixão, envolva-me em seus braços amorosos. Elimine meu stress e minha preocupação, alivie meu coração e meu espírito e me presenteie com serenidade. Ajude-me a ficar calma(o) e em paz, segura(o) por saber que você me mantém a salvo de danos. Kuan Yin, ajude-me a sentir calma e estar em paz!".

Em seguida, sente-se e permaneça assim por alguns minutos, ou pelo tempo que puder, sentindo-se envolvida(o) no abraço gentil e amoroso da Deusa.

MAGIA PRÁTICA:
CRIE UMA AFIRMAÇÃO PARA ATENDER ÀS SUAS NECESSIDADES

E se eu não tiver incluído a afirmação exata para suas necessidades específicas? Não se preocupe! Você pode criar o seu próprio feitiço. Não é difícil. Apenas lembre-se de que as afirmações são sempre ditas no tempo presente. Por exemplo, "eu sou saudável e cheia de energia", em oposição à expressão menos potente "eu serei saudável e cheia de energia". Ao declarar a afirmação no tempo presente, você coloca todo o peso de sua crença nela, e isso por si só já a torna mais verdadeira. Portanto, embora possa parecer estranho afirmar uma verdade que ainda não aconteceu, ao expor essa intenção, você ajuda a manifestá-la.

Comece descobrindo o que você deseja que sua afirmação alcance com exatidão. Escolha a simplicidade. No exemplo anterior, você pode perceber que eu não disse "Eu sou capaz de correr uma meia maratona sem sentir nenhuma dor nos meus joelhos. Ah, e meu sistema digestório fica sempre leve mesmo depois de eu comer uma farta refeição!". Atenção: eu disse, antes, apenas "saudável". Você pode ser específica(o) se seu objetivo for relativamente básico. "Estou livre do câncer!" ou "Meu coração está saudável e funcionando bem!". Apenas lembre-se de que as afirmações devem ser simples e diretas.

Procure fazer afirmações positivas, e não negativas. Por exemplo, em vez de dizer "Não sou pobre!", prefira dizer "Tenho tudo de que preciso!". Se a palavra "não" aparecer, é sinal de que você precisa reformular sua afirmação. Evite dizer "Não estou com dor!", mas diga "Sinto-me bem!". Compreende o que eu quero dizer?

Seja breve. Uma afirmação é algo que você deve memorizar e repetir conforme for necessário, portanto, evite frases longas a ponto de precisar dizê-las por tanto tempo que se torne preciso anotá-las. Muitas vezes, fazemos afirmações repetidas, quase como um mantra, para ter certeza de que nosso desejo fluirá com facilidade. "Tenho sucesso em meus estudos!" funciona melhor do que "Eu me sobressaio em todas as minhas aulas, acerto nas provas, impressiono meus professores e obtenho as notas mais altas!". Entende?

Ou ainda, se quisermos que as afirmações se tornem uma resposta automática a um pensamento negativo, então, reitero: elas precisam ser simples. O ditado que uso com mais frequência é este – se me pego reclamando ou sendo negativo, digo: "Isso também vai passar!". Não é uma afirmação, mas serve ao mesmo propósito.

Se estiver usando uma afirmação como um lembrete para mudar seu pensamento, ela precisa ser curta o suficiente para se tornar uma resposta espontânea. Pense nisso como uma reprogramação do seu cérebro. A conversa interior negativa é um hábito fácil de adquirir e difícil de eliminar. Afirmações podem ajudar. Descubra quais coisas desagradáveis você costuma dizer a si mesma com regularidade e crie afirmações para combatê-las. Se você pensar "Ninguém nunca vai me amar!", responda a isso com "Eu sou adorável e a Deusa me ama!". Se você se pegar pensando "Sou gorda e estúpida!", substitua isso por "Sou perfeita do jeito que sou!". Porque você é. Você é, de verdade, perfeita.

Portanto, para recapitular: simplifique as coisas, certifique-se de que sua afirmação seja positiva e esteja no tempo presente; faça sua afirmação curta o suficiente para que você possa se lembrar dela e repeti-la com frequência. Agora, repita comigo: "Sou capaz de criar afirmações positivas para todas e quaisquer das minhas necessidades!".

Siga em frente, irmã.

PARA ONDE VOCÊ VAI SEGUIR A PARTIR DAQUI: EXPLORAÇÕES

Espero que este livro tenha oferecido a você as ferramentas necessárias para iniciar sua jornada mágica e continuar se conectando com as deusas, com o excitante mundo da Bruxaria Moderna e com seu próprio eu interior de deusa.

Se quiser continuar com a exploração que começamos neste livro, adiante você encontrará uma lista de mais alguns dos meus livros favoritos de Bruxaria e sobre a Deusa, que podem propiciar um lugar para onde ir a seguir. Há muitos aspectos diferentes da adoração à Deusa (e muito mais deusas do que eu poderia apresentar num único livro), e a Bruxaria tem facetas infinitas e variadas. Esses livros são apenas a ponta do *iceberg*, mas são alguns que li e de que gostei, e acho que você também pode considerá-los úteis. Cada um deles está na minha biblioteca de casa enquanto conversamos.

É desnecessário dizer que nada se compara à sua prática e sua experiência: ler sobre a experiência dos outros só pode levá-la até certo ponto. (Digo eu, a autora. Mas é verdade.) Portanto, os próximos passos devem ser sobre o que você quer e almeja em sua vida e sobre as maneiras pelas quais você conseguirá alcançar seus objetivos. Que a Deusa guie você em suas jornadas.

Deborah Blake

APÊNDICE I

ELEMENTOS BÁSICOS EXTRAS PARA BRUXARIA

KIT DE FERRAMENTAS DE UMA BRUXA – ALGUNS SUPRIMENTOS BÁSICOS QUE VOCÊ PODE QUERER MANTER À MÃO

Muitos dos feitiços e rituais deste livro pedem "extras" opcionais. São itens usados por muitas Bruxas para ajudar a aumentar o foco quando trabalham, tais como ervas e pedras que correspondem a quaisquer objetivos mágicos que estejam almejando. Além disso, algumas pessoas gostam de decorar seus altares com certos objetos associados a aspectos da arte e/ou da adoração à Deusa.

Se você pratica há algum tempo, talvez tenha tudo isso ou, ao menos, alguns itens. Algumas Bruxas (inclusive eu) têm um estoque enorme de diversos elementos. Outras se contentam com uma vela branca e, às vezes, um cristal de quartzo transparente. Isso é apenas uma questão de escolha pessoal, mas, caso você esteja pensando "eu quero um kit básico de ferramentas de Bruxa, mas não sei por onde começar", aqui eu apresento uma lista de alguns dos itens mais usados.

Se você tiver a sorte de poder contar com uma loja pagã ou *New Age* na região onde mora, poderá, então, entrar lá e comprar tudo de que precisa. Se você não dispõe disso, no entanto (ou se não se sente confortável em ser vista(o) comprando itens para praticar Bruxaria), pode encontrar alguns suprimentos em lojas de produtos naturais (ervas secas, por exemplo, que, em geral, estão disponíveis a granel por um preço muito mais em conta do que o dos minúsculos recipientes que a gente compra na seção de temperos de uma mercearia comum, com a vantagem de que, com muita probabilidade, devem também ser livres de agrotóxicos), ou mesmo em lojas comuns (as velas, por exemplo). Tudo o que você não conseguir encontrar nas proximidades de sua casa estará disponível *on-line*, é claro.

Uma observação sobre ervas: lembre-se de que alguma erva pode não ser segura para você ou para seus animais de estimação. Costumo me limitar a adquirir ervas que podem ser usadas para fins culinários e medicinais e evito qualquer coisa que possa ser venenosa para meus gatos, apenas por segurança. Entretanto, muitas ervas estão associadas ao uso mágico, por isso, tenha cuidado ao experimentar outras que não foram mencionadas neste livro. (Não estou dizendo que você não deva usar ervas que possam ser venenosas, reitero apenas que, se você tiver crianças pequenas ou animais em casa, deve ter cuidado com qualquer coisa com a qual não esteja familiarizada e mantê-la trancada, caso possa oferecer algum perigo.)

Além disso, o fato de um elemento não ser tóxico não significa que nenhuma pessoa seja alérgica a ele. Se, por exemplo, você fizer um chá com uma erva que nunca ingeriu antes, experimente uma pequena quantidade, para ter certeza de que está tudo bem, sobretudo se tiver tendência a ter alergias, como eu. Alguns anos atrás, por acidente, descobri que sou alérgica a mil-folhas, uma erva com flores muito usada em trabalhos mágicos. (Eu colhi algumas flores dela no campo porque alguém me disse que elas são boas para uso medicinal. O problema é que minhas mãos ficaram com bolhas gigantes na mesma hora em que as colhi). Assim, não posso tomar o chá feito com essa planta, embora eu possa usar com segurança a folha seca num sachê, desde que a erva não toque minha pele. Ainda bem que sempre há outras alternativas.

Além disso, se for colher ervas na natureza, evite as que crescem perto da beira da estrada, pois podem ter sido tratadas com pesticidas e talvez estejam contaminadas com poluentes dos carros que passam.

FERRAMENTAS GERAIS

Atame – faca de Bruxa; usada para direcionar energia, e não para cortar; simboliza o Deus.

Caldeirão – em geral, feito de ferro fundido, pode ser de qualquer tamanho e é usado para queimar coisas como ervas ou papéis; também simboliza a Deusa.

Cálice (também chamado de copa ou taça) – símbolo da Deusa (associa-se ao útero); usado para colocar vinho, água etc.

Estátuas ou imagens da Deusa (e do Deus, se você estiver usando ambos em sua prática) – podem ser de uma deusa específica, como Bastet, ou apenas uma imagem geral da Deusa.

Incenso e porta-incenso (caso o utilize) – o incenso, em geral, representa o elemento Ar, embora, às vezes, possa ser tanto o Fogo quanto o Ar.

Livro das Sombras – nele você coleta todo o seu conhecimento mágico, desde os feitiços que usou até as receitas.

Representações dos quatro elementos – muitas Bruxas mantêm os quatro elementos em seus altares ou os usam durante o ritual, embora, às vezes, sejam usadas velas verdes, amarelas, vermelhas ou azuis. A terra é quase sempre representada por uma rocha ou uma pedra, embora uma planta também possa ser usada. O ar pode ser uma pena ou um incenso; o fogo, em geral, é representado por uma vela; e a água pode ser uma tigela de água ou uma concha.

Sal e água – usados para limpeza, em geral, cada um tem seu próprio recipiente, e depois se usa uma pequena tigela para combiná-los.

Traje – não é de fato uma ferramenta, mas é usado como se fosse uma para concentrar a mente no trabalho mágico. Pode ser qualquer roupa que você vista para fazer magia. Pode ser um tipo de quimono ou uma capa usados por cima da roupa do dia a dia ou uma roupa especial.

Varinha – em geral, feita de madeira, pode ser bem simples ou decorada com runas, penas etc. Usada para direcionar energia, também simboliza o Deus. Ao contrário do que se vê nos filmes, as varinhas não contêm, por si só, poderes mágicos. Isso é um equívoco.

Vassoura – usada para varrer o círculo antes de um ritual, para limpar a energia. As vassouras rituais devem ser guardadas para uso mágico, e não para limpeza doméstica. Essa é a única ferramenta que combina o feminino (as cerdas) e o masculino (o cabo).

VELAS

As Bruxas costumam usar muitas velas. Em geral, há uma para a Deusa (e, às vezes, uma para o Deus também, em especial durante os rituais do Sabá) e uma a cada quatro quadrantes que representam Terra, Ar, Fogo e Água (norte, leste, sul e oeste). Então, pegue uma vela para o trabalho mágico que você for fazer. Talvez você queira usar algumas – ou todas – as cores descritas a seguir. (Observação: essas cores podem ser usadas com outras ferramentas além das velas; por exemplo, se você fizer uma bolsa de amuletos ou até mesmo na roupa íntima que vestiu para passar por um dia difícil.)

Amarelo – o elemento Ar (leste), primavera, intelecto, ideias, criatividade, comunicação, alegria, o Sol (às vezes, usado para representar o Deus).

Azul – o elemento Água (oeste), paz, cura, calma, céu, esperança, sonhos.

Branco – pode substituir qualquer outra cor; representa a Deusa, a purificação e todas as coisas positivas; limpeza, proteção e cura.

Laranja – coragem, energia, imaginação.

Ouro – em geral, usado para representar o Deus, poder, confiança, prosperidade, o Sol.

Prata – às vezes, usado para representar a Deusa, a Lua e o eu interior.

Preto – banimento, algumas formas de cura, livrar-se de energia negativa, proteção, ligação, perda, adivinhação, a noite.

Rosa – amor romântico, amizade, calma, serenidade, paz, afeto, alegria.

Roxo – habilidade psíquica, espiritualidade, inspiração, intuição.

Verde – o elemento Terra (norte), prosperidade, abundância, crescimento, fertilidade.

Vermelho – o elemento Fogo (sul), energia, paixão, força, raiva, desejo, coragem, amor sexual.

PEDRAS PRECIOSAS

Há uma variedade infinita de pedras preciosas (e elementos que não são pedras, como âmbar e azeviche, por exemplo, que são resinas; e há pérolas e madrepérolas, que são usadas como pedras preciosas), todas as quais têm diferentes associações mágicas. Para complicar ainda mais a questão, elas se apresentam de diferentes formas: pedras pequenas e grandes, cristais, fatias, lascas e até contas que você pode transformar em magia utilizável.

Há algumas Bruxas (certo, eu sou uma delas) que enlouquecem um pouco com suas coleções de pedras, tanto por razões mágicas quanto porque "simplesmente eu gosto de pedras brilhantes". No entanto, para fins de prática mágica, você não precisa ter mais do que algumas pedras básicas para fazer a maior parte do trabalho. Se você não pode comprar ou não quer ter uma grande variedade, saiba que existem algumas pedras que servem para quase tudo. Você pode começar com peças soltas ou cristais e levar o tempo que achar necessário para definir como vai usar.

Ametista – uma bela pedra roxa, a ametista pode ser usada para cura, amor, paz, felicidade, sonhos, habilidade psíquica, coragem e amor.

Lápis-Lazúli – essa pedra azul é boa para cura, prosperidade, proteção, amor, alegria, habilidades psíquicas e espiritualidade.

Quartzo de cristal – como uma vela branca, o quartzo transparente pode substituir quase qualquer outra pedra. Simboliza a Deusa e a Lua e pode ser usado para energia geral, poder, cura, proteção, habilidades psíquicas e trabalhos mágicos.

Turquesa – valorizada pelos nativos americanos, e com razão, essa pedra pode ser usada para cura, proteção, prosperidade, felicidade, equilíbrio emocional, alegria, amor, amizade, coragem e sorte.

Nota: Ametista, lápis-lazúli e turquesa podem ter um custo elevado, sobretudo se forem pedras maiores. No entanto, você não precisa ter uma peça gigante e sofisticada para fazer um trabalho mágico. Uma pedra menor será bem-vinda.

Aqui apresento algumas de minhas outras pedras favoritas para fazer trabalhos mágicos. Lembre-se de que você não precisa sair e comprar todas no mesmo dia. Faça como eu: monte sua coleção aos poucos, ao longo dos anos. Se você tiver a chance de passear por uma loja ou um local que comercializa pedras, procure pedras variadas e observe se uma delas chama mais sua atenção do que outra.

Ágata – disponível em muitas variações diferentes, a ágata é uma pedra de baixo custo [por não ser muito rara] que costuma ser usada para proteção, cura e força.

Âmbar – é, na verdade, uma resina; o âmbar é uma ferramenta poderosa para cura, proteção e amor.

Aventurina – uma pedra verde; use-a para prosperidade, sorte, cura e paz.

Cornalina – uma das minhas pedras favoritas, essa rocha vermelho-alaranjada pode ser usada para coragem, força, paz, energia sexual e proteção.

Granada – pedra vermelho-escura, usada para cura, proteção, purificação e força.

Hematita – preta-prateada e muito pesada, a hematita é boa para aterramento; é calmante e usada para cura e adivinhação.

Jaspe – outra pedra encontrada em várias cores diferentes, seus poderes, em geral, são de cura, proteção e saúde emocional. O jaspe vermelho, em particular, é uma pedra muito boa e de baixo custo para trabalhos de proteção.

Olho de tigre – uma pedra marrom manchada, cor de terra, a olho de tigre pode ser usada para proteção, prosperidade, energia, coragem e sorte.

Ônix preto – o ônix pode ser encontrado em vários tons diferentes; essa pedra é a minha favorita para proteção, aterramento e magia defensiva.

Pedra da Lua – uma pedra branca leitosa ou meio colorida, é muito usada como símbolo da Lua e da Deusa (daí o nome); também é boa para cura, paz, proteção, amor, sono e adivinhação.

Quartzo rosa – "parente" do quartzo de cristal transparente, essa pedra cor-de-rosa clara é, em geral, usada para amor, paz, amizade, felicidade e cura.

Sodalita – uma alternativa menos dispendiosa que o lápis-lazúli, essa pedra azul também é boa para cura, paz e aterramento.

ERVAS

Ervas e Bruxas estão associadas entre si desde o início dos tempos. As ervas são fáceis de cultivar, em geral têm baixo custo, são flexíveis e podem ficar disfarçadas à vista de todos no balcão da cozinha. Além do mais, muitas delas também podem ser usadas para fins culinários e curativos. Não é à toa que as amamos.

Na Bruxaria, erva é um termo usado para denominar praticamente qualquer coisa que cresça da terra. Portanto, casca de salgueiro branco de uma árvore e maçãs seriam consideradas ervas, junto a ervas reais como manjericão e sálvia. Lembre-se de que as ervas podem ser usadas de várias formas diferentes, incluindo plantas frescas, secas, incenso e óleos essenciais. (Não use óleos artificiais, eles não contêm a erva real; portanto, são inúteis.) Você pode fazer seus próprios óleos mágicos com facilidade combinando dois ou mais óleos essenciais de ervas com propriedades iguais ou complementares.

Embora as Bruxas tenham usado, através dos tempos, algumas ervas que são poderosas e, às vezes, perigosas, consegui satisfazer a todas as minhas necessidades mágicas com opções menos esotéricas sem problema algum. Aqui apresento algumas das que considero mais úteis.

Alecrim – mente consciente, lembranças, habilidades mentais, proteção, amor, purificação.

Alho – proteção, cura, purificação.

Calêndula – cura, calma, proteção.

Camomila – calma, sono, prosperidade.

Canela – amor, luxúria, prosperidade, sucesso, energia, cura, espiritualidade.

Endro – prosperidade, amor, proteção.

Erva-de-gato – magia do gato, amor, felicidade.

Gengibre – sucesso, poder, amor, prosperidade, sexo, energia física, coragem.

Hortelã – prosperidade, cura, amor, energia, purificação.

Lavanda – amor, paz, sono, cura, purificação, mente consciente.

Limão – cura, purificação, limpeza.

Manjericão – prosperidade, paz, proteção, amor.

Rosa – amor, paz, beleza, sexo, proteção.

Sálvia – proteção, limpeza, cura, sabedoria, mente consciente.

Tomilho – cura, amor, purificação, coragem.

MAIS ALGUMAS CORRESPONDÊNCIAS MUITO USADAS PARA TRABALHOS MÁGICOS

Nota: Algumas Bruxas acreditam que certos dias são mais poderosos para fazer trabalhos mágicos específicos do que outros. Não sei dizer com exatidão onde surgiu essa crença, e com certeza ela não é compartilhada por todas. Você pode seguir essas orientações, se desejar, ou apenas fazer o trabalho nos dias que forem mais convenientes ou parecer mais necessário.

AMOR

Dia:	sexta-feira
Cor:	rosa ou vermelho (para paixão e luxúria)
Óleo/Planta:	rosa, maçã, cravo, cravo-da-índia, lavanda e limão
Pedra:	ametista, quartzo rosa, turquesa, granada, pedra da lua e ágata
Elemento:	Terra
Runas:	Fehu, Kenaz, Gifu, Wunjo, Beorc, Ing

PROSPERIDADE

Dia:	quinta-feira
Cor:	verde
Óleo/Planta:	manjericão, canela, cravo, gengibre, *patchouli*, hortelã-pimenta, sândalo e hortelã-verde
Pedra:	aventurina, pedra de sangue, olho de tigre, jade, malaquita, madrepérola e turquesa
Elemento:	Terra
Runas:	Fehu, Daeg, Othel, Gifu, Uraz, Tir

CURA

Dia:	domingo ou segunda-feira
Cor:	azul (cura e paz), preto (para banir doenças) e verde (cura e crescimento)
Óleo/Planta:	todas as ervas curativas, em especial eucalipto, alecrim, erva-cidreira e calêndula
Pedra:	cristal de quartzo, ametista, cornalina, granada, hematita, lápis-lazúli, sodalita e turquesa
Elemento:	todos (fogo para banir doenças)
Runas:	Uraz, Kenaz, Sigel, Tir, Ing

PROTEÇÃO

Dia:	domingo ou terça-feira
Cor:	preto, azul, branco
Óleo/Planta:	alecrim, sálvia, alho, manjericão, endro, zimbro e louro
Pedra:	ônix preto, ágata, jaspe vermelho, âmbar, cristal de quartzo, granada, olho de tigre, malaquita, cornalina, ametista e turquesa
Elemento:	fogo
Runas:	Thurisaz, Eihwaz, Eolh, Kenaz

PAZ E CALMA

Dia:	qualquer dia da semana
Cor:	branco, azul-claro, rosa-claro
Óleo/Planta:	lavanda, camomila, maracujá, gardênia, verbena e rosa
Pedra:	ametista, aventurina, cornalina, rodocrosita, quartzo rosa e sodalita
Elemento:	Água
Runas:	Wunjo, Kenaz, Sigel, Daeg, Ing

APÊNDICE II

GLOSSÁRIO DE TERMOS DE BRUXARIA

Alta Sacerdotisa – Uma líder pagã feminina.

Altar – Local de adoração (em geral, há diversos utensílios que ficam sobre o altar, como velas para o Deus e para a Deusa, incenso etc.)

Alto sacerdote – Ou sumo sacerdote, um líder pagão masculino.

Artesanato (O) – Outro nome para Bruxaria.

Atame – Uma faca, em geral, de dois lados, usada para fins rituais como apontar e direcionar energia; representa o masculino.

Banimento – Magia feita para reduzir ou se livrar de algo.

Bastão de fala – Um bastão ou outro objeto que é passado ao redor do círculo durante o ritual. Somente a pessoa que estiver segurando o bastão de fala deve falar durante esse tempo.

Bastão de sálvia ou varinha – Varinha de ervas usada para borrar ou limpar, em geral feita de sálvia.

Beltane – Também Beltaine, é o feriado pagão que cai no dia 1º de maio.

Bolos e cerveja – Uma parte do ritual em que comida e bebida (não necessariamente bolo e cerveja) são passadas ao redor do círculo; usa-se para aterramento no final de um ritual e para demonstrar gratidão por nossas bênçãos.

Bruxa ou Bruxo – Aquela ou aquele que pratica feitiçaria, seja no passado ou nos dias de hoje.

Caldeirão – Uma tigela que representa a mulher; em geral, feita de metal; muitas vezes, à prova de fogo.

Cálice – Taça usada durante os rituais (em especial, para os bolos e cerveja); também representa o feminino; deve ser usado apenas para trabalhos mágicos, e não para beber todos os dias.

Canto – Uma música ou uma série de palavras que são repetidas durante um ritual para elevar a energia e/ou louvar os deuses.

Charge of the Goddess – Poema encontrado em várias versões em louvor à Deusa. Por tradição, é lido durante os rituais da Lua Cheia.

Círculo – Reunião de Bruxas ou local em que elas se reúnem (uma vez iniciado o ritual, o círculo envolve os participantes); outro nome para um grupo de Bruxas.

Consagrar – Abençoar, em especial, ao reservar algo para uso mágico.

Correspondências – Quando um item é usado para representar uma determinada propriedade ou uma intenção (por exemplo, uma pedra de quartzo rosa é uma correspondência para amor, uma vela verde, para prosperidade etc.)

Coven – Grupo de Bruxas, as quais, em geral, costumam se reunir para fazer trabalhos juntas.

Crona – A representação da Deusa como uma velha, também uma Bruxa que é uma anciã.

Dedicação – O ato de fazer um compromisso formal com os deuses (as Bruxas podem ser autodedicadas ou dedicadas por um sumo sacerdote e/ou uma alta sacerdotisa).

Deosil – Movimento que é feito no sentido horário (em geral, para aumento ou trabalho positivo).

Deuses antigos – Um termo para os deuses pagãos adorados em tempos antigos.

Divindade – Termo geral para qualquer deus ou deusa.

Donzela – É a representação da deusa como jovem.

Elemento – Há cinco elementos usados na Wicca: Terra, Ar, Fogo, Água e Espírito.

Esbá – As celebrações rituais que acontecem na Lua Cheia.

Familiar – Um animal que tem laços estreitos com uma Bruxa e ajuda a aumentar seus poderes. Quase sempre é um gato.

Handfasting – Significa "atar as mãos"; é uma cerimônia de casamento pagã que pode ter validade legal ou ser uma união que dura apenas um ano e um dia.

Imbolc – O feriado pagão que cai no Dia da Marmota – dia 2 de fevereiro.

Intenção – O propósito de um feitiço ou um trabalho mágico, energia focada.

Invocação – Palavra usada para invocar elementos ou evocar um deus ou uma deusa.

Lammas ou Lughnasadh – Feriado pagão comemorado no dia 1º de agosto. O primeiro dos três festivais da colheita.

Lei do retorno – Crença pagã, em geral aceita, de que qualquer coisa lançada no Universo voltará para você, tanto positiva quanto negativa. Também conhecida como Lei Tríplice, caso em que tudo o que você lançar pode retornar multiplicado por três.

Limpeza – O ato de purificar ou limpar a energia, um espaço etc.

Litha – Outro nome para o feriado pagão que cai no meio do verão, ou Solstício de Verão.

Livro das Sombras – O livro de uma Bruxa que contém rituais, informações mágicas etc.

Mabon – O feriado pagão que cai no Equinócio de Outono.

Mãe – É a representação da Deusa como mãe nutridora

Mundana – Uma pessoa não pagã ou uma designação da vida cotidiana. (Por exemplo: "Na minha vida mundana, eu sou uma bibliotecária!".)

Ostara – O feriado pagão comemorado no Equinócio da Primavera, que é a origem do feriado cristão da Páscoa.

Pagão – Termo geral para alguém que adora os deuses antigos (em especial, uma figura de deusa) e segue uma religião baseada na natureza.

Pentáculo – Símbolo pagão muito usado que consiste em uma estrela de cinco pontas dentro de um círculo. Representa os cinco elementos e o círculo do Universo ou da unidade.

Rede Wicca – É a regra básica da Wicca: se não prejudicar ninguém, faça o que quiser.

Roda do Ano – Calendário pagão de feriados, também outra forma de se referir a um ano inteiro.

Sabá – As celebrações rituais que acontecem nos feriados pagãos. Há oito *Sabbats* no ano pagão.

Samhain – Feriado pagão comemorado no dia 31 de outubro, também conhecido como o Ano Novo da Bruxa; é a origem do Dia das Bruxas.

Solitária – Bruxa que pratica sozinha.

Traje – Roupa ritual.

Trimestre – Uma direção usada em um círculo mágico – Norte, Leste, Sul ou Oeste. Cada quadrante representa elementos e qualidades específicas (Norte é a Terra, o aterramento, etc.)

Wicca – Nome para uma forma geral de prática religiosa pagã. Todos os wiccanos são pagãos, mas nem todos os pagãos se consideram wiccanos.

Wiccan – Aquela ou aquele que pratica Wicca, também conhecido como Bruxa ou Bruxo.

Windershins – Movimento que é feito no sentido anti-horário, em geral para desvincular ou banir.

Yule – Feriado pagão que cai no Solstício de Inverno; é a origem do feriado Cristão do Natal.

APÊNDICE III

REFERÊNCIAS E LEITURAS RECOMENDADAS

Estas são algumas das fontes que usei quando fiz a pesquisa para este livro, e também há outros livros que considerei úteis em meus estudos. Recomendo todos eles se você tiver interesse em se aprofundar na prática e no estudo da magia, das deusas e afins.

DEUSAS
(ESTES SÃO OS LIVROS QUE USEI AO PESQUISAR PARA ESCREVER ESTE LIVRO)

Auset, Priestess Brandi. *The Goddess Guide: Exploring the Attributes and Correspondences of the Divine Feminine.* Woodbury: Llewellyn, 2009.

Illes, Judika. *The Element Encyclopedia of Witchcraft: The Complete A-Z for the Entire Magical World.* Londres: HarperElement, 2005.

Jordan, Michael. *Encyclopedia of the Gods: Over 2,500 Deities of the World.* Nova York: Facts on File, 1993.

Loar, Julie. *Goddesses for Every Day: Exploring the Wisdom & Power of the Divine Feminine Around the World.* Novato: New World Library, 2008, 2011.

Monaghan, Patricia, *Encyclopedia of Goddesses & Heroines.* Novato: New World Library, 2014.

_____. *The Goddess Path: Myths, Invocations & Rituals.* Woodbury. Llewellyn, 1999.

Sky, Michelle. *Goddess Alive! Inviting Celtic & Norse Goddesses into Your Life.* Woodbury: Llewellyn, 2007.

_____. *Goddess Aloud! Transforming Your World Through Rituals & Mantras.* Woodbury: Llewellyn, 2010.

Telesco, Patricia. *365 Goddesses: A Daily Guide to the Magic and Inspiration of the Goddess.* Nova York: HarperOne, 1998.

BRUXARIA BÁSICA E PRÁTICA GERAL

Blake, Deborah. *The Everyday Witch A to Z: An Amusing, Inspiring & Informative Guide to the Wonderful World of Witchcraft.* St. Paul: Llewellyn, 2008.

_____. *A Year and a Day of Everyday Witchcraft: 366 Ways to Witchify Your Life.* St. Paul: Llewellyn, 2017.

_____. *The Little Book of Cat Magic: Spells, Charms & Tales.* St. Paul: Llewellyn, 2018.

Buckland, Raymond. *Buckland's Complete Book of Witchcraft.* St. Paul: Llewellyn, 2002.

_____. *Wicca for Life: The Way of the Craft – from Birth to Summerland.* Nova York: Citadel Press, 2001.

Cunningham, Scott. *Wicca: A Guide for the Solitary Practitioner*. St. Paul: Llewellyn, 1988.

Dubats, Sally. *Natural Magick*. Nova York: Citadel, 2002.

Grimassi, Raven. *Spirit of the Witch: Religion & Spirituality in Contemporary Witchcraft*. St. Paul: Llewellyn, 2003.

Holland, Eileen. *The Wicca Handbook*. York Beach: Samuel Weiser, 2000.

McCoy, Edain. *The Witch's Coven: Finding or Forming Your Own Circle*. St. Paul: Llewellyn. 1997

Seville, Christine. *Practical Wicca the Easy Way: Spells and Rituals to Heal and Harmonize Your Life*. Nova York: Sterling Publishing Company, 2003.

Trobe, Kala. *The Witch's Guide to Life*. St. Paul: Llewellyn. 2003.

Tuitean, Paul; Daniels, Estelle. *Pocket Guide to Wicca*. Freedom: The Crossing Press, 1998.

ERVAS

Cunningham, Scott. *The Complete Book of Incense, Oils & Brews*. St. Paul: Llewellyn, 1989.

_____. *Cunningham's Encyclopedia of Magical Herbs*. St. Paul: Llewellyn, 1985.

_____. *Magical Herbalism*. St. Paul: Llewellyn, 1982.

Dugan, Ellen. *Cottage Witchery: Natural Magick for Hearth and Home*. St. Paul: Llewellyn. 2005.

_____. *Garden Witchery: Magick from the Ground Up*. St. Paul: Llewellyn. 2003.

Dunwich, Gerina. *The Wicca Garden: A Modern Witch's Book of Magickal and Enchanted Herbs and Plants.* Nova York: Citadel Press, 1996.

Morrison, Dorothy. *Bud, Blossom, & Leaf: The Magical Herb Gardener's Handbook.* St. Paul: Llewellyn. 2004.

PEDRAS

Chase, Pamela Louise; Pawlik, Jonathan. *Healing with Gemstones.* Franklin Lakes: New Page, 2002.

Cunningham, Scott. *Cunningham's Encyclopedia of Crystal, Gem & Metal Magic.* St. Paul: Llewellyn, 1988.

RITUAIS E FEITIÇOS

Barrette, Elizabeth. *Composing Magic: How to Create Magical Spells, Rituals, Blessings, Chants, and Prayers.* Franklin Lakes: New Page, 2007.

Blake, Deborah. *Circle, Coven & Grove: A Year of Magickal Practice.* St. Paul: Llewellyn, 2007.

_____. *Everyday Witch A to Z Spellbook: Wonderfully Witchy Blessing, Charms & Spells.* St. Paul: Llewellyn, 2010.

_____. *Everyday Witch Book of Rituals: All You Need for a Magical Year.* St. Paul: Llewellyn, 2012.

Connor, Kerri. *The Pocket Spell Creator: Magickal References at Your Fingertips.* Franklin Lakes: New Page Books, 2003.

Dugan, Ellen. *The Enchanted Cat: Feline Fascinations, Spells & Magick*. St. Paul: Llewellyn. 2006.

Galenorn, Yasmine. *Embracing the Moon: A Witch's Guide to Ritual Spellcraft and Shadow Work*. St. Paul: Llewellyn, 1998.

Hardie, Titania. *Titania's Magical Compendium: Spells and Rituals to Bring a Little Magic into Your Life*. San Diego: Thunder Bay Press, 2003.

Johnstone, Michael. *The Ultimate Encyclopedia of Spells*. Nova York: Gramercy Books, 2003.

Nahmad, Claire. *Catspells: A Collection of Enchantments for You and Your Feline Companion*. Philadelphia: Running Press, 1993.

Renee, Janina. *By Candlelight: Rites for Celebration, Blessing & Prayer*. St. Paul: Llewellyn, 2004.

Telesco, Patricia. *Your Book of Shadows: How to Write Your Own Magickal Spells*. Nova York: Citadel Press, 1999.

West, Kate. *The Real Witches' Year: Spells, Rituals and Meditations for Every Day of the Year*. Londres: Element, 2004.

Wood, Gail. *Rituals of the Dark Moon: 13 Lunar Rites for a Magical Path*. St. Paul: Llewellyn, 2001.

SABÁS E CONHECIMENTOS SOBRE A LUA

Cole, Jennifer. *Ceremonies of the Seasons: Exploring and Celebrating Nature's Eternal Cycle*. Londres: Duncan Baird Publishers. 2007.

Dunwich, Gerina. *The Pagan Book of Halloween: A Complete Guide to the Magick, Incantations, Recipes, Spells and Lore*. Nova York: Penguin Compass, 2000.

Green, Marion. *A Witch Alone: Thirteen Moons to Master Natural Magic.* Londres: Thorsons. 1991.

Kynes, Sandra. *A Year of Ritual: Sabbats & Esbats for Solitaries & Covens.* St. Paul: Llewellyn. 2004.

Morrison, Dorothy. *Everyday Moon Magic.* St. Paul: Llewellyn, 2003.

Ravenwolf, Silver. *Halloween: Customs, Recipes, & Spells.* St. Paul: Llewellyn, 1999.

HISTÓRIA, CLÁSSICOS E PRÁTICAS TRADICIONAIS

Adler, Margot. *Drawing Down the Moon: Witches, Druids, Goddess-Worshippers, and Other Pagans in America Today.* Nova York: Penguin, 2006.

Fitch, Ed. *Magical Rites from the Crystal Well: A Classic Text for Witches & Pagans.* St. Paul: Llewellyn, 1984.

Starhawk. *The Spiral Dance: A Rebirth of the Ancient Religion of the Great Goddess.* San Francisco: HarperSanFrancisco, 1999.

Telesco, Patricia, editor. *Cakes and Ale for the Pagan Soul: Spells, Recipes, and Reflections from NeoPagan Elders and Teachers.* Berkley: The Crossing Press, 2005.

Wildman, Laura, editor. *Celebrating the Pagan Soul: Our Own Stories of Inspiration and Community.* Nova York: Citadel Books, 2005.

DEUSES, DEUSAS E OUTROS

Bolen, Jean Shinoda. *Goddesses in Older Women: Archetypes in Women Over Fifty*. Nova York: Harper Collins Publishers. 2001.

Wood, Gail. *The Wild God: Rituals and Meditations on the Sacred Masculine*. Niceville: Spilled Candy Books, 2006.

PRÁTICAS PESSOAIS

Ardinger, Barbara. *Pagan Every Day: Finding the Extraordinary in Our Ordinary Lives*. San Francisco: Red Wheel/Weiser, 2006.

Blake, Deborah. *The Goddess is in the Detail: Wisdom for the Everyday Witch*. St. Paul: Llewellyn, 2009.

_____. *Everyday Witchcraft: Making Time for Spirit in a Too-Busy World*. St. Paul: Llewellyn, 2015.

Curott, Phyllis. *Book of Shadows: A Modern Woman's Journey into the Wisdom of Witchcraft and the Magic of the Goddess*. Nova York: Broadway Books, 1998.

Digitalis, Raven. *Shadow Magick Compendium*. St. Paul: Llewellyn, 2008.

Dubats, Sally. *Natural Magick: The Essential Witch's Grimoire*. Nova York: Kensington, 1999.

Dumars, Denise. *Be Blessed: Daily Devotions for busy Wiccans and Pagans*. Franklin Lakes: New Page. 2006.

Eilers, Dana D. *The Practical Pagan: Commonsense Guidelines for Modern Practitioners*. Franklin Lakes: New Page, 2002.

Henes, Donna. *The Queen of Myself: Stepping into Sovereignty in Midlife.* Brooklyn: Monarch Press, 2005.

McCoy, Edain. *Spellworking for Covens: Magick for Two or More.* St. Paul: Llewellyn, 2002.

Moura, Ann. *Green Witchcraft: Folk Magic, Fairy Lore & Herb Craft.* St. Paul: Llewellyn, 1996.

Singer, Marion. *A Witch's 10 Commandments: Magickal Guidelines for Everyday Life.* Avon: Provenance Press, 2006.

Sylvan, Dianne. *The Circle Within: Creating a Wiccan Spiritual Tradition.* St. Paul: Llewellyn. 2003.

Weinstein, Marion. *Positive Magic: Occult Self-Help.* Nova York: Earth Magic, 1994.

CORRESPONDÊNCIAS E REFERÊNCIAS

Greer, John Michael. *The New Encyclopedia of the Occult.* St. Paul: Llewellyn, 2003.

Grimassi, Raven. *Encyclopedia of Wicca and Witchcraft.* St. Paul: Llewellyn, 2000.

Guiley, Rosemary Ellen. *The Encyclopedia of Magic and Alchemy.* Nova York: Checkmark Books, 2006.

_____. *The Encyclopedia of Witches & Witchcraft: Second Edition.* Nova York: Checkmark Books, 1999.

Holland, Eileen. *Holland's Grimoire of Magickal Correspondences: A Ritual Handbook.* Franklin Lakes: New Page Books, 2006.

Illes, Judika. *The Element Encyclopedia of Witchcraft*. Hammersmith: Harper Element, 2005.

McColman, Carl. *The Well-Read Witch: Essential Books for Your Magickal Library*. Franklin Lakes: New Page Books, 2002.

Rosean, Lexa. *The Encyclopedia of Magickal Ingredients: A Wiccan Guide to Spellcasting*. Nova York: Pocket Books, 2005.

CONHECIMENTOS AVANÇADOS

Bonewits, Isaac. *Real Magic: An Introductory Treatise on the Basic Principles of Yellow Magic*. Boston: Samuel Weiser, 1989.

Cunningham, Scott. *Earth, Air, Fire & Water: More Techniques of Natural Magic*. St. Paul: Llewellyn, 1991.

_____. *Living Wicca: A Further Guide for the Solitary Practitioner*. St. Paul: Llewellyn, 1993.

De Angeles, Ly. *Witchcraft Theory and Practice*. St. Paul: Llewellyn, 2000.

Penczak, Christopher. *The Mystic Foundation: Understanding & Exploring the Magical Universe*. St. Paul: Llewellyn. 2006.

Telesco, Patricia. *Advanced Wicca: Exploring Deeper Levels of Spiritual Skills and Masterful Magick*. Nova York: Citadel Press, 2000.

Weinstein, Marion. *Earth Magic: A Book of Shadows for Positive Witches*. Franklin Lakes: New Page Books, 2003.

ORÁCULOS E BARALHOS

Estes são alguns oráculos e baralhos de afirmação divertidos que eu e o Círculo da Lua Azul, às vezes, usamos durante nossos rituais. Já que estes em particular (usamos outros também) têm temas sobre deusas, você pode gostar de explorá-los também. Os *decks* de oráculo tendem a ser um pouco menos complicados de usar do que os *decks* de tarô; portanto, são menos intimidadores para iniciantes e para quem não se sente confortável com adivinhações mais profundas.

The Gifts of the Goddess: 36 Affirmation Cards. Amy Zerber e Monte Farber. Chronicle Books.

Goddess Inspiration Oracle. Kris Waldherr. Llewellyn.

Goddess Knowledge Cards. Pinturas de Susan Seddon Boulet/texto de Michael Babcock. Pomegranate.

Journey to the Goddess Realm Oracle Deck. Lisa Porter. U.S. Games Systems, Inc.

Além disso, recomendo muito os *Llewellyn Annuals*, que têm a vantagem de apresentar o gosto da escrita de muitos autores diferentes. Com frequência, encontro pessoas que são novas para mim e procuro seus livros, se elas tiverem escrito algum. Há sabedoria muito diversa nessas páginas. Sou assinante de várias revistas pagãs, incluindo *Sage Woman* e *Witches and Pagans*, ambas da BBI Media.

SOBRE A AUTORA

DEBORAH BLAKE é uma alta sacerdotisa wiccana e líder do grupo eclético Blue Moon Circle. Ela trabalha como leitora de tarô, curadora energética e é autora premiada dos livros *The Goddess is in the Details*, *Everyday Witchcraft*, entre muitos outros. Além de escritora, ela é cocriadora de baralhos de tarô, incluindo o *Tarô Diário de uma Bruxa*. Deborah gerencia a Artisans' Guild, loja colaborativa que fundou com uma amiga em 1999, e também trabalha com joalheria. Publicou vários artigos nos anuários da Editora Llewellyn, bem como em outras publicações pagãs. Sua coluna, Magick on a Shoestring, é apresentada na revista *Witches & Pagans*. Ela mora no norte do estado de Nova York em uma casa de fazenda de 130 anos de idade com vários gatos, que supervisionam todas as suas atividades, sejam elas mágicas ou mundanas.

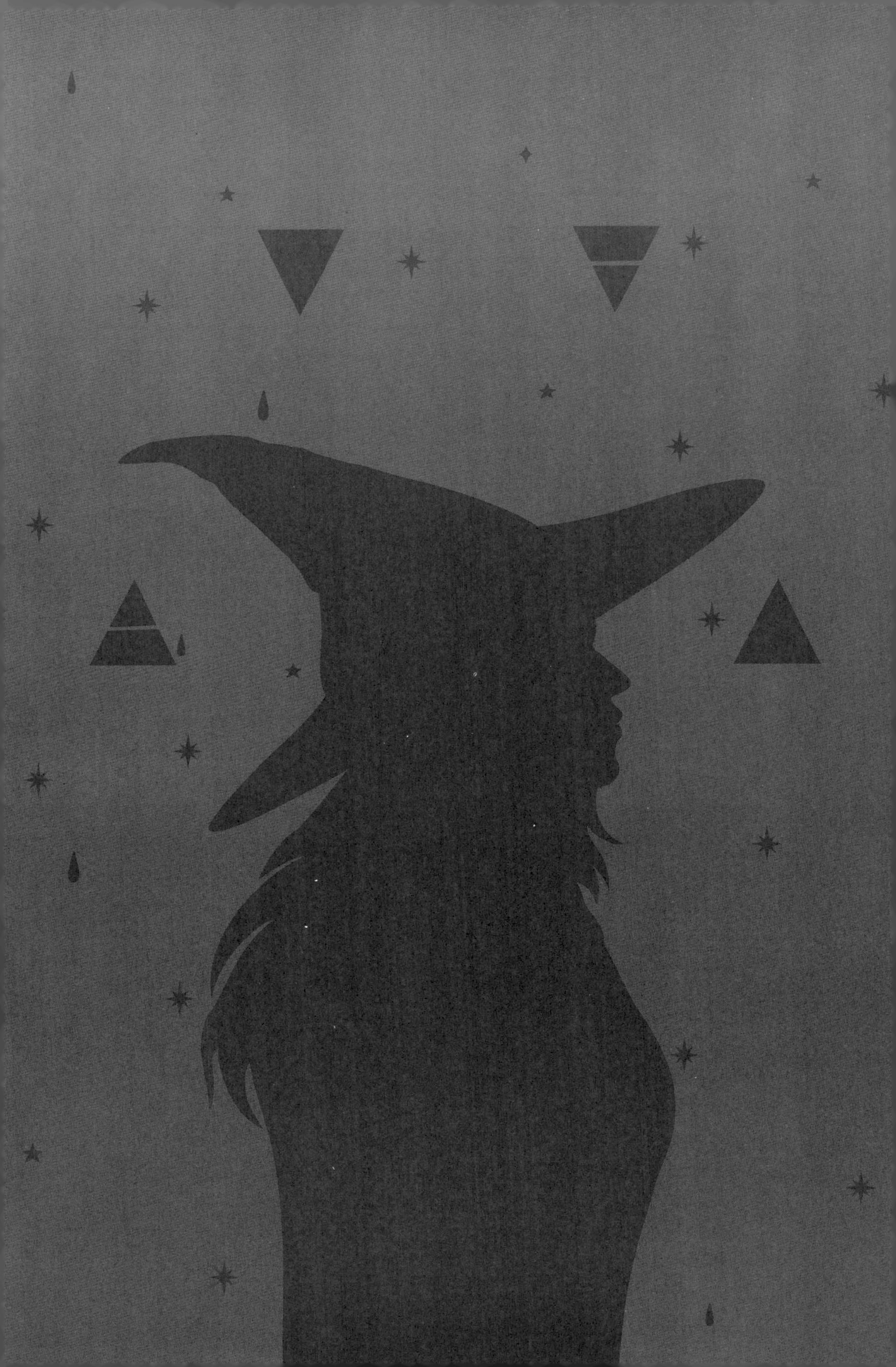

Impresso por :

gráfica e editora

Tel.:11 2769-9056